격변기 외교의
새길 찾기

국익기반 실용외교의 길

격변기 외교의 새 길 찾기

이백순 지음

21세기북스

머리말

필자는 35년간의 외교부 공직생활을 2020년에 마감한 후 국방대와 연세대 대학원에서 연이어 강의를 맡는 행운을 누리면서 그간의 실무경험과 이론을 접목하는 계기를 만들었다. 이를 바탕으로 필자는 국내 다수의 언론 매체에 칼럼을 지난 3년 넘게 기고하고 있다. 이 칼럼들을 기고할 때 필자는 외교 현안, 즉 당시에 관심을 불러일으키고 쟁점이 되는 이슈를 다루지 않으려는 자세를 가급적 견지하였다. 현안에 대해서는 현업을 담당하는 실무진들이 더욱 사정을 잘 알기에 더 잘 대처할 수 있을 것이라는 믿음이 있었다. 그리고 우리나라에서는 모든 사안이 당파적으로 해석되는 경향이 있어 현안에 관해 비평을 하면 항상 당파성에 대한 의구심을 불러일으킬 가능성이 있다는 문제도 있었다.

그 대신 필자는 우리 외교의 보다 근본적인 문제점인 외교정책의 혼선에 대한 원인을 규명하면서 이로 인한 폐해를 지적하고 이를 개선할 방안을 제시하는 것이 더 의미 있다는 생각을 하게 되었다.

우리 외교가 혼선을 거듭하는 이유를 나름 분석해 보면, 첫 번째 원인으로는 우리가 격변하는 국제정세의 큰 흐름을 읽지 못하고 근시안적 안목에서 현안을 두고 갑론을박하는 경향이 많다는 점을 들 수 있다. 그래서 국제정세가 지각변동을 하고 있는 '대변환기'에 접어들고 있다는 사실을 설명하는 것이 독자들에게 유익하겠다는 생각에서 이 책의 1장을 구성하는 칼럼을 연재하였다.

두 번째 원인으로는 우리가 외교를 수행할 때 우리의 기본자세와 인식에 문제가 있기에 외교 혼선을 초래하는 경향이 많다. 우리는 우리 국가의 정체성과 우리의 국익에 대한 객관적 인식이 부족한 상태에서 외교정책을 입안한다. 또한 당시 현상에 대한 대증요법으로 외교정책을 세우다 보니 일관성이 결여되고 적실성도 부족한 경우가 많다. 그래서 우리 외교가 가져야 할 기본자세에 대한 고민을 담은 부분이 책의 2장을 구성한다.

'우리 외교안보 현안의 방향타'라는 제목의 책의 3장에서는 우리 외교가 안고 있는 심각한 현안들에 대해 정부가 취한 정책에 대한 구체적인 평가보다는 그 현안들이 우리에게 주는 함의와 우리가 관련하여 잘 따져보아야 할 지점들을 다루어 보았다.

네 번째 원인으로는 우리나라의 국운과 외교에 가장 결정적인 영향을 미치는 두 나라, 미국과 중국이 변해가는 모습에 대해서도 우리는 잘 모르고 또 이 두 나라 의도를 각자의 당파성에 맞추어 아전인수격으로 해석하는 경향이 많아 혼선이 발생한다. 그래서 미국과 중국의 변화하는 실상을 독자들에게 알려주기 위한 내용을 책의 4장에 담았다.

우리나라는 대변환기 미·중 간에 계속 방황하며 갈피를 못 잡고 정책이 진자운동을 반복하는데 비해 우리 주변국들 중 여러 면에서 우리와 비교해 볼 만한 나라들인 호주와 베트남의 외교에서 우리가 배울 점이 많다는 생각에서 두 나라 외교를 관찰하면서 타산지석이 될 내용을 책의 5장에서 담아냈다.

필자가 미얀마 대사와 호주 대사를 역임하였기에 이 두 나라의 외교정책과 국내사정에 대해서는 더 깊이 있는 분석을 할 수 있는 안목이 있어 이 두 나라의 사정을 분석하는 글들이 책의 5장 내용을 충실하게 하는데 도움이 되었다.

이 책의 각 장에 실린 칼럼들은 읽어 보면 시대의 변화를 감지할 수 있을 것이고 주의 깊게 읽어 보면 필자가 앞부분 칼럼에서 예견한 내용들이 뒷부분 칼럼에서 현실화되는 경우가 적지 않음을 알 수 있을 것이다. 필자는 공소한 개인 의견 피력보다는 예측력 있어 독자에게 정세를 예견할 수 있도록 인도하는 글이 좋은 글이라는 믿음으로 기고 활동을 해왔다.

필자는 외교를 함에 있어 과도한 감성이나 이념은 배제하고 철저하게 국익에 입각한 냉정한 정책을 구사해야 한다고 믿고 있다. 정권변동에 따라 이념적, 감성적 접근, 그리고 근시안적인 정책이 반복되어 우리 외교의 약점이 되고 우리 국익을 손상하고 있다고 본다. 그래서 필자가 국익기반 실용주의, 현실주의에 입각한 글들을 쓰려고 노력한 칼럼들이 시간을 거쳐 이 책으로 묶어져 나왔다. 이 책이 가볍게 읽히면서도 묵직한 질문을 독자들의 마음에 던져주었으면 하는 바람을 가지고 책을 세상으로 내보낸다. 이 책이 일반 독자들에게 국제정세와 우리 외교에 대한 시각을 새롭게 하는데 작은 도움이 되기를 소망해 본다. 더 바라기는 격변기 외교의 새 길을 찾는 과정에 작은 이정표 역할이라도 하기를 바라는 마음도 있다. 칼럼을 묶은 내용이어서 연결성이나 통합성이 좀 부족한 부분은 다른 몇 개의 글들을 추가하여 보완하였다.

　이 책이 나오도록 칼럼 연재, 게재를 허락한 언론사들과 책의 편집, 제작에 수고한 21세기북스 김영곤 대표님과 정지은 팀장님께 감사 드린다.

2025.5.25.

이백순

목차

1장

—

지각변동 중인 국제질서

미국은 로마제국의 길을 밟는가?

2025.4.30.

거의 20세기 전에 존재했던 로마제국 시대에 로마가 누린 영광과 권력은 2차 세계대전 후 지난 80년 간 미국이 누렸던 영광과 권력에 비견된다. 역사상 많은 패권국들이 서양에서는 명멸하였지만 대영제국까지 포함해서도 미국만큼 로마제국이 누렸던 압도적 지위를 누린 나라가 없었다. 로마제국이 위대했던 시기인 팍스 로마나Pax Romana 시대의 상황을 살펴보면 미국이 위대했던 팍스 아메리카나Pax Americana 시대와 유사성이 많음을 알 수 있다. 따라서 로마제국이 갔던 길을 되짚어 보면 미국이 갈 길을 내다볼 수도 있을 것이다.

로마제국이 한창이던 시절, 로마는 경제력, 군사력, 문화력, 기술력 등 모든 면에서 다른 모든 민족을 압도하였다. 그래서 당시 모든 열방의 시민들은 로마를 흠모하였고 로마 시민이 되기를 원했다. 로마의 극성기에 로마는 포용적이고 개방적인 정책을 다른 민족들에게 펼쳐 열방의 우수한 인재들이 로마의 시민이 되고 로마의 발전에 기여하였다. 로마의 화폐인 데나리우스는 전 제국의 공용화폐가 되었고 모든 길은 로마로 통한다는 말까지 나올 정도였다. 로마 시민들은 로마의 군대에 복무하는 것을 영광이자 특권으로 여기기도 했다. 전투에서 기여한 실적이 사회적 신분상승에 많은 도움이 되었기에 이민족 엘리트들도 로마 군대에 복무하기를 원하였다. 3세기 무렵부터 제국의 극성기가 저물면서 로마는 쇠퇴의 길을 걷기 시작했다. 로마의 쇠퇴는 먼저 로마의 화폐인 데나리우스의 가치 하락으로 나타났고 이 가치하락은 다른 부작용들을 유발시켜 로마를 내적으로 더욱 쇠약해지게 만들었다. 데나리우스는 처음에 순은 100%의 동전이었다. 이 가치 있는 화폐는 로마제국 내부는 물론 이민족과의 거래에서도 잘 통용되던 국제화폐였다. 그런데 로마 황제들의 정복전쟁이 계속되고 군사비용이 증가하면서 로마는 화폐를 증발하기 시작하였고 데나리우스에 포함된 은의 함량도 계속 줄어들었다. 결국 로마 제국이 혼란기로 진입하던 3세기 중반에는 은 함량이 5%까지 감소하였다. 이런 가치 없는 화폐로 군인봉급을 주기 시작하니 로마 시민들은 군역을 기피하기 시작했고 이민족 용병들도 불만을 품으면서 군대를 떠나 군대를 유지하기 힘들어졌다. 그리고 급격한 인플레이션은 로마 시민들의 불만을 증폭시켜 사회 불안이 조성되고 부족한 재정적자를 메우기 위해 더 많은 세금을 부과하니 로마 시민들은 도시를 피해 시골로 거처를 옮기기 시작했다. 그래서 경제가 더 피폐해지는 악순환이 계속되고 로마제국은 외적의 침입이 아니라 내부모순이 쌓이면서 서서히 몰락해 나갔다.

약 3백 년에 걸친 로마제국의 흥망사를 보면 미국이 걸어왔던 길과 미국이 나갈 길이 겹쳐 보인다. 미국도 한때는 패권국으로서 개방적 교역체제를 옹호하고 미국 시장을 열어 다른 나라의 경제발전을 돕기도 했다. 미국의 문화와 기술력은 세계의 표준이 되었고 많은 세계인들은 미국으로 이민을 희망하였다. 소위 아메리칸 드림이 외국인에게도 큰 꿈이 되던 시절이 있었다. 그런 미국이 이제 노골적으로 변화하기 시작하고 있다. 트럼프 대통령 집권 이후 그의 측근들이 가진 세계관은 이전 미국 엘리트들이 가지고 있던 세계관과는 아주 다르다. 그들은 소위 민족적 보수주의Nat-Con라 불리는데 미국이 전 세계로부터 '벗겨먹기ripped off'를 당해서 미국의 경제가 피폐해졌다고 생각하고 있다. 미국의 제조업이 쇠락한 것은 미국 내부 모순 때문이 아니라 다른 나라가 미국의 일자리를 훔쳐갔기 때문이라고 본다. 또한 미국이 강달러를 유지했기 때문에 미국 제조업이 경쟁력을 잃었고 이를 보완하기 위해서 타국에 높은 관세를 매겨야 하고 미국의 달러 가치를 낮춰야 한다고 생각한다.

그래서 트럼프 대통령이 그간 엄포를 놓던 보편적 관세를 2025년 4월 2일 정말 전 세계에 부과하였다. 조만간 미국의 달러가치를 낮추기 위해서 다른 나라들의 팔을 비틀어 '마러라고 합의'를 강요할 것이라고 예견되고 있다. 사실 미국은 무역적자를 처음 심각하게 겪던 70년대 중반 닉슨 대통령 시절 '플라자 합의'를 독일과 일본에 강요한 전력이 있다. 당시 마르크화와 엔화는 단번에 거의 40% 인상되어 양국의 수출경쟁력이 대폭 약화되었다.

미국의 경제를 회생시키기 위한 이런 대담한 전략의 기본구상은 현 백악관 경제 수석 자문관인 스티븐 마이란이 작년 11월 발간한 소위 '마이란 보고서'에 그 밑그림이 있다. 이 보고서는 1단계 관세부과, 2단계 환율 조정, 3단계 장기물 국채 강매의 과정을 거치면서 미국 경제가 안고 있는 문제를 타국에 전가시키려는 대담한 제안을 하고 있다. 1·2 단계를 거쳐도 미국의 무역적자가 개선되지 않으면 무역 흑자국들에게 보유하고 있는 미국의 단기 채권을 100년물 장기채권으로 갈아타라는 압박을 가하라고 주문한다. 이 일이 일어나면 우리는 정말 국운을 건 심각한 결정을 해야 할 것이다. 마이란 보고서는 경제와 안보문제를 동시에 해결해야 하며 미국의 동맹과 우방국들이 미국 정책에 얼마나 잘 따라오느냐에 따라 그 지위를 차등화하고 또 대우도 차등화하겠다는 것을 노골적으로 밝히고 있다. 우리도 우리가 피땀 흘려 번 4천억 달러의 외환보유고를 태환 가능성이 의심되는 미국의 장기채권으로 바꾸어야 할지를 결정해야 하는 심각한 선택 앞에 설 수 있을 것이다. 그때에는 우리도 경제와 안보를 묶어서 선택해야 하는 중대한 기로에 설 것이다. 그간의 경제적 이득은 다 포기하고 한미동맹을 위해서 미국의 강압적 정책을 수용해야 할지, 말지를 고민해야 할 때가 닥친다는 것이다.

미국이 트럼프의 말대로 이런 대담하고 강압적인 '타국 책임, 부담전가 정책'을 통해서 미국이 다시 예전 지위를 회복한 후 미국이 다시 타국과 미국이 공생하는 포용적인 정책을 펼치고 미국의 안보우산도 제공할 수 있다면 단기간의 불이익은 감내할 수도 있을 것이다. 그런데 그렇지 않고 이런 무리한 정책에도 불구하고 미국의 국운이 계속 기운다는 전망이 우세하다면 우리는 어떻게 해야 할 것인가? 미래 우리 운명을 가를 결정적 선택의 시간이 올 것에 대비해야 한다.

사실 마이란 보고서의 내용은 미국으로서는 현 상황에서 피치 못하게 취해야 할 응급처치로 보인다. 그냥 두면 미국이라는 환자의 상태는 더욱 위중해질 것이기에 강력한 처방을 할 수밖에 없다. 그러나 그 처방이 부작용을 유발하여 환자를 더 심각한 상태로 몰아갈 수도 있다. 왜냐하면 마이란 보고서의 처방은 단기적으로 상당한 부작용을 동반할 것이다. 우선 높은 관세는 높은 인플레를 유발하고 이는 로마제국처럼 사회적 동요를 가져올 것이다. 그리고 다른 나라들과 보복 관세 전쟁이 벌어지면 미국의 경제도 위축될 것이다. 이러면 미국의 달러는 약세가 되더라도 수출 촉진에는 도움이 되지 못할 것이고 미국 달러의 기축통화로서 지위를 손상시킬 것이다. 미국 달러의 기축통화 지위가 흔들리면 미국의 경제는 심각한 타격을 받을 것이다. 미국이 무역은 적자를 보더라도 기축통화 지위가 있기에 각국은 미국 국채를 사거나 미국에 투자를 하여 달러가 미국으로 환류되게 만든다. 그러나 이 지위가 약화되면 미국으로 들어오는 돈줄이 막히게 되면서 미국 경제는 급격히 위기에 직면할 것이다. 그래서 데나리우스의 가치하락이 로마제국의 몰락을 재촉한 것과 같은 일이 벌어질 것이다. 무시무시한 진실의 순간이 다가오고 있다. 정말 냉철한 국가경영 경륜이 필요한 때이다.

지정학의 귀환인가 가치의 복귀인가?

우크라이나 전쟁이 촉발하는 국제질서 변화

2023.6.28.

2012년 이후 국제사회, 특히 국제정치학계에서는 지정학의 귀환이라는 말이 유행하였다. 미국의 상대적 쇠퇴현상의 장기적 지속과 그 무렵 본격 시작된 중국의 공세적 대외정책, 그리고 러시아의 상대적 국력회복과 인도의 새로운 부상 등이 지정학의 귀환이라는 사고를 촉발시켰다. 이런 현상이 지속되면 앞으로 국제질서는 미국 중심의 일극체제에서 다극체제로 넘어갈 가능성이 크다는 것을 내다본 용어였다. 이러한 지정학적 귀환 가능성은 러시아가 2014년 크림반도를 우크라이나로부터 손쉽게 떼어내어 자국령에 편입시킬 때 서방국가들이 별다른 대응을 하지 않음으로써 더욱 분명해졌다.

국제정치 역사를 되돌아보면 기본적으로 다극체제가 되면 복수의 주요 행위자들을 중심으로 국제정치가 전개되고 주요 행위자들 간에는 일종의 세력균형 체제가 작동하게 된다. 세력균형 체제 안에서는 주요 행위자들이 서로 합종연횡을 해가며 어느 한 세력이 지배적 우위를 점하지 않도록 한다. 다극체제 하에서는 이런 상호견제 작용을 통하여 국제사회의 안정이 대체적으로 유지된다. 2차 대전 후 70년간은 미국이 압도적인 무력을 가지고 홀로 국제질서 유지를 담당하였던 '미국의 패권기'였기에 국제질서는 안정적이었다. 그러나 미국이 과거처럼 홀로 질서유지를 감당하기 힘들어지면 다극체제가 들어서고 지정학의 관점에 입각한 세력균형 체제가 작동하게 된다. 그리고 양극체제보다는 다극체제가 상대적으로 더 안정적이라는 것이 국제정치학계의 다수설인데 양극체제는 두 진영 간의 경쟁을 격화시킬 뿐 아니라 경쟁을 완화시킬 균형세력도 존재하지 않기 때문이다.

그런데 22.2월 우크라이나 전쟁이 발발하면서 국제정치에서 이러한 지정학의 귀환이라는 담론이 갑자기 희박해지고 우크라이나를 공격한 러시아를 악의 세력으로, 우크라이나를 지원하는 서방세력을 선의 세력으로 양분하는 경향이 강해졌다. 그래서 세계를 다시 구 냉전시대의 양극체제와 같은 형태로 환원시키려는 움직임이 나타나고 있다. 이런 가치외교론자들은 지정학 관점에 따라 주요 행위자들의 세력권을 일정 부분 인정하는 것이 분쟁예방에 낫다는 현실주의자들의 시각을 비도덕적인 견해로 매도하기까지 한다.

과연 세계는 우크라이나 전쟁을 통해 다시 선악을 기준으로 국제정치를 재단하고 미국이 2차 대전 후 창설한 규범기반 국제질서로 복귀할 수 있을까? 즉 지정학의 귀환이 실현되지 않고 다시 20세기 후반과 같은 미국 주도 질서가 계속될 수 있을 것인가 하는 질문을 던져 봐야 할 때이다. 이 질문에 대한 답변을 찾아내어야 앞으로 다가오는 국제질서를 예측할 수 있고 이에 맞춰 우리 외교정책도 제대로 수립할 수 있기 때문이다.

지정학적 귀환이라는 용어가 널리 퍼질 때 우리는 국제사회가 앞으로 대변혁의 시기를 거칠 것이며 이 대변혁의 시기는 20세기 후반의 국제질서와 다른 양상을 보일 것이라는 예측이 강했다. 즉 20세기 후반 미국이 압도적인 패권으로 국제질서를 홀로 유지해 나갈 때는 규범 기반 국제질서가 당연시되었으나 이것이 변화할 것이라고 본 것이다. 대변혁 시대가 되면 각국은 각자도생의 길로 가고 주요 행위자들은 국제사회 공동이익보다는 자국의 이익을 더 우선시하고 자국 이익을 위해 약소국 이익을 무시하는 경우가 다반사로 일어날 것으로 예측되었다. 좀 더 거칠게 표현하면 약육강식의 시대, 힘의 논리가 지배하는 시대가 돌아올 것이고 이것이 국제정치의 본연의 모습이기에 지난 70년의 질서가 역사적 관점에서 볼 때 오히려 예외적이라는 분석이다. 따라서 21세기에는 지정학적 요인이 가치적 요인보다는 국제정치를 더 지배하게 될 것으로 보았다.

이러한 국제정치의 질적인 변화의 예고편을 우리는 트럼프 대통령 하의 미국 대외정책에서 이미 목격하였다. 그런데 현 바이든 정부 하에서는 미국이 우크라이나에 대한 무제한적 지원을 계속하면서 가치중심, 규범기반 국제질서를 회복하려는 듯이 보인다. 그러면 이런 바이든 정부의 정책이 다음 미국 정부로 계속 이어질 것인가를 물어봐야 한다. 이미 시작된 미국 대선 레이스에서 트럼프가 바이든을 앞서고 있으며 지난 총선에서 미 하원에서 공화당이 다수당이 된 것을 감안하면 다음 대선은 트럼프 또는 트럼프류의 대통령이 당선될 가능성이 다분하다. 그러면 지금과 같은 미국의 대외정책은 지속되지 않을 것이다.

현 바이든 행정부조차도 가치 및 규범기반 국제질서를 충실히 이행하거나 이를 지켜내고 있다고 할 수 없다. 바이든 행정부는 동맹과 우호국들을 결집하여 중국과의 대결전선에 임하려 하고 있다. 즉 중국을 견제하기 위해서는 동맹과 우호국들의 가치연대가 중요하다고 한다. 그러나 반도체 분야에서는 우리 기업들이 중국에 수출을 못하도록 막으면서 미국 IT기업들은 중국과 거래를 여전히 하고 있다. 배터리 분야에서도 미국 기업에게 만 혜택을 주고 한국 등 동맹국들의 기업에게는 차별적 조치를 취하고 있다. 이런 것은 미국이 만들었던 '규범기반 국제질서', 즉 내·외국기업을 동등 대우하는 WTO 규정을 미국 스스로가 어기고 있는 사례이다. 미국은 가치와 규범을 미국의 국익에 부합될 경우에만 적용하는 방식, 소위 '선택적 가치외교'를 하고 있는 것이다. 이런 경향들이 쌓이면 지정학 시대의 도래를 촉진할 것이다. 러시아에 대해서는 엄한 가치의 잣대를 갖다 댄 미국이 최근 중국에 대해서는 복합적인 신호를 보내고 있는 것도 가치 일변도 외교의 한계점을 느끼기 때문이다.

작년에 러시아가 우크라이나를 전면 침공하면서 침략국의 오명을 벗을 수는 없게 되었고 이로 인해 EU를 비롯한 서방국들이 러시아를 규탄하면서 자유진영의 결속이 단단해지는 것처럼 보였다. 그러나 독일, 프랑스 등 내부에서는 러시아가 패퇴할 때까지 우크라이나를 무제한 지원하자는 주장에 대한 반론들이 만만찮게 제기되고 있다. 양측이 수용할 수 있는 타협안을 찾아 가급적 종전협상을 해야 한다는 목소리가 커지고 있다. 계속되는 전쟁으로 '전쟁 피로감'이 쌓일 뿐 아니라 유럽 국가들의 경제에 주름살이 많이 가기 때문이다. 즉 서방의 가치연대가 견실히 오래가지 못하고 각국은 자국이익 중심의 외교로 복귀할 가능성이 크다.

브라질, 아르헨티나, 인도, 남아공 등 소위 'Global South'에 속하는 주요 국가들과 비서방 국가들은 선, 악으로 양분화된 가치외교의 틀 속에 자국의 외교를 속박시킬 것을 거부하고 우크라이나전쟁 원인에 대하여 중립적인 관점을 유지하고 있다. 중국과 러시아는 이들 국가들과 연대하여 반서방 연대를 더 확장하려고 노력 중이다. 이러한 Global South의 부상으로 인해 세계는 자유, 권위 양 진영으로 이원화되지 않고 다분화될 가능성이 더 높아졌다. 즉 가치보다는 지정학적 고려가 더 우선되는 시대가 될 것임을 예고하고 있다.

튀르키예와 이태리, 헝가리 등 서방국가의 선거에서 계속 민족주의적 극우성향의 지도자가 당선되는 것을 보면 서방국가 내부에서도 가치보다는 자국이익을 우선시하는 경향이 더 농후해질 것으로 전망된다.

이러한 국제정세의 흐름 전반을 고려하면 지정학의 시대가 10년 전부터 예고되어 오다가 우크라이나 전쟁으로 인해 갑자기 사라진 것이 아니고 계속 우리에게 다가오고 있다고 보는 게 맞다. 우크라이나 전쟁은 이런 큰 저류의 흐름 위에 일어난 작은 파랑에 불과하다. 파랑이 만든 물결을 보고 물의 흐름이 바뀌었다고 속단해서는 안 된다. 이런 속단을 할 경우 작은 배는 물살의 흐름에 실려 정처 없이 떠내려갈 것이다.

한반도에 드리우는 이중 냉전구도

2021. 11. 5.

북한이 새해 들어 7번 미사일 발사를 하면서 한반도는 물론 동북아 안보 구도에 또 경고등이 켜지고 있다. 북한 미사일 굉음은 북한 핵문제를 평화적으로 해결하지 않으면 한반도에 또 다른 전쟁이 발발할 가능성이 있다는 자명종 소리와 다름이 없다. 한반도는 아직 기술적으로는 전쟁이 멈춘 상태이므로 언제든지 전쟁이 재발화할 수 있다는 사실을 우리는 자각해야 한다. 한반도는 냉전구도가 잔존하는 세계에서 유일한 지역이다.

한반도와 한민족은 2차 대전 후 형성된 구 냉전질서의 최대 희생자가 되었다. 우리가 전쟁을 일으킨 전범국이나 패전국도 아닌데 한반도가 일본 대신 분단되었다. 그 이후 동·서양 진영 각축의 와중에 한반도에 미·소 대리전 성격인 한국전이 발발하였다. 휴전 이후에도 한반도는 양 진영 대결의 최전선이 되어 양측이 대치하면서 잊을만하면 군사충돌이 일어났다. 그리고 지난 30년간 북한이 핵미사일 실험을 계속하여 한반도는 언제든지 전쟁이 터질 수 있는 전 세계의 화약고처럼 여겨지고 있다. 1990년 전후 구소련의 몰락과 함께 전 세계의 냉전 구도가 해체되면서 공산진영이었던 중유럽 국가들이 대거 자유국가가 되었고 미국과 전쟁을 했던 베트남도 미국과 수교를 하게 되었다. 그럼에도 불구하고 구 냉전의 억압적인 구도는 한반도에만 유일하게 아직도 남아있어 여러 면에서 외국인이 한국에 오기를 꺼리게 하는 소위 '코리아 디스카운트' 효과를 가져오고 있다.

그런데 한반도에 구냉전의 대립 구도가 엄존하고 있는 가운데 한반도 주변에는 새로운 냉전 구도라는 먹구름이 몰려오고 있다. 과거 냉전은 미국과 소련 간의 대결이었다면 이번 냉전은 미국과 중국 간의 대결로 전선이 형성되고 있다. 미·중 간에 신냉전이 벌어지지 않을 것이라는 전망도 있지만, 미국 펜스 전 부통령은 2018년 허드슨 연구소 연설에서 신냉전의 도래를 선언했다. 그리고 이번 우크라이나 사태로 인해 세계는 신냉전의 도래를 실감하고 있다. 다가올 신냉전은 이념만의 대결도 아니고 미·중만의 대결도 아닌 자유진영과 권위주의진영 간의 대결이라는 더 광범위한 범위에서 전개될 가능성이 크다. 이 냉전은 미국이 쇠락하는 가운데 벌어지고 있어 그 대결의 향방을 가늠하기도 힘들다. 구냉전은 2차 세계대전과 핵폭탄의 참상이 인류의 뇌리에 박혀 강력한 심리적 빗장 역할을 했기에 열전으로 비화하지는 않았다. 그러나 심리적 빗장이 헐거워지고 있어 앞으로 신냉전은 열전으로 비화할 가능성도 있다. 신냉전 구도가 형성되면 한반도에는 또 다시 한·미·일과 북·중·러의 양 진영 대결 구도가 강하게 자리를 잡을 것으로 예상된다. 이는 구냉전과 신냉전의 이중적 대결 구도가 동시에 한반도를 짓누를 것이라는 점을 말한다. 즉 이념경쟁과 패권경쟁의 양대 억압적인 축이 한반도를 또 한 번의 열전 발화지점으로 만들 수 있다는 말이다.

과거 외부에서 부과된 구냉전의 대결 구도 말고도 한국전쟁 중 피비린내 나는 동족상잔의 기억으로 인해 내부적으로 형성된 적대감과 불신은 한반도에 분단의 장벽을 아직도 높이 쌓아두고 있다. 이런 민족 내부의 적대감은 한반도 외부에서 다시 형성되기 시작하고 있는 새로운 냉전구도가 이용하기 쉬운 땔감으로 작용할 가능성이 높다. 외부에서 형성되는 신냉전 구도가 한반도에 가져올 분리 원심력은 우리 민족 내부의 단합 구심력보다 점차 거세어져 한반도의 분단은 더 고착화될 것이고 평화적인 통일은 더욱 힘들어질 것이다. 그리고 북한의 억압적인 통치체제는 더 강화될 것이고 북한 주민들은 더 고통스런 삶을 살아야 할 것이다.

　정말 걱정스러운 것은 구냉전의 대결 구도가 벗겨지지도 않은 상태에서 한반도에 신냉전이라는 또 다른 억압구조가 덧입혀진다면 우리 민족은 우리의 뜻과는 상관없이 또 한 번 대리전의 희생양으로 내몰릴 가능성이 없지 않다는 것이다. 구냉전 시대에 대리전, 제한전은 다음과 같은 세 가지 목적을 위해 벌어지곤 했다. 첫째 상대세력의 국력을 필요 없는 곳에 소진시키기 위한 목적, 둘째 자기 진영의 세력권을 확장하려는 목적, 셋째 상대진영의 관심을 다른 지역으로 분산시켜 딴 목적을 달성하는 성동격서 목적으로 사용되었다. 지금 한반도 주변 상황은 신냉전이 가속화되면 이런 세 가지 요건을 다 충족시킬만한 발화력을 가지고 있다. 한반도는 중국과 러시아의 인접 지역으로 자신들의 세력권을 확장시키는 데 필요한 요충지다. 그리고 권위주의진영은 자유진영의 결속력을 시험하고 국력을 소진시키기 위해 한반도에서 제한전을 수행하는 것도 나쁘지 않다고 볼 수 있다. 마지막으로 양 진영 간 전면전을 치러야 할 만큼 중요한 전략적 목표를 달성할 필요가 있을 때 한반도에 전쟁을 일으켜 상대진영이 이에 관심을 집중할 때 다른 목적을 달성하려는 시도를 할 수 있다. 게다가 남·북한 간 군사적 대치는 성냥만 갖다 대면 발화할 준비가 되어 있다. 이런 이중

냉전 대결 구도의 동력dynamics에 우리가 휩쓸려 들어갈 때 우리 민족의 진로는 암담해질 수밖에 없다.

지금 우리는 우크라이나에서 구냉전 구도의 부활, 또는 지정학의 복귀 현상을 목도하고 있다. 러시아의 입장에서는 위의 3가지 목적 중 앞의 2개가 해당되고 중국의 입장에서는 3째 목적에 부합되기에 러시아의 입장을 두둔하고 있는 것이다. 우크라이나는 자국이 서방으로 가까워지면 서방국들이 자국의 안전을 보장해 줄 것이라고 기대했지만 국제법과 서방국은 멀리 있고 러시아는 바로 코앞에서 군사력으로 압박하고 있는 중이다. 양진영 간에 외교적 해법을 못 찾으면 러시아는 우크라이나의 서쪽 영토의 일부를 2014년 크림반도를 빼앗듯이 다시 뺏을 가능성이 높다. 강국 인접국의 국방력이 이웃 강국에 치명적인 타격을 가할 정도로 강하고 이웃 강국이 전쟁을 시작하였을 때 인접국이 결사적으로 항전하여 강국에도 상당한 군사적 외교적 부담이 될 것이라는 점을 인식할 때 이웃 강국은 인접국을 건드리지 못하게 된다. 이런 점에서 우크라이나는 과거 핵무장을 포기한 것을 통탄하고 이제 핵재무장을 논하고 있다. 우크라이나 사태에 비추어보면 새로이 대두하는 신냉전 구도에 대한 통찰 없이 한반도 정세를 남에게 의탁하려는 자세는 위험하다. 우리 스스로가 강해지고 우리 내부의 약점을 먼저 없애야 할 것이다.

이런 점들을 고려하면 한반도에서 이중 냉전 구도가 자리잡는 것을 우리가 그냥 방관할 수는 없다. 방관의 대가는 한반도에 또 다른 전쟁을 의미할 수도 있기 때문이다. 그래서 우리는 한반도에 쌓인 냉전 구도, 먼저 민족 간 대결 구도를 하루바삐 해소하여 남·북한이 외부세력의 대결 구도에 다시 한반도가 엮이어 들어가지 않도록 지혜를 발휘해야 할 것이다. 한반도에 대리전이 발발하면 이번에는 몇백만 명이 아니고 핵무기로 인하여 그 몇 배가 희생될 수 있다는 점을 유의해야 한다. 날씨를 내다볼 줄 안다면 먹구름이 몰려와 비를 뿌리기 전에 오래 널어둔 빨래를 걷어야 한다.

우크라이나 전쟁과 도덕주의 외교

2022.4.29.

큰 지진이 일어나기 전에 여진이 여러 차례 일어나면서 대형지진이 올 징조를 미리 보이는 경우가 많다. 두 지각판이 서로 부딪히는 경우 단번에 전면적으로 충돌하지 않고 약한 부분부터 한 지각판이 다른 지각판 밑을 밀고 들어가면서 지각변동의 전조가 지상으로 전해져 오는 것이다. 국제사회에서도 국제질서가 변화하는 과정에서 이처럼 기존 세력과 새로운 세력이 서로 맞부딪히기 시작할 때 두 세력 판의 인접 지역에서 충돌이 일어나기 시작하는데 이것은 나중에 올 큰 충돌을 예고하는 경우가 많다. 고대에 로마와 카르타고 간의 지중해를 둘러싼 패권 다툼이 일어났을 때도 양세력 간 전면적인 전쟁이 벌어지기 전에 지중해 작은 섬들에서 먼저 소규모 전투들이 벌어지기 시작했다.

지금 우크라이나에서 벌어지는 전쟁도 앞으로 있을 큰 전쟁을 향한 전초전의 성격을 띠고 있을 수도 있다. 지금 우크라이나 전쟁을 대부분 서방 언론에서는 우크라이나의 자유와 권리를 지키기 위한 전쟁이고 그래서 이 전쟁은 양국 간 전쟁이 아니라 우크라이나를 지원하는 자유진영과 침략국인 러시아로 대변되는 권위주의진영 간의 세계사적 대결이라는 도덕적 관점의 분석이 주류를 이룬다. 심지어 이 전쟁은 선과 악 두 세력 간의 싸움이며 따라서 선이 필히 승리하는 것이 당위이며 따라서 우크라이나를 지원하는 것은 자유진영 국가들의 의무라는 주장도 있다. 그러나 러시아의 시각에서 보면 NATO의 동진정책이 계속되다가 마침내 자국의 앞마당 격인 우크라이나마저 NATO에 가입하게 될 경우 자국의 완충지대가 다 사라져 버린 상태가 된다. 따라서 러시아는 이를 방치할 경우 자국의 안보가 심각하게 위협받을 것이라는 우려에서 우크라이나에 이를 경고하였으나 이를 무시하자 이에 대한 자위권적 조치를 취하고 있다는 입장이다. 즉 러시아의 관점에서 서방국들이 동유럽 국가들을 앞세워 NATO 확장정책을 펼쳐서 러시아를 봉쇄하는 조치를 취하고 있기에 서방국들이 현상변경세력이고 자국은 현상유지세력이라고 해석할 수 있다. 이는 여태까지 미국 등 서방언론에서 러시아와 중국을 현상변경세력이고 따라서 이들이 국제정세를 불안하게 만드는 원인을 제공한다고 한 사실과 서로 상충되는 주장이다.

　모든 국제분쟁에서 당사자들의 입장은 주관적이기 때문에 서로 정당성을 주장하여 타협을 이루어내기가 쉽지 않다. 하지만 제3자적 입장에 있는 국제사회는 이를 보다 냉정하고 객관적으로 판단하여 중재를 하는 것이 세계 평화에 도움이 된다. 그렇지 않고 이를 선과 악의 이분법적 기준으로 판단하려 하거나 현실주의를 벗어난 도덕주의 외교를 할 경우 전쟁은 더욱 장기화되어 피해는 더 커질 수 있다. 서방국들이 민간인 학살에 분개하여 우크라이나에 더 많은 무기지원을 하여 전쟁이 장기화되면 결국 우크라이나 민간인의 희생이 더 커지는 역설적 결과를 초래할 수 있다. 평화를 지키기 위하여 굴종적인 조건도 수용하는 그러한 '나쁜 평화'를 누구에게도 강요할 수 없다. 보편적 가치는 중요하다. 하지만 생존이 걸린 문제에서는 그 이익을 비교해야 한다. 그래서 비극적일 수 밖에 없는 전쟁은 될 수 있는 한 회피해야 한다고 말하는 것을 유약한 평화주의자로 매도할 수 없다. 전쟁을 지원하는 서방국의 입장에서는 어떻게든 러시아 진을 빼는 장기전이 좋겠지만 전쟁의 참상을 온몸으로 받아내어야 하는 현장의 선량한 시민들 입장에서는 전쟁이 하루바삐 종결되는 것이 최선일 것이다. 우크라이나 국민들이 두 세력판의 단층선 위에 존재한다는 이유로 양 세력권의 힘겨루기의 대리전장이 되어 전국토가 황폐화되는 상황을 모쪼록 조속히 모면하길 바란다. 일단 러시아의 침공을 받아 영토를 상실하고 많은 민간인까지 희생당한 시점에서 타협을 하는 것은 국가적 자존심상 쉽지 않겠지만 우크라이나의 지정학적 조건은 현실주의적인 선택을 요구한다. 강대국과 인접한 상대적 약소국은 강대국의 의지에 반하여 자국의 권리를 다 누리기가 어렵다. 이는 과거 그리스 펠레폰네소스 전쟁을 앞두고 스파르타와 동맹을 맺으려는 멜로스를 침공하기 전 아테네 대표단이 한 마지막 경고는 국제정치 핵심을 잘 짚고 있다. 멜로스 대화로 알려진 그 경고 요지는 "강대국은 자신이 할 수 있는 것을 하고 약소국은 자신이 당할 것을 당할 뿐이다."라는 비정한 선언이다. 이 경고는 무정부 상태를 본질로 하는 국제사회에서 계속 현실적으로 유효한 것으로 역사 속에서 증명되었다.

현재의 국제정치학적 분석에 따르면 멜로스의 대화는 구조적 현실주의 관점을 반영한 것으로 볼 수 있는데 이에 대해 도덕주의적 시각에서는 비판을 할 수도 있다. 그러나 현실주의적 관점에서는 도덕주의 외교의 단점을 다음과 같이 지적한다.

첫째, 국가 간의 관계에서 객관적인 선악의 기준이 모호하기에 힘이 정의가 되는 편이 문제해결을 단순화한다. 도덕적 정의가 분쟁의 기준이 될 경우 상대를 척결대상으로 여겨 문제해결이 어렵고 장기화된다. 그런데 역사적으로 전쟁을 선·악 간의 대결로 간주한 전쟁, 역사적으로 종교전쟁과 같은 경우가 그 잔혹함이 가장 심각하고 기간도 장기화한 경향이 많았다.

둘째, 도덕적 기준에도 이중성이 종종 발생하는데 자국에게는 적용하지 않는 도덕적 기준을 상대국에게는 강요하는 것은 모순이다. 이런 이중기준은 전쟁을 더 쉽게 불러일으킨다. 미국의 경우도 1962년 쿠바 미사일 위기 시 소련이 미국 인근에 세력을 확장하는 것을 3차 대전을 무릅쓰고 막았으며 쿠바 공산정부 전복을 위해 침공을 감행한 것이 역사적 사실이다.

셋째, "지옥으로 가는 길은 선의로 포장되어 있다."라는 격언이 있을 만큼 도덕적이지만 비현실적 목표를 설정하거나 비효과적인 수단을 사용하는 경우 선의로 시작한 일이 비참한 결말을 초래하는 경우가 많다. '전쟁을 끝내기 위한 전쟁'을 시작했다가 인류는 1차 세계대전의 참화를 당했다. 그리고 얼마 지나지 않아 2차 대전도 덮쳤다.

우크라이나 전쟁을 보면 한국전 당시를 떠올리지 않을 수 없다. 한국전은 처음에는 내전처럼 시작했으나 결국은 자유진영과 공산진영이 모두 가담한 국제적 대리전의 성격을 띠게 되었다. 그리고 양 진영의 자존심까지 걸려 서로 완전한 승리를 쟁취하려다 장기전화 되면서 38선을 중심으로 전선이 교착되어 2년 이상 엄청난 인명이 희생되는 소모전을 치루어야 했다. 당시 이승만 대통령은 북진통일을 외치고 휴전을 반대했으나 우리의 의지와 상관없이 전 국토가 황폐화된 이후에 개전 이전과 거의 같은 38선을 따라 휴전선이 쳐지고 전쟁이 종식되었다. 당시 국제사회는 통일 없는 휴전을 반대하는 이승만 대통령을 3차 세계대전을 촉발시킬 위험인물로 간주하고 대통령을 제거하려는 계획까지 만들었다. 그런데 지금 3차 대전 가능성을 언급하는 젤렌스키는 서방언론에서 영웅화되고 있으니 역사적인 아이러니이다.

한국전을 계기로 자유진영과 공산진영 간 대결이 강고해지는 냉전체제가 형성되기 시작하였다. 이번 우크라이나 전쟁으로 세계질서는 신냉전체제로 들어갈 가능성이 높다. 그리고 구냉전 체제에서 한국전 이후에도 크고 작은 대리전이 많이 발생했듯이 앞으로 그럴 가능성을 배제할 수 없다. 그래서 우크라이나와 지정학적 상황이 비슷한 우리에게도 우크라이나 사태는 강 건너 불이 아니다. 우리는 우크라이나 전쟁이 어떻게 귀결되는지를 면밀히 주시하고 앞으로 그 함의를 반영하여 우리 국가전략을 짜나가야 할 것이다. 미국도 최근 자국의 국익이 걸리면 보편적 가치를 무시하는 경향을 보이고 있다. 자유주의적 질서가 많이 약화되고 있는 것이 현실이다. 미국의 석학 조셉 나이 교수는 『도덕이 중요한가』라는 저서의 한국어판 서문에서 "한국은 미국과의 관계에서 현실과 가치 사이의 균형을 어떻게 맞출지 고민할 필요가 있다."라고 했다. 귀담아들어야 할 말이다.

한반도로 밀려오는 지정학의 덫

2022.8.30.

2010년 이래 '지정학의 귀환'이란 말이 대중에 회자되고 있다. 지정학이란 한 국가의 지리적 조건이 그 나라의 국가전략, 외교, 안보 및 경제 정책 등에 영향을 미치는 방식을 거시적으로 연구하는 학문이다. 그래서 '지정학의 귀환'이라는 말은 이제 각국이 자국의 전략을 수립하는 과정에서 자국이 속한 지리적 여건을 되돌아봐야 할 시대가 도래하였음을 의미한다. 지난 70년간 미국이 세계의 패권을 가지고 있었고 세계화가 잘 진전될 당시에는 지정학이 별 중요하지 않았다. 당시에는 "세계는 평평하다."라는 말이 유행할 정도로 지리적 장벽이 무너지고 세계가 한 촌락처럼 균질화될 것으로 생각되었다. 그러나 이제는 더 이상 세계가 평평하지도 그리고 각국이 균질하지도 않게 되어가고 있다는 것이 점차 분명해지고 있다. 더구나 우크라이나 전쟁으로 촉발된 신냉전의 구도가 더 강고해지면서 자유진영과 권위주의진영 간 장벽은 높아질 것이고 그래서 자국과 다른 진영에 속한 국가들과는 교역과 투자가 제한될 것이다. 이것은 허물어져 평평해진 지형에 장벽이 다시 세워진다는 말이고 이에 따른 지정학적 리스크를 피하기 위해서는 지정학을 다시 고민해야 하는 때가 돌아왔다는 것을 의미

하기도 한다.

저정학과 관련하여 나폴레옹은 "한 국가의 전략은 그 지리에 내재해 있다."라고 말한 바 있다. 또한 미국 지정학의 대가 스파이크만은 "국가 지도자들이 유능해도 국가는 지리적 여건을 피할 수 없다. 국가는 지리를 유능하게 또는 무능하게 다룰 수는 있지만 지리를 변경하거나 무시할 수는 없다."라고 설파했다. 국가전략을 수립할 때 가장 기본여건인 지정학적 요인을 우리는 잘 따져보지 않는다는 점을 고려하면 우리 정책결정자들은 이 말들을 새겨들어야 할 것이다. 특히 미국의 패권적 지위가 예전 같지 않게 약화되면서 각국이 각자도생의 길로 나서는 경향이 뚜렷한 지금 이러한 지정학적 요인은 이전보다 더 크게 국제정치에서 작용할 것이다. 우크라이나 전쟁으로 인하여 세계는 이런 지정학적 요인이 미치는 리스크를 더 생생하게 목도하고 있다. 러시아는 흑해를 거쳐 지중해로 진출하는 출구라는 지정학적 필요로 인해 크림반도를 포함한 우크라이나 남부지역을 확보하려는 것이다. 이번 전쟁으로 오데사 항구가 봉쇄되자 세계 곡물 가격이 급등하고 러시아가 독일 등 서방국으로 향하는 파이프라인을 잠그자 가스 가격이 폭등하면서 세계 각처에서 인플레를 유발하는 것도 지정학적 요인이 경제에 미치는 효과를 명백히 보여주고 있다. 이것은 독일정부가 지정학적 리스크를 감안하지 않고 국가전략을 수립한 바람에 리스크를 자초한 면도 있다.

미국의 지도력이 쇠퇴하고 중국·러시아 같은 현상변경세력이 미국의 패권에 도전을 계속하는 가운데 발생한 우크라이나 전쟁은 앞으로 우리 한반도 지정학에는 어떠한 영향을 미칠지 짚어 볼 필요가 있다. 앞에서 설명하였듯이 우크라이나 전쟁으로 자유진영과 권위주의진영 간의 신냉전

구도가 공고화되면 한반도가 고유한 반도적 지위를 회복할 가능성은 더욱 희박해진다. 우리가 사는 이 땅은 반도로서 대륙세력과 해양세력을 매개할 수 있는 지정학적 이점을 가지고 있다. 그러나 지난 70년간 한반도에서 구냉전의 잔재가 해소되지 못하여 남·북한이 분단되어 살아왔기에 한국은 섬나라와 같은 지정학적 여건 속에서 살아왔다. 세계화가 더 진전되고 진영 간 대립이 없고 남·북한 간 화해·협력이 이루어진다면 한반도는 반도로서의 지위를 회복할 수 있을 것이다. 그러면 한반도는 대륙세력과 해양세력을 매개하는 허브가 되어 많은 경제적 기회를 창출할 수 있을 것이다. 즉 한반도의 철도가 시베리아와 중국횡단 철도망과 연계된다면 부산항을 통해 들어오는 일본과 동남아 지역 물류가 서유럽으로까지 육로를 통해 운송될 수 있을 것이다. 이로 인해 북한은 물론 러시아 극동지역과 중국 동북부지역이 연계되어 새로운 경제권을 형성할 것이고 이는 우리 경제에 큰 기회를 제공할 것이다. 그러나 지금은 신냉전의 그림자가 짙게 드리우고 있어 대륙과 연계된 우리 경제의 도약 전망은 급격히 불투명해지고 있다. 한반도의 반도적 지위를 회복한다면 대양세력과 해양세력 간 대립에도 우리의 선택지는 넓어질 수 있는데 그럴 가능성이 적어져 안타까운 마음이다.

그리고 우크라이나 전쟁과 관련하여 북한이 러시아의 입장을 지지했을 뿐 아니라 최근에는 병력보충이 어려운 러시아에 대한 북한용병 파견설도 흘러나오고 있다. 이것은 그렇지 않아도 공고해지는 북방 3각연대, 즉 북한·중국·러시아 3국 연대를 더욱 결속시켜 이에 대한 반작용으로 남방 3각, 즉 한·미·일 3국 연대와 대결구도를 더 강화시킬 것이다. 이런 상황에서 우리는 우리 생존을 위하여 더 이상 반도국가 지위회복이라는 지정학적 꿈을 접고 해양국가들과 결속을 더 강화할 수밖에 없게 될 것이다. 이런 지정학적 구도를 염두에 두면 미·중 간 갈등 속에서 우리의 갈 길은 자명해지고 있어 별로 좌고우면할 여유가 없다. 위기상황에서는 국익의 요소 중 생존이 우선시되어야 하고 번영이나 가치, 화해, 협력 등은 부차적으로 다루어져야 한다.

8월초 펠로시 미 하원의장이 말레이시아에서 대만을 방문할 때 남중국해를 지나는 항로를 택하지 않고 필리핀을 우회하는 먼 항로를 택한 것도 우리 안보에 큰 시사점을 던지고 있다. 우발적인 충돌을 회피하기 위한 미국의 고육지책일 수도 있지만, 남중국해를 통과하는 직항항로를 우회한 것은 이미 중국의 영유권을 심리적으로 인정했다는 신호로 읽힐 수 있다. 이러면 중국의 남중국해에 대한 배타적 영유권 주장은 더욱 강해질 것이고 남중국해를 주요물자 수송로로 사용하는 우리로서는 수송로 안전에 더 각별히 신경을 써야 한다. 러시아 가스관 공급중단 사태에서 보듯이 에너지나 수송로를 한 채널에만 의존하다가 그곳이 막혀버리면 낭패를 당하는 일을 미연에 방지할 대책을 마련해두어야 한다. 아니 그보다 남중국해가 막힌다는 것은 우리에게는 사활적인 문제가 될 수 있으므로 이런 일이 발생하지 않도록 역내국가들과 유대를 강화하여 대처해 나가야 할 것이다.

한반도는 지정학적 관점에서 대륙세력과 해양세력이 접하는 곳으로 스파이크만에 따르면 '테두리 지역rimland'이고 브레진스키에 의하면 단층선fault-line 상에 위치해 있다. 이점에서 우크라이나와 한반도의 지정학적 가치는 동일하다. 이런 접점지역에 위치한 국가의 국력이 강하고 국제정세가 평안할 때는 이런 지정학적 위치가 발판이 되지만 반대의 경우에는 덫이 된다. 즉 반도국은 양방향으로 뻗어 나갈 수도 있고 양방향으로부터 공격을 당할 수도 있는 위치에 있지만 난세에는 덫에 빠져들 가능성이 더 높다. 따라서 우리는 지정학적 안목을 더 키우고 지정학의 덫에 빠지지 않도록 면밀한 전략을 수립해 나가야 할 것이다.

신냉전의 한 뿌리는 미국의 전략적 오판

2022.10.28.

우크라이나 전쟁이 장기화되고 러시아군이 점령했던 지역에서마저 고전을 면치 못하면서 국제정세는 더욱 위험한 수렁으로 빠져들고 있다. 우크라이나의 선전은 불굴의 투지에다 미·영 등 서방국들이 계속 신무기를 지원해주었기 때문에 가능했다. 그런데 우크라이나의 선전으로 러시아, 특히 푸틴 대통령이 더욱 궁지에 몰리면 그가 비이성적인 선택을 할 가능성이 높다는 데 문제가 있다. 최근 바이든 대통령이 푸틴 대통령을 이성적인 지도자라고 칭하고 대화를 제안했던 것은 푸틴의 예상치 못한 핵사용을 막으려는 시도이다. 그만큼 지금 세계는 몽유병 환자처럼 핵전쟁의 문턱으로 다가서고 있는지 모른다.

우크라이나 전쟁의 결과와 상관없이 국제정세는 이미 신냉전의 길로 들어섰다고 보아야 하지만 러시아가 실패하면 더욱 가파른 속도로 신냉전 구도가 형성될 것으로 전망된다. 국가체면을 손상한 러시아는 이를 만회할 기회만을 노릴 것이고 이런 러시아가 연대할 유일한 나라는 중국이다. 따라서 향후 러시아는 중국의 보조적 협력국Junior Partner이 될 가능성이 크다. 미국과 패권경쟁을 이미 벌이고 있는 중국으로서는 자국의 약점을 보완해 줄 러시아와 이러한 주·종적 연대관계를 내심 바랄 것이다. 러시아가 우크라이나를 침공하기 직전에 푸틴이 중국을 방문하였을 때 중·러 양국은 무제한 협력협정No Limit Pact를 이미 체결한 바 있다. 이는 양국이 분야를 가리지 않고 무제한 협력하겠다는 점을 밝힌 것이다. 이에 따라 중국은 러시아로부터 에너지와 식량을 대량 수입하고 있다. 이렇게 수입한 물량을 중국은 제3국에 재판매하여 이득을 거두고 러시아가 겪을 제재의 고통을 완화해주고 있다. 이런 중국의 행보가 서방의 대러시아 제재를 무력화하는 효과도 있지만, 장기적으로는 취약한 중국의 경제안보 구조를 보강해준다는 점에서 더 전략적 의미가 있다. 이러한 중·러의 유대강화는 신냉전 구도의 도래를 더 촉진할 뿐 아니라 더 단단하게 만들 것이다.

이런 신냉전 구도가 굳어지게 되면 한반도가 이 구도의 하부구도로 편입되어 소위 북·중·러 북방삼각연대와 한·미·일 남방삼각연대간 대립이 불가피하다는 점에서 우리 운명에도 지대한 영향을 미칠 것이다. 따라서 이 불길한 신냉전 구도의 형성과정을 되짚어 볼 필요가 있다. 우선 신냉전 구도를 초래한 것은 서방언론에서 지목하듯 중·러로 지칭되는 현상변경 세력의 탓도 있지만, 다분히 미국이 전략적 오판하여 자초한 면이 많다는 점도 동시에 지적되어야 한다.

구소련과 동유럽이 몰락하면서 냉전이 종식되었던 1990년 당시 소련의 고르바초프 총서기는 물론 그를 뒤이은 옐친 대통령까지 러시아는 서방세력의 일원으로 편입되기를 원했다. 옐친 대통령 당시 러시아는 친서방 정책을 상당 기간 시행하였다. 그리고 미국과 서방의 경제협력과 자금지원을 통하여 자국의 경제를 회복하려 하였다. 이러한 러시아 초기 친서방정책은 미국을 비롯한 서방국의 호응을 받지 못하였다. 특히 미국은 러시아가 국제사회의 중요한 행위자가 되기에 너무 쇠락한 이류국가라는 관점에서 러시아를 무시하였다. 이로 인해 경제발전이 좌절되자 러시아 국민들은 그 책임을 서방에 돌리고 자국의 자존심을 되찾을 강력한 지도자를 원했다. 이런 국민의 여망을 등에 업고 푸틴이 등장하였다. 그는 집권 초기부터 소련이 누렸던 지정학적 세력권을 회복하려 하였고 이러한 국가자존심 회복 비전을 내세워 장기 집권의 기반을 닦았다.

미국 내에도 키신저나 미어샤이머 같은 현실주의 정치학자들은 미국의 러시아 경시 정책이 미국의 장기적 국익에 부합하지 않는다는 점을 계속 지적하였다. 그들은 1972년 소련이 강성했을 때 미국이 중국과 연대라는 파격적 행보를 하며 소련을 고립시켰던 것처럼 점차 강성해지는 중국을 견제하기 위하여 이미 러시아와 손을 잡았어야 한다고 주장한다. 그러나 워싱턴의 외교·안보 기성집단은 이러한 주장을 일축하고 자유주의적 팽창정책을 지속해나갔다. 냉전 종식 후 유일 강대국이 된 미국은 유럽에서 NATO 팽창을 지속하여 4번의 신규 회원국 영입을 통하여 NATO를 계속 러시아 국경 쪽으로 확장했다. 이번에 우크라이나까지 NATO에 가입하였다면 러시아 코앞에까지 NATO가 확장될 것이고 러시아는 지정학적 관점에서 이를 받아들일 수 없었다.

중국과의 관계에서도 미국은 잘못된 전략적 판단을 하였다. 미국은 78년 수교 이래 중국이 경제발전을 하게 되면 민주화가 이루어질 것이고 민주화가 된 중국은 미국의 최대시장이자 친미적인 국가가 되리라고 생각했다. 그래서 중국이 세계의 공장으로 잘 가동될 때 미국에서는 미국과 중국이 경제적으로 한 몸이 되어 서로 상생하는 관계, 즉 미국·중국 의존관계Chimerica 시대가 열릴 것이라는 낙관적인 견해가 지배적이었다. 이렇게 미국이 중국에 대해 착시현상을 일으키게 된 배경에는 뉴욕 월가의 금융, 산업자본들이 자리를 잡고 있었다. 이들은 중국의 본질을 파악하지 못한 채 자신들의 경제적 이익을 국가이익에 앞세웠다. 그들은 중국이 미국의 하청 공장이자 주니어 파트너로 계속 남아있을 것이라는 착각을 여러 매체를 통해 미국내 퍼뜨렸다. 그들이 자신들의 이익을 위해 미국의 눈을 가리는 동안 미국을 또 다른 잘못된 길로 인도한 그룹이 있었으니 이는 네오콘을 비롯한 미국내 자유주의 전사들이었다. 그들은 9.11을 빌미로 미국이 테러와의 전쟁에 돌입하여 테러의 근거지가 박멸되고 더 나아가 이라크와 아프간에 민주국가를 건설하는 성스러운 임무를 미국이 완수해야 한다고 주장하였다. 그래서 미국이 테러와의 전쟁이라는 진창에 빠져 20여 년을 허비하는 동안 미국 패권에 대한 최대 도전국인 중국의 급속한 성장을 방치하였다. 그들이 뒤늦게 정신을 차리고 '아시아 회귀Asia Pivot'를 외치며 중국견제에 나섰다. 그 무렵 중국은 이미 중국몽의 야심을 표방하는 시진핑 주석이 권력을 잡은 뒤였다. 이미 강대국의 반열에 진입한 중국은 더 이상 미국의 말을 듣지 않는 패권 도전국이 되었다. 이제 3연임에 성공한 시진핑이 이끄는 중국은 미국과 전략적 경쟁을 넘어 패권경쟁을 하겠다는 야심을 숨기지 않고 있다. 이런 중국은 우크라이나와 전쟁으로 국력을 소진한 러시아가 중국을 도와 함께 강한 반미전선을 구축할 것이라고 예상할 것이다. 러시아가 바라던 다극체제는 이제 물 건너갔으니 중국이 원하는 양극체제 형성에 러시아가 중국을 지원하는 보조 협력자 역할을 해주리라고 보는 것이다. 미국의 장기전략에 불리한 이런 신냉전 구도는 다른 국가가 아닌 미국이 연이은 전략적 오판으로 자초한 일이라 볼 수 있다. 우크라이나전의 장기화를 방치하는 것도 장차 미국의 전략적 오판으로 기록될 수 있다. 미국의 이런 전략적 오판은 미국 주도 국제질서를 오히려 위태롭게 하는 것은 물론 미국을 믿고 있는 동맹국들에도 부담이 되는 일이다. 그래서 미국이 비전을 추구하는 이상주의 말고 현실주의적 국가전략으로 복귀하여 신냉전 구도의 형성을 촉진하지 않기를 고대해본다. 비전이 없으면 국가 발전이 멈추지만 비전이 너무 크면 국가 안전이 위험해진다. 절제된 현실주의 외교가 미국뿐만 아니라 세계를 위해 필요한 시점이다.

트럼프가 소환하는 닉슨 독트린

2024. 7. 4.

그간 후보 사퇴론으로 내홍을 겪던 현 바이든 대통령이 지난 주말 출마 포기 용단을 내림으로써 이제 트럼프의 귀환은 기정사실이 되었다. 이로 인해 미 국내뿐만 아니라 전 세계적으로 트럼프가 귀환할 경우 어떤 일들이 벌어질지에 대한 관심이 고조되고 있고 각 분야별로 이에 대한 대응책을 마련하느라 분주하다. 트럼프 집권 2기는 분명히 집권 1기보다 더 과감하게 기존 질서를 뒤집는 정책을 집행할 것이라는 예상이 지배적이다. 23년 3월 재선 캠페인을 시작한 트럼프는 정치집회에서 "지지자 여러분을 배신하고 여러분에게 해를 끼친 모든 사람을 응징하겠다. 딥 스테이트를 완전히 소탕하겠다"라는 폭탄발언을 하였다. 역대 어느 미국 대통령 후보도 입에 담은 적 없던 거친 발언인데 이에 트럼프의 진심이 담겨있기에 걱정스럽다.

트럼프는 개인적, 정서적으로 닉슨 전 미 대통령과 가까운 사이였고 닉슨 대통령의 외교안보 정책의 밑바탕인 현실주의와 고립주의는 트럼프의 세계관과 맥락을 같이한다. 닉슨 대통령이 처했던 국내 정치적 환경이나 국제정세가 앞으로 트럼프가 집권하게 되면 맞이할 상황과 유사하기에 트럼프는 닉슨의 정책노선을 답습할 가능성이 농후하다. 이런 맥락에서 트럼프의 집권에 대비해 '닉슨 독트린'의 의미와 그로 인한 영향을 되짚어 볼 필요가 있다. 트럼프의 행보가 50여 년 전 '닉슨 독트린'의 기억을 소환하기 때문이다.

'닉슨 독트린'은 1969년 7월 닉슨 전 미 대통령이 괌에서 발표한 미국 외교정책의 새로운 지침이다. 월남전에서 패색이 짙어지던 당시 닉슨은 동아시아 동맹국들에 대한 미국의 방위 부담을 줄이려고 이 원칙을 발표하였다. 발표 기자 회견장에서 닉슨은 "길지 않은 기간 동안 미국은 태평양을 건너 동아시아에서 3번이나 싸워야 했다. 아시아에서 미국의 출혈은 더 이상 계속되어서는 안 된다."라고 천명하였다. 이 독트린은 '아시아의 방위는 아시아인 손에'라는 슬로건으로 요약될 수 있다. 이 말은 '핵 공격 이외 공격에 대해서는 아시아 동맹국 자신이 방위책임을 져야 하고 미국은 군사 및 경제적 원조만 제공함'을 의미한다. 이 독트린에 따라 닉슨은 주한 7사단 병력 2만 명을 철수시키고 또 2사단도 추가 철수시키려 했으나 그의 탄핵으로 인해 중단된 바 있다. 닉슨은 가급적 동아시아에서 일어날 군사 충돌에 미군이 개입되는 것을 회피하려 하였다.

당시 닉슨 대통령은 국민의 넓은 지지를 받지 못하는 특이한 성향의 정치인이었다. 그는 대통령 선거에서 낙선한 후보가 재출마하지 않는 관례를 깨고 재출마하여 승리를 거머쥐었다. 그리고 그는 남을 믿지 않는 성향으로 인해 소위 제도권에서 배척받던 인물이었고 결국 그는 탄핵당해 권력에서 내려와야 했다. 그는 상대방이 예측 못하는 비합리성을 가진 것처럼 행동하는 것이 협상에서 유리하다는 '광인 이론Mad Man Theory'을 신봉하였다. 이를 보면 트럼프는 여러 면에서 닉슨과 닮은 점이 많다. 그리고 당시 미국 대학가는 베트남전 반대 시위에 몸살을 앓았다. 지금도 장기화된 우크라이나전에다 이스라엘의 비인도적 하마스 소탕작전으로 인해 50년 만에 미 대학가에서 반전 시위가 재현되었다는 점도 기시감^{데자뷔}을 느끼게 한다.

　게다가 닉슨은 당시 러시아 견제 목적으로 중국을 자기편으로 끌어들이기 위한 '세기의 외교적 승부수'를 던져 국제질서를 새롭게 재편하였다. 트럼프는 현재 중국이란 더 강력한 경쟁자를 꺾기 위해 러시아를 이용하려는 복안을 가지고 집권 1기부터 푸틴과 관계를 개선하려 노력했다. 트럼프도 닉슨과 같이 강대국 간 게임의 판을 뒤집기 위해 동맹국이나 약소국들을 그 협상의 희생양으로 삼는 데 불편함을 느끼지 않을 것이다.

　이런 트럼프가 집권하면 닉슨 독트린과 유사한 트럼프 독트린을 발표할지도 모른다. 닉슨 독트린이 발표된 후 당시 우리 온 나라가 전전긍긍했던 처지를 모면하려면 이런 역사의 변주에 대해 미리 대비를 해나가야 한다. 트럼프식 외교정책의 기본방향은 이미 알려져 있고 우리에 대한 요구사항도 대략 짐작이 된다. 먼저 트럼프는 이미 "한국은 부유한 나라인데 한국을 방위하기 위하여 미국이 막대한 비용을 쓰는 것은 말이 안 된다."라고 여러 차례 언급하였다. 그래서 그는 한국 방위에 대해 거래적인 조치를 요구할 것이다. 트럼프는 북한의 핵위협에 대해 핵우산을 제공하겠으나 이에 대한 우리의 비용지불을 기대할 것이다. 즉 우리의 방위비 분담금을 대폭 증가시키고 미국의 전략자산이 한반도에 배치될 경우 이에 대한 비용도 한국이 부담하라고 할 것이다. 또한 미국의 전술핵이나 벙커버스터와 같은 대북 공격용 무기를 개량하는 데 드는 비용도 우리가 분담하기를 요구할 수도 있다.

트럼프는 집권 1기 중에도 주한 미군 주둔 자체를 탐탁지 않게 여긴다는 것을 숨기지 않았다. 그의 주한 미군 감축 지시에 대해 당시 국방장관 등 참모들이 급한 일이 아니니 재선 후에 검토하자면서 간신히 말렸다는 일화들이 전해지고 있다. 그러니 그가 재선되면 이 문제를 본격 거론할 가능성도 배제할 수 없다. 물론 중국과 갈등이 더 고조되면 주한 미군의 전략적 가치를 재평가는 하겠지만, 그는 주한 미군이 꼭 전략적으로 필요한 것이 아니라고 볼 것이다. 그래서 그는 미군 주둔에 드는 방위비용을 우리에게 더 많이 부담시키기 위해 주한 미군 철수를 카드로 사용할 가능성이 높다. 그리고 그는 주한 미군이 주둔하더라도 그 역할은 대북 억지보다는 대중 견제에 더 집중토록 할 것이다.

이런 상황을 가정할 때 우리가 어떻게 준비하고 대응해야 하느냐는 닉슨 당시 박정희 정부의 대응방안을 보면 그 개략적 방향이 드러난다. 박대통령은 우선 주한 미군철수를 막기 위해 주월 한국군 숫자를 조절하려는 카드를 사용하였다. 즉 미국의 세계전략에 필요한 일정 역할을 우리가 자임하여 철군을 막으려 한 것이다. 둘째 남북한 관계를 안정적으로 관리하여 한반도에서 무력충돌이 일어나지 않도록 하였다. 즉 남·북한 간 7.4 공동성명을 발표하고 고위급 교류를 확대하였다. 셋째는 우리의 자주국방 능력을 획기적으로 증강시키는 노력을 경주하였다. 이때 우리의 방산산업의 기초가 놓이고 우리의 핵개발 노력도 태동되었다. 넷째는 6.23 선언을 발표하며 우리와 주변 공산국가들과의 관계개선을 위한 포석을 두었다.

앞으로 트럼프 독트린이 정말 나올지는 더 두고 보아야 할 것이다. 그러나 일단 현실화되면 우리에게 큰 영향을 미칠 가능성이 있기에 이에 대해 미리 준비를 해나가는 것이 뒷날 충격을 줄일 수 있을 것이다. 트럼프의 귀환이 위기일지 기회일지는 아직 알 수가 없다. 대체적으로 그의 귀환은 국제질서의 충격적인 재편을 예고하고 있기에 위기요인이 많을 것으로 보고 국제사회는 긴장하며 그의 캠프 움직임을 예의주시하고 있다. 그러나 위기를 기회로 만드는 것은 각국의 능력에 달려있다. 트럼프의 특이한 성향을 역이용하여 이를 우리에게 유리하게 전개되도록 하는 것도 우리의 역량이다. 닉슨 쇼크는 모르고 당했지만 트럼프 쇼크를 예상하고도 당하면 정말 변명할 여지도 없다. 한번 잘못하면 실수이지만 계속 잘못하면 실력이 없는 것이다.

89년 국제체제(미 단극시대)의 종언

2025.1.25

"역사는 반복하지는 않지만 변주한다."라고 한다. 역사는 똑같이 되풀이되지 않지만 비슷한 패턴을 가지고 다시 나타나는 일을 반복한다는 말이다. 그래서 우리는 역사를 잘 알고 역사로부터 교훈을 얻어야 한다. 역사 속에서 수많은 국가가 흥망성쇠와 부침을 거듭하면서 등장했다가 사라지곤 했다. 국가는 없어지고 정치체제는 바뀌더라도 민족은 영속하고 외교는 필요하기에 역사를 더 알아야 한다.

지난 백 년의 국제정치를 되돌아보면 국제질서의 기본 틀도 여러 번 바뀌었다. 2차 대전 이전까지는 주권국가 중심의 국제체제, 즉 베스트팔렌 체제가 국제질서의 기반을 이루었고 그 질서 속에서 영국이 2백 년 세계를 지배하였다. 2차 대전 후 미국이 세계 중심국가로 등장하면서 미국이 원하는 방식으로 국제질서를 재편하였다. 이 질서는 자유적 다자주의를 바탕으로 하는 질서였다. 즉 개별국가보다는 유엔과 같은 국제기구의 권능이 더 커지고 개별국가는 국제기구나 국제재판소에서 내린 결정에 따르는 시대가 되었다. 경제적으로는 자유무역체제가 활성화되면서 마침내 세계화의 시대를 열었다. 그래서 국가 간 장벽이 낮아지고 상품과 자본 그리고 노동마저 자유로이 국경을 넘나들 수 있는 세상이 펼쳐진 것이다. 그래서 『세계는 평평하다World is Flat』이란 책이 미래 세계상을 잘 그려내었다고 호평을 받았다. 게다가 20세기 후반을 지배했던 미·소가 중심이 된 진영대결도 자유진영의 승리로 막을 내렸다. 서방에서는 『역사의 종언』이란 책이 인기를 끌었는데 이 책은 자유민주주의의 승리로 역사는 발전의 종착역에 도달하였다고 보았다. 더 이상 역사발전이 불필요하다고 볼 정도로 미국 자유주의 대승리를 선언한 것이다.

이런 흐름을 타고 1989년 소련 몰락 이후 거의 30년 간은 미국의 단극체제, 즉 미국이 견제받지 않고 전 세계를 주무르는 미국 중심 체제가 전개되었다. 그러나 이 시기에 미국의 제조업이 점차 쇠퇴하면서 미국은 IT기업과 금융자본에 의존하여 경제를 지탱해 왔다. 사실 쇠퇴하는 자국 경제를 회복하기 위해 애써야 할 시기에 미국은 테러와의 전쟁을 20년 이상 지속하면서 오히려 자국의 성장 잠재력을 더 고갈시켰다. 이를 알아챈 트럼프는 미국을 다시 회복시키기 위한 미국 우선주의를 내놓고 2016년 당선되었다. 그런데 트럼프의 실정으로 인해 바이든 행정부가 다시 집권하게 되고 민주당 정부는 미국을 세계의 중심, 즉 지도국의 지위에 되돌려야 한다는 신념을 갖고 있었다. 바이든의 미국은 자유적 국제질서를 다시 회복하려고 노력하였고 러-우 전쟁에도 이-팔 전쟁에도 개입하였다. 그러나 이 개입은 별 성과도 내지 못하고 미국을 피폐하게 만드는 효과를 가져왔다고 미국 유권자들이 판단함으로써 트럼프가 대통령으로 귀환하게 되었다.

이제 막 출범한 트럼프 2기 행정부는 '자유적 국제질서'의 종언을 의미한다. 2차 대전 후 미국 지도층들이 확신했던 자유적 국제질서 시대는 다시 돌아올 가능성이 희박해졌다. 오히려 2차 대전 이전의 베스트팔렌 체제와 유사한 각자도생의 체제, 즉 각 국가가 자국 이익을 위해 최선을 다해 경쟁하는 시대로 돌아가게 될 것이다. 이러한 국제정세의 변화에 따라 우리의 외교체제와 외교에 대한 기본인식도 변화되어야 할 것이다.

미국이 단극체제를 열게 된 원인은 공산권의 몰락이었다. 이때 노태우 정부는 북방정책 추진을 선언하였다. 이 정책은 당시 변화하는 국제정세의 흐름에 올라타 우리 외교의 지평을 공산권까지도 확대하려는 담대한 구상이었다. 북방정책을 통하여 한반도의 평화와 통일을 이루어내고 궁극적으로 극동, 연해주를 거쳐 유라시아 대륙까지 우리의 경제영토를 넓히려는 웅대한 꿈을 실현코자 하였다. 모스크바와 북경을 통해 평양에 들어가려는 구상, 즉 공산권 국가들과 좋은 협력관계를 유지하여 통일을 견인해 내려는 생각이었다. 이 구상은 자유와 공산진영 간 체제경쟁은 이미 자유진영의 승리로 끝났으며 공산권 국가들은 자유진영으로 편입될 수 밖에 없다는 낙관론을 근거로 수립된 것이다. 북방정책은 우리 외교가 국제정세의 변화를 잘 파악하고 미리 준비하여 그 흐름을 잘 올라타서 성과를 이룬 창의적이고 야심적인 외교정책이었다. 그 후 우리는 46개 공산권 국가들과 국교를 수립하여 우리 외교의 지평을 대폭 확대하였다. 또 공산권 국가들과 교역도 대폭 증가하면서 벌어들인 외환은 당시 우리 경제 성장을 견인하는 원동력이 되었다.

그러나 1989년에 발동을 건 이후 35년간 지속하면서 성공적이라 평가받았던 북방정책을 이제는 재평가할 시점이 왔다. 즉 국내의 '87년 체제'에 빗대어 말하자면 외교에서 '89년 체제'도 이제 그 시대적 소명을 다했다. 변화하는 국제정세에 대응하여 새 시대에 맞는 새로운 외교 패러다임을 수립해야 할 시점이다. 우리는 89년 이후 미 단극체제에서 통용되던 외교 전략적 사고나 외교수행 방식 등을 재점검하여 시대에 맞지 않는 점은 과감히 개선해 나가야 한다. 더 바람직한 것은 앞으로 미·중 패권경쟁의 결과가 명확히 되는 시점까지 가지고 갈 새로운 외교정책 패러다임을 만들어 내는 것이다.

이 새로운 패러다임은 미국의 단극체제가 더 유효하지 않고, 중국과 러시아가 자유진영의 일원이 될 가능성이 없다는 점과 북한과의 통일이 남·북한 간 대화에 의해 달성될 가능성이 없다는 사실을 인정하는 데서 출발해야 한다. 즉 자유주의 승리의 깃발이 휘날리던 89년 당시와 정반대의 상황이 앞으로 벌어질 것이라는 인식이 바탕이 되어야 한다. 냉전 종식이 아니라 신냉전의 도래가 더 확실해지고 북·중·러 3각 협력과 한·미·일 3각 협력 간 갈등과 대립이 더 격화될 것이라는 것을 전제로 해야 한다. 단순히 트럼프의 재등장으로 미국 우선주의가 횡행할 것이란 지점에 우리의 시선이 고정되어서는 안 되며 그 너머를 볼 수 있어야 한다.

이 새로운 패러다임은 당연히 89년 당시의 낙관론 대신 비관적인 전망을 바탕으로 수립되어야 한다. 더 이상 국제정세는 미국 주도 하에 안정적이지 않고 중국, 러시아도 우리의 협력 대상국이 될 가능성이 적어졌다. 미·중 간의 갈등 심화로 우리가 미·중 간의 등거리 외교를 할 수 있는 공간도 줄어들 것이라는 점을 명심해야 한다. 북한도 더 이상 우리가 만만히 볼 상대가 아니다. 따라서 우리 주도로 남북대화를 이끌어 갈 수 있거나 북한을 흡수통일할 수 있는 상황은 더욱 아니다. 오히려 우리가 북한의 공격으로부터 우리를 지켜내기가 힘든 상태로 나아가고 있으며 앞으로 한미동맹에 의존하기보다는 우리 혼자 북한을 대적해야 할 가능성이 더 많아지고 있는 형국이다.

　이런 점을 감안하면 우리는 89년 이후 우리가 지녔던 관행적 외교전략과 사고를 재검토해야 한다. 즉 우리나라의 안보를 한미동맹에 전적으로 의존하여 미국이 주도하고 우리는 보조하는 외교·안보 태세를 계속 유지하는 것이 적절한지 자문해야 한다. 그리고 미·중 양국 간 경쟁에서 우리가 양국 간 정치, 이념의 차이를 불문하고 경제적 이익 관점에서 양국관계를 설정하거나 등거리 외교를 계속할 수 있다는 막연한 희망도 지양해야 한다. 중견국인 우리나라에게는 가치 기반 국제질서가 유익하지만 앞으로 이런 질서가 변형될 것이기 때문에 가치만 내세우는 외교도 바람직하지 않다. 북한과도 통일을 바라보며 무리하게 대북접근을 하기보다는 당분간 현상유지에 주력하는 방식으로 자세전환을 해야 한다. 일본과도 과거사에 얽매여 갈등을 지속하기보다는 우리나라의 안보를 위해 서로가 필요한 존재라는 인식을 가져야 한다. 89년에 북방을 향해 달려나가기 위하여 위세 있게 내걸었던 북방정책식 사고방식을 접어야 할 때이다. 이제는 북방으로부터 오는 위협과 변화된 국제질서의 파고를 넘어가기 위해 몸을 낮추어야 할 때이다. 우리의 발밑 진지를 깊이 파면서 다가오는 위험을 하나씩 제거해 나가는 실용적 외교·안보 정책을 펴나가야 한다.

제재의 효과 되짚어 보기

2022.1.27.

1993년 북한 핵문제가 처음 불거진 이래로 우리는 제재sanction라는 단어를 빈번히 접해오고 있다. 북핵 위기 이후 이란도 우라늄 농축을 시작하면서 양국에 대한 제재가 우리 언론에 자주 언급되고 있다. 이란이 우리나라에 원유를 수출한 대금 약 70억 불을 미국 제재로 인하여 우리가 돌려주지 못하고 있어 양국 간의 외교적 분쟁으로 비화하고 있다. 그런데 더 심각한 일은 첨단기술 분야에서 미·중 간 전략적 갈등이 심해지면서 중국기업에 대해 첨단기술을 이전하거나 투자를 하는 한국기업들은 미국의 제재를 당할 처지에 놓이게 된 점이다. 게다가 우크라이나의 NATO 가입을 저지하기 위하여 러시아가 무력시위를 벌이고 있는데 양국 간 무력충돌이 발생할 경우 미국은 러시아에 대해서도 포괄적인 제재를 가할 것이라고 엄포를 놓고 있다. 이런 제재들이 시행된다면 우리 기업들의 대중, 러시아 교역에 많은 영향을 미칠 것이므로 적잖이 우려스럽다.

　미국이 이처럼 제재를 외교에서 전가의 보도처럼 자주 사용하고 있기에 이 제재의 성격에 대해 우리는 잘 살펴볼 필요가 있다. 우선 미국이 이전보다 제재를 더욱 빈번히 사용하는 이유는 미국의 국제적 지도력이 그만큼 쇠퇴하고 있다는 사실을 반영한다. 과거 미국의 국력이 막강하였을 때는 미국의 국익에 반하는 도전을 하는 나라들이 상대적으로 드물었다. 그러나 이제는 중국, 러시아, 북한, 이란 등 소위 미국의 시각에서는 권위주의 국가군 또는 과거 표현으로는 '악의 축' 세력이 강해지고 있어 미국이 이들을 억제할 필요가 생긴 것이다. 게다가 이전에는 미국의 군사력이 막강하여 이런 도전국가들의 행위에 대해 미국이 군사적 조치나 다른 강압적 조치로 저지하는 경우가 다반사였다. 그러나 이제는 미국의 군사력을 사용할 의지가 약화되어 이들을 쉽게 저지할 수 없게 된 것이다. 그렇다면 국제적 분규가 발생하면 미국이 외교적으로 협상하여 이를 해결하면 될 것이나 미국은 아직 이런 도전국가들이 원하는 현상변경 요구에 타협할 마음이 없는 상태이다. 즉 군사적 해결방안은 힘에 부치고 외교적 타협은 정서적으로 수용하기 어려우니 미국은 그 중간계책인 제재를 외교의 수단으로 자주 사용하게 된 것이다.

본래 제재는 본질상 그 자체가 목적이 아니고 외교적 해결을 위한 보조적 수단이 되어야 한다. 제재는 개념 정의상 '제재를 부과하여 제재 대상국에 경제적, 심리적 압력을 가함으로써 그 국가의 행태를 변경' 시키는 데 그 목적이 있다. 즉 제재를 통하여 제재가 가해진 나라가 자신의 행동이 잘못되었거나 국제적으로 용인될 수 없음을 알고 그 행동을 중단해야 그 목적을 달성했다고 할 수 있다. 그런데 그간 미국이 부과한 제재의 역사를 돌이켜 보면 제재를 통하여 상대편의 행태를 변경시키는 데 성공한 경우가 거의 없다. 북한은 물론이고 이란도 미국의 제재로 인하여 핵개발 활동을 중단하지 않고 있다. 오히려 양국은 제재에 대한 내성을 키우고 시간도 벌어가며 핵개발을 지속시키는 양상을 보여주고 있다. 과거 인도와 파키

스탄이 핵무기 개발을 시도하였을 때 미국이 이 나라들에도 제재를 가하였으나 이들은 제재를 무릅쓰고 결국 핵보유국의 지위를 획득하였다.

이처럼 제재가 실질적 효과를 거둔 사례가 거의 없음에도 불구하고 미국이 제재를 계속 빈번히 외교적 무기로 사용하는 것은 제재의 또 다른 효과를 노리고 있기 때문이기도 하다. 즉 제재는 제재 부과를 통해 상대국의 행태를 변화시키는 실질적 효과보다는 이들 국가에 대해 자신들의 행태가 국제질서를 깨트리는 것이라는 점을 일깨우는 징벌적 효과는 있다. 그리고 미국 국민들이 정서적으로 이런 국가들의 행태를 받아들일 수 없으므로 미국 정부는 이들 국가에 대한 무엇인가 대응조치를 취하지 않을 수 없다. 그래서 미국 정부는 제재를 취하는 것이고 이런 제재는 국내 정치적으로 상징적 효과는 발휘할 수 있다.

미국은 북한 핵위기가 시작된 이래로 유엔을 통하여 11개의 제재를 북한에 부과하였고 미국 국내법에 의거한 제재도 중첩적으로 부과하고 있다. 북한이 5차 핵실험을 하고 난 이후 부과된 유엔결의 2973호 제재는 사상 최강의 제재라는 수식어가 붙었을 정도로 강력한 제재였다. 그러나 그 이후 몇 년이 지난 지금에도 북한이 핵과 미사일 능력을 고도화하는 것을 제재로는 막지 못하고 있다. 최근 북한이 극초음속 미사일 시험발사에 성공한 이후 미국은 다시 제재를 추가하였다. 이처럼 제재 숫자가 세기 힘들 정도로 늘어간다는 것은 제재의 효과가 없다는 것을 역설적으로 반증한다. 이는 결국 제재의 효과는 국제적이 아니라 국내적이라는 사실을 말해준다. 미국이나 국제사회의 강경세력들이 북한의 도발에 대해 어떻게든 응징을 하여야 하겠으나 다른 수단이 없으니 제재부과로 심리적 만족을 얻는 것 이외 다른 방도를 모색하지 않는다는 것을 말해준다.

물론 제재가 북한이나 이란 등에 경제적 압박을 주는 것은 사실이나 중요한 것은 이 제재만으로 이들의 비핵화를 끌어낼 수 없다는 것이다. 2018년 북한이 비핵화 협상의 테이블로 나온 것을 제재의 효과라고 보는 시각도 있으나 당시 북한은 핵무력을 완성하였다고 공언한 후 다음 수순인 경제재건을 위하여 대외여건 개선이 필요하였기에 스스로 협상의 장으로 나온 것으로 보아야 한다. 제재로 인하여 협상에 나왔다면 코로나로 인한 국경봉쇄로 경제적 어려움이 훨씬 가중된 현시점에서 북한은 협상장으로 달려 나와야 한다. 그러나 지금도 북한은 미국이 다른 유인책을 제시하지 않는 한 협상장으로 나올 생각이 없다는 태도를 보이고 있다. 물론 북한의 도발적 행태에 보상을 해줄 수는 없다는 명분론도 있지만 유인책을 암시하며 대화를 유도하는 것 자체가 보상이라고 말할 수는 없다.

제재를 통해 북한의 비핵화도 끌어낼 수 없는데 제재를 통해 북한이 붕괴될 수도 있다고 생각하는 것은 그간의 경험칙에 반하는 희망적 사고에 불과하다. 북한이 상당한 비핵화를 이룬 후에 그 보상으로 제재를 완화해줘야 한다는 입장도 북한의 비핵화를 얻어내기는커녕 대화의 장으로 불러내기도 힘들다. 협상에는 상대가 있고 그 상대의 요구를 일정 부분 수용해야 타협이 가능하다. 북한의 행태가 마음에 들지 않더라도 그 나라를 무력으로 굴복시킬 수 없다면 외교적 해법을 찾아야 한다. 제재에만 의존하는 것은 해결책이 아니고 미봉책이자 지연책에 불과하여 문제를 더 악화시킬 따름이다. 제재는 도발에 대응해서 아무것도 하지 않을 수 없으니 뭔가를 했다는 외교적 흔적을 남기는 것 이외 큰 실효성은 없다.

이제 미국은 크게는 중국과 러시아 그리고 작게는 북한·이란·미얀마 등 여러 나라로부터 외교적 도전을 받고 있다. 그런데 이런 다양한 도전을 제재로만 틀어막는 데 한계가 있고 시간이 지나면 문제는 더 악화될 가능성이 높다. 그러는 동안 우리 외교와 경제도 많은 부정적 영향을 받을 것이다. 미국의 외교평론가 월터 미드Walter Mead도 "미국이 허풍 섞인 제재를 가하는 습관은 다른 나라들을 미국으로부터 멀어지게 한다."라고 지적했다. 바이든 전 대통령은 취임 초 "미국이 되돌아왔다."라고 했으나 외교적으로 아직 굳건히 돌아온 모습을 볼 수 없다. 오히려 아프간을 떠나는 미군 모습이 세계인의 뇌리에 박혀있다. 미국이 좀 더 적극적인 외교, 현실적인 인식으로 되돌아와서 미국이 지도력을 유지하는 것을 보고 싶다. 강력한 제재도 대화와 타협이라는 외교적 노력과 함께 사용할 때 효과가 있다. 이를 무시하고 제재에만 의존하고 외교적 해결을 회피하면 미국의 지도력은 더욱 쇠락할 것이다. 제재 엄포만으로 우크라이나에 대한 러시아의 행동을 저지하지 못할 경우 미국의 대외신인도가 손상을 받을 것 같아 걱정이다.

2장

외교 기본자세에
대한 질문

국가정체성 : 우리는 어디로 향하여 가는가?

2021.3.11.

우리나라 외교를 걱정하는 많은 사람들이 "한국외교는 어디를 향해 나아가는지 방향성이 없어 보인다."라는 말을 한다. 우리나라는 정권이 교체되면 외교정책 방향이 크게 선회를 하여 외국에서 보기에는 좌·우로 갈지자걸음을 하는 것 같다는 말도 들린다. 그리고 미·중간의 전략적 경쟁이 치열해지면서 우리가 미·중 간에 안미경중安美經中으로 표현되는 등거리외교를 계속해 나갈 수 없는 여건이 되어 가고 있다. 그런데도 이런 양다리 걸치기를 외교의 원칙처럼 거론하면서 전략적 모호성을 유지해야 한다는 주장도 줄어들지 않고 있다. 국제현안에 대해 모호한 태도를 유지하거나 우리 국익과 직결된 문제에 대해서도 제대로 목소리를 내지 못하고 각국들의 눈치를 살피며 저자세를 유지하는 모습이 우리에게 일상화되고 있다.

물론 외교에서는 일도양단식의 명쾌함이 오히려 독이 되고 이분법적 선택이 심각한 후과를 초래할 수도 있기에 협상에서도 '건설적인 모호성'을 담은 표현이 자주 사용되기도 한다. 그러나 이런 모호성도 외부적으로 자국의 입장을 명시적으로 다 밝히는 것이 도움이 되지 않는다는 고려에서 나온 것일 뿐 자국의 명확한 입장은 속 깊이 가지고 있어야 한다. 그런데 우리는 국익에 대한 깊은 성찰과 숙의 끝에 우리가 양보할 수 없는 국익의 하한선과 우리가 추구해야 할 상한선을 정해야 한다. 이 국익의 범위에 대한 국민적 합의가 없기에 우리 외교가 흔들리는 것이라는 진단을 할 수 있다.

한 개인도 자신의 정체성에 대한 성찰을 하고 이 성찰 위에 자신의 행동기준을 설정한 다음 이에 맞춰 언행일치를 보일 때 주변에서 줏대 있는 인간이란 평가를 받게 된다. 국가도 개인과 마찬가지로 국가정체성에 대한 올바른 인식을 하고 이에 입각하여 자국의 외교정책을 수립하고 이를 견고하게 추진해 나갈 때 외국에서 이런 나라를 쉽게 흔들 수 없는 나라로 인식하게 된다. 역으로 이런 정체성이 결여되거나 국민 간에 외교 방향에 대한 합의를 이루지 못하여 불규칙적인 행보를 보이는 나라들은 외국이 가벼이 보고 이런 나라를 더 흔들어서 자국 쪽으로 끌어오려고 생각하게 만든다.

외부의 도전이 더욱 거세지는 이 시점에 우리도 국가정체성에 대한 고민을 더 깊이 하여 우리 외교가 나아갈 방향에 대해 국민적 합의를 끌어낼 필요가 있다. 국가정체성national identity이란 어떤 국가가 가지는 지정학적 여건, 그 국가의 군사, 경제적 능력, 그 국가가 지향하는 목표, 외국이 그 나라에 대해 가지는 인식 등이 종합되어서 도출되는 그 나라만의 성격이라 말할 수 있다. 사람마다 그 개성이 다르듯이 모든 국가도 외국과 다른 그 나라만의 특성이 있는데 이를 국가정체성이라 할 수 있다. 그러면 한국은 어떤 정체성을 가진 나라인지를 앞서 말한 4가지 잣대에 견주어 도출해 볼 필요가 있다.

첫째 한국은 지정학적으로는 **반도국**이자 **중추국**이라 할 수 있다. 반도국이란 대륙과 해양 사이에 존재하는 한반도라는 지리적 특성에서 나오는 변경할 수 없는 숙명이다. 중추국이란 반도국 중에서도 주변 강대국들의 이익이 교차하는 지역에 있어 그 반도가 어느 국가와 가깝게 지내느냐에 따라 주변국들에 영향을 미칠 수 있는 전략적 요충지에 있는 나라를 지칭한다.

둘째 한국은 능력면에서 5천만 인구에다 세계 10위권의 경제력과 군사력을 갖추고 있어 **강중국**의 범주에 든다. 그리고 국제사회에서는 다른 개도국들에게 지원도 해주면서 나름 발언권을 행사할 수 있는 **중견국**middle power으로 인정을 받고 있다.

셋째 우리는 지역평화를 추구하고 한반도의 평화적 통일을 지향하는 **분단국**이다. 우리나라는 모든 나라의 친구가 되고 어떤 나라도 우리의 적으로 만들기를 바라지 않는 **평화애호국**이다. 한국은 지난 70여년 유지되어온 자유주의적 국제질서에 큰 혜택을 받고 성장한 국가로서 현 질서를 유지하는 편이 유리한 **현상유지국**이다.

넷째 우리나라는 기술과 문화면에서 혁신적 면모를 보여주면서 국제사회로부터 기술과 문화를 선도하는 **선도국·매력국**이라는 평가를 받고 있다. 또한 국제무대에서 강대국들의 논리와는 다른 견해를 가지고 강대국 간, 그리고 선진국과 개도국 간 입장을 조율해 줄 수 있는 **교량국** 역할을 해야 한다는 기대를 받고 있다.

이처럼 우리나라의 국가정체성은 크게 10개로 압축될 수 있다. 따라서 우리의 외교는 이 같은 10개 특성에 기반하여 수행되어야 한다. 즉 우리는 강중국에다 선도국으로서 자신감을 가지고 국제문제에 우리의 입장과 국익을 개진해 나가야 한다. 강대국 경쟁에 끌려 들어가기보다는 중견국들과 연합하여 강대국 사이에 완충지대를 설정해 나가야 한다. 가능하면 중추국, 교량국으로서 전략적 입지를 활용하여 강대국의 대립을 완화, 중재하는 역할도 해야 한다. 국제무대에서 현 국제질서를 유지하기 위해 역할을 확대해야 한다. 평화애호국으로서 동북아 다자협력을 강화하고 분단을 극복하기 위해 남북한 화해·협력을 추진해야 한다. 한편 현상유지국으로서 현상을 변경하거나 평화를 교란하는 국가에는 다른 나라와 연대하여 대항하여야 한다. 선도국, 매력국으로서 우리의 기술과 문화가 세계에 널리 퍼질 수 있도록 노력해야 한다.

우리는 국가정체성에 입각하여 외교가 나아갈 방향을 위와 같이 설정해 놓은 다음에는 흔들리지 않고 이 길을 걸어가야 한다. "역사는 반복하지는 않지만 변주한다."라는 마크 트웨인의 말처럼 우리가 정체성을 망각하면 우리는 과거의 시련을 다시 겪을 수도 있다.

외교 독트린을 만들자

2021.4.19.

우리나라의 역대 정권은 주변국과의 관계에 있어 대통령이 직접 나서 불필요하고 파격적인 발언과 행동을 함으로써 외교에 큰 장애를 초래하는 소위 '외교 파문'을 종종 일으켰다. 노무현 정부 때에는 대통령이 "미국에 바른말 좀 하면 어떠냐? 다른 것은 다 깽판 쳐도 남북관계만 잘하면 된다."라는 발언을 하여 미국 측의 친한 인사들마저 경악하게 만들었다. 이명박 정부 때는 임기 말년에 대통령이 직접 독도를 전격 방문함으로써 일본 측은 한국이 금지선을 넘어섰다고 여기고 그 이후 한국에 대해 강경 대응을 하게 하는 빌미를 주었다. 박근혜 전 대통령은 중국의 전승기념일에 천안문 성루 위에서 시진핑, 푸틴과 나란히 서서 열병식을 참관함으로써 한국이 중국에 심하게 기울어지는 것이 아니냐는 의구심을 전 세계에 던졌다.

　보통 대통령의 발언과 행보는 사전에 정책부서와 참모들 간 장시간 토론과 검토를 거쳐 그 발언 한마디와 행보 한 걸음도 다 정확하게 계산되고 연출되어 행해진다. 그래서 각국 정상들의 발언과 행보는 한번 행해지면 그 파급효과가 엄청나며 주변국의 그 나라에 대한 인식 속에 되돌릴 수 없는 각인을 새기는 효과를 가진다. 이러니 국가 정상의 발언과 행보는 강력한 메시지를 상대국에 전달할 필요가 있을 때 마지막 수단으로 사용되어야 하는 최종 병기라 할 수 있다. 그런데 앞서 예를 든 우리 대통령들의 발언과 행보는 신중하게 계산되어 행해진 것이 아닌 일종의 국내 지지층에 대한 보여주기식 행보였기에 외교적으로는 큰 충격을 준 '외교 파문 diplomatic blunder'에 가까웠다. 이로 인해 우리 외교의 선택지가 좁아지고 주변국과 관계가 경색되어 국가적으로 상당한 비용을 치를 수밖에 없었다. 사실 국내 정치적으로도 얼마나 지지율을 높이는 효과가 있을지 불확실한데도 외교를 국내정치의 볼모로 삼는 경우가 과거에 적지 않았다.

이러한 파문이 반복되는 이유를 살펴보면 우리나라 외교상 중요한 행보가 전략적 차원의 면밀한 검토를 거쳐서 기획되지 않고 국내 정치적 관점에서 만들어지는 경우가 많다는 데 기인한다. 그리고 우리나라는 객관적으로 존재하는 국익을 정확히 계량하기보다는 집권당의 이념적 잣대 또는 감성적 판단에 따라 국익을 주관적으로 규정하고 이에 따라 행동하는 경향이 많기 때문이다. 이러한 즉흥적이고 감성적인 발언과 행보는 국내 정치적으로 효용성이 있을지 모르지만, 국제적으로는 치명적인 부작용을 가져올 수 있어 극히 자제해야 한다. 국내적으로는 정권이 바뀌고 나면 앞 정권이 했던 경제·사회 정책들은 바꿀 수 있고 따라서 그 부작용을 회복할 수도 있다. 하지만 잘못된 외교적 행보는 관련국들의 인식 속에 우리의 부정적 이미지를 깊이 각인시켜 지속적 효과를 낸다. 그래서 한 번 잘못된 외교적 행보는 마치 시위를 떠난 화살처럼 되돌릴 수 없는 효과를 초래한다.

앞으로 우리 외교적 행보와 정책에서 이와 같은 돌출적이고 불연속적인 행태가 나타나지 않도록 하기 위해서는 우리 외교정책 방향에 대한 국민적 공감대를 형성하는 것이 필요하다. 우리는 현재 객관적으로 존재하는 국가 정체성과 국익추구의 현실적 범위를 망각하고 정권이 교체할 때마다 편향된 잣대에 따라 외교정책을 결정하는 경우가 많다. 좌·우 성향의 정권이 번갈아 집권하면서 자기 지지층 결집 행보에 주력하다 보니 소위 '아포리아 현상', 즉 외교에서 '길을 잃어버린 현상'이 나타나는 것이다. 우리 외교에 하나의 명제에 대해 증거와 반증이 번갈아 가며 제시되어서 무엇이 진실이고 옳은 것인지 국내·외적으로 판별하기 어려운 상황이 된 것이다.

그러므로 더 이상 이런 즉흥적이고 파격적인 행보가 돌출되지 않도록 우리의 외교 독트린을 국민적 합의를 바탕으로 만들어 둘 필요가 있다. 정권이 바뀌더라도 정권의 특성에 따라 정책의 옵션들을 좀 다르게 선택할 수는 있겠지만 우리의 외교가 나아가야 할 큰 방향을 벗어나는 행보와 정책이 나오지 않도록 그 큰 틀에 대해 합의해야 한다. 그래서 대선을 앞두고 각 후보는 자신의 외교 정책에 대한 기본 구상을 독트린 형태로 국민 앞에 제시하고 이를 대선과정에서 공론화할 필요가 있다. 그래서 대통령으로 당선되면 이 외교 독트린을 확정하고 이를 바탕으로 지속성 있고 일관성 있게 우리 외교정책을 집행해 나가야 한다. 그래야만 국민 간에도 갈등과 분열을 줄일 수 있고 주변국들도 우리의 행보에 대해 의구심을 가지거나 우리의 의지를 오해하여 한국을 흔들려고 하는 일을 줄일 수 있을 것이다. 이런 외교의 기본 틀이 없으면 주변국의 눈에 우리는 항상 약한 고리로 여겨지고 늘 흔들 수 있는 나라로 보일 것이다.

안미경중安美經中 계속 가능한가?

지난 11월 대선 이후 우여곡절 끝에 바이든 신 행정부가 출범하였다. 미국의 대선에 전 세계가 이만큼 관심을 기울인 적이 없었는데 그 이유는 트럼프, 바이든 둘 중 누가 대통령이 되느냐에 따라 미국의 운명은 물론 역사의 진로가 바뀔 가능성이 있기 때문이다. 관심이 집중된 것만큼 두 후보 간의 경쟁도 역대 최고로 치열하였고 1.5 실시된 조지아주 상원 재선거까지도 양당은 사활을 걸고 접전을 벌였다.

이번 선거가 중요했던 또 다른 이유는 트럼프로 대변되던 미국 우선주의가 계속될 것인가 아니면 바이든이 말하는 국제협력주의로 미국이 복귀할 것인가 하는 문제가 달려있기 때문이었다. 그리고 바이든의 취임 이후에 그가 약속했던 만큼 미국의 지도력이 회복되고 동맹과의 협력체제가 잘 복원될 것인지도 아직 미지수이다. 이 질문들에 답하기 위해서는 미국의 국내정치 상황과 국제정세를 아울러 조망해 보아야 한다.

우선 미국 국내정치를 보면 바이든이 집권했더라도 그가 내세운 공약을 지켜나가기가 수월하지 않을 것이라는데 문제가 있다. 이번 대선은 경쟁이 치열했던 만큼 선거결과 후유증도 심각하게 남아서 미국정치를 계속 발목 잡을 가능성이 높다. 트럼프는 퇴장하였지만 역대 어떤 미국 대통령보다 더 많은 표인 7천 1백만 표를 받고 낙선한 그가 남긴 트럼프주의는 계속 미국 국내정치에 불안요인으로 작용할 것이다. (그리고 상원에서 양당 의석이 동률을 이루어 트럼프의 유산을 청산하기 위한 법안을 통과시키기가 쉽지 않을 것이다.) 민주당이 국제협력주의를 복원시키려 해도 이미 미국 우선주의를 신봉하는 많은 미국민들을 설득하기가 쉽지 않을 것이다. 그리고 코로나로 인한 경기침체와 고용붕괴를 극복하는 것이 급선무인 까닭에 지도력 회복을 위해 미국이 필요한 공공재를 공급하고 비용부담을 하는 것이 예전처럼 쉽지 않을 것이다.

다음으로 국제정세 측면에서도 미·중 간의 전략적 경쟁은 표면적으로 다소 완화되는 양상을 보이더라도 구조적으로는 경쟁의 범위와 영역이 더 확대되어 나갈 것으로 전망된다. 바이든은 트럼프의 대중 압박 일변도 정책을 버리고 중국과 선택적 협력을 해나가겠다고 했다. 그렇지만 민주당은 보편적 가치, 즉 민주주의, 인권, 법치, 환경, 노동 등을 중시하기 때문에 이들 분야에서 중국이 현재 취하고 있는 정책들을 용납하기가 힘들 것이다. 따라서 트럼프 시절 통상, 기술분야에 집중되었던 양국 간 갈등의 영역이 여러 분야로 확산될 가능성이 높다. 또한 미국 신 행정부는(미국의 지도력 회복을 위해서 트럼프가 소홀히 해 온) 동맹, 우방국들과 협력과 지역문제에 대한 개입을 확대할 것이다. 이러한 신 행정부의 정책을 중국은 자국에 대한 포위정책으로 인식하고 각 지역에서 이에 대한 반격을 벌일 것이다. 이로써 미·중 간 전략적 경쟁의 범위가 전 세계적으로 확산될 개연성이 많다. 또한 (미국과 달리) 중국은 코로나를 성공적으로 극복하여 올해 7% 정도의 성장률을 보이면서 미국과 국력 격차를 더욱 줄여나갈 것이다. 그 결과 2028년경 중국은 미국의 GDP를 추월할 것이라는 예측이 나오고 있다. 이 같은 자신감에다 내년 당 대회에서 장기집권의 길을 열어야 하는 정치적 목표를 가진 시진핑 주석은 미국의 견제에 물러설 처지가 아니다. 미국의 지도력 회복을 위한 노력에 중국이 강하게 반발할 경우 미국은 중국을 혼자서 견제하기에 힘에 부치기에 동맹·우방국들에게 협력을 요청할 것이다.

외교적으로는 협력을 요청한다지만 속내는 미·중 간의 경쟁이 격화되고 미·중 간 분리decoupling 현상이 뚜렷해지면서 미국은 동맹·우방국들에게 양국 간 선택을 분명히 해달라고 말하고 싶을 것이다. 그리고 어려운 미국의 국내형편을 감안하여 동맹국들이 보다 적극적인 역할을 하고 방위분담금 등에서 부담을 늘려줄 것을 바랄 것이다. 이런 미국의 요구에 비협조적인 국가들에 대해서 미국이 부담을 계속 지는 것은 국내 트럼프주의로 인하여 쉽지 않을 것이다. 즉 미국은 다른 나라를 위하여 안보우산을 제공하는 공공재를 더 이상 혼자 감당하지 못하겠다는 신호를 보낼 것이다. 그리고 이에 협조하지 않는 나라에 대해서는 미국의 안보공약이 약화될 가능성이 있다. 이런 상황 속에서 우리가 안미경중安美經中, 즉 안보는 미국에 계속 맡기고 중국과 경제협력은 더 강화한다는 계책은 더 이상 유효하지 않게 될 수가 있다. 그리고 미·중 간에 전략적 모호성을 유지하는 소위 양다리 걸치기 외교는 더 이상 허용되지 않는 상황이 도래할 것이다. 이런 상황이 닥치기 전에 우리는 전략적 결단을 미루지 말고 필요한 조치는 해나가야 할 것이다. 전략적 결단은 하고 이를 밖으로 드러내지 않으며 신중하게 처신하는 것이 진정한 전략적 모호성이지 전략 자체가 없는 것을 전략적 모호성이라 칭해서는 안 될 것이다.

자주와 동맹 간 선택일까?

2021.10.25.

한 외교전문가는 최근 우리 현대사는 "독자적 노선으로 우리 운명을 스스로 개척할 수 있다고 믿는 이들과 바람이 어디서 불어오는지 잘 살펴 그 흐름에 올라타야 한다고 믿는 사람들 간의 갈등의 역사이다."라고 주장했다. 다시 말하면 독자노선, 민족노선을 따르는 부류와 외세영합, 동맹노선을 주장하는 부류 간의 갈등이 늘 존재한다는 말이다. 사실 2003년 외교부 내에도 자주파와 동맹파로 지칭되어진 두 개의 다른 그룹이 있었고 이들 간의 갈등이 존재하였다. 그리고 이 갈등으로 인해 자주파와 동맹파의 선봉으로 분류된 자들은 정권의 교체에 따라 공직사회에서 심한 부침을 겪거나 심지어 퇴출되기도 하였다.

그런데 앞의 전문가 서술은 표면적 갈등의 양상을 잘 묘사하였는지는 몰라도 근본적 문제점에 대한 진단을 시도하지 않은 흠결이 있다. 우선 독자노선이든 동맹노선이든 그것은 우리 국익증진을 위한 방법론이고 그것 자체가 목적이 되어서는 안 된다는 점이 중요하다. 따라서 방법론을 기준으로 전문집단을 분류하는 것은 어폐가 있고 전문가들이라면 진정한 국익이 명하는 바는 무엇인지, 그리고 주변정세가 가하는 압력으로 인해 국익을 추구하는 한계점은 무엇인지를 잘 분별하여 우리의 외교정책의 방향을 설정해야 할 것이다. 그리고 한 번 설정된 정책 방향도 주변 여건 변화를 면밀히 살피고 그 실현 가능성을 점검해가며 유연하게 수정해 나갈 수 있어야 한다. 따라서 필요하다면 자주노선과 동맹노선을 적절히 배합해서 우리 정책을 만들 수도 있어야지 어느 노선을 무조건 따라야 한다는 명제는 성립하지 않는다. 특히 지금과 같이 국제정세가 격변하는 시기에는 과거의 관점에 고착된 채점표를 들고 우리에게 주어지는 문제들의 해답을 찾기는 더 어려워질 것이다.

자주노선이든 동맹노선이든 둘 다 우리 국익을 극대화하고 우리 생존을 담보하기 위한 정책의 두 축이지 그 자체가 지켜야 할 원칙은 아니다. 심지어 동맹까지도 우리 국익을 지키기 위해 맺은 것이고 우리 국익에 부합되는 한도 내에서 운용되어야 하지 동맹 자체가 목적이 되거나 동맹 보존을 금과옥조처럼 생각해서는 안 된다. 대영제국 시대 명재상이었던 팔머스틴이 말한 것처럼 "국제사회에서 영원한 적도 영원한 우방도 없다."라는 것이 오히려 국제사회의 게임규칙임을 알아야 한다. 최근 미국이 아프간에서 철군할 당시 국제안보군의 한 축이었던 EU측과 사전조율을 하지 않았다. 또한 미·영·호 3국동맹인 AUKUS가 출범하면서 호주-프랑스 간에 지난 5년간 추진해오던 47조 원 상당의 잠수함 건조계획이 프랑스 측에 사전통보도 없이 밤사이에 물거품이 된 사실도 눈여겨봐야 한다. 이 사례들을 보면 우방국들 사이에서도 기존 우호관계를 단번에 버리고 새로운 관계를 맺는 일이 다반사로 벌어질 것을 예견할 수 있다.

자주노선도 그 자체가 민족의 일원이면 당연히 받아들여야 할 당위론처럼 행세하는 것도 국익에 도움이 되지 않는다. 자주노선이 민족주의 명분론이나 감상적 통일론에 기초한 것이든 이념에 기초한 것이든 우리 국익에 부합하는 결과를 도출하지 못하면 그것은 환상에 불과할 수도 있다. 우리의 선의가 상대방에 의해 같은 방식으로 보답받지 못한 상황에서 자주노선을 계속 밀고 나갈 때 우리의 국익과 생존을 해치는 일이 될 수 있다. "모든 지옥으로 가는 길은 선의로 포장되어 있다."라는 선각자의 경구를 새겨들을 필요가 있다. 깊은 신앙심이나 자비심을 가진 개인은 상대방이 악인이라도 그가 변할 때까지 무한한 인내를 가지고 선의를 계속 베풀 수는 있다. 그러나 국가는 그런 불확실하고 장기적으로 국익에 반할 수 있는 정책에 계속 기댈 수는 없다. 그러면 그 나라는 다른 나라들로부터 소외되거나 상대방으로부터 역이용당할 것이다. 프랑스 제국 시절 명재상이었던 리슐리에는 "개인은 내세가 있어서 잘못하고도 구원을 받을 수도 있다. 그러나 국가는 한 번 잘못하여 멸망하면 부활할 길이 없다."라고 갈파하였다. 그만큼 외교·안보정책은 신중하게 다뤄야 하고 감상적인 선의로 상대를 대해서는 안 된다는 것을 강조하고 있다.

우리가 명청 교체기나 구한말 격변기에 국난을 당한 것은 우리가 국제정세 변화의 큰 그림을 읽지 못하고 우리 국내문제에만 매몰되어 있었기 때문이다. 게다가 주화파, 척화파니 수구파, 개화파니 하는 이분법적인 당파싸움에만 매몰되어 국론결집을 못하고 우리 약점을 노출한 잘못이 있다. 지금 우리 사회의 자주파, 동맹파 노선투쟁이나 논쟁도 과거 두 번 국난을 겪었던 시대 때 전개된 것보다 더 나은 수준에서 전개되는 것 같지도 않다. 이런 식의 협량하고 고착적인 사고로 또 다른 국난을 부르지 않도록 현실적이고 실용주의적인 외교·안보 노선에 국민지지를 결집시키는 것이 절실한 시점이다. 이것이 바로 다음 대통령이 해내야 할 가장 큰 책무이다.

외교는 자기 패를 늘리는 게임

2022.4.1.

우크라이나 사태로 인해 전 세계가 새로운 냉전시대로 들어가고 있다는 점에 대해서는 이제 이론異論의 여지가 없는 것 같다. 러시아 푸틴 대통령은 지난 2007년 뮌헨 안보회의에서 "NATO 확장은 러시아를 겨냥한 것이고 미국이 주도하는 단극체제를 없애고 러시아를 포함한 다극체제, 즉 여러 강대국들이 대등한 파워 게임을 벌이는 세계를 구축하겠다."라고 발언하였다. 푸틴은 지금 그 말을 실천하기 위하여 우크라이나 침략이라는 무리수를 감행하고 있는 것이다. 지금 세계는 푸틴의 말처럼 단극체제에서 다극체제로 그 질서가 빠르게 변해가는 대전환의 시대에 돌입하고 있다. 이러한 대전환 시대에는 예측 불가한 많은 상황들이 발생할 가능성이 많으므로 우리는 외교·안보 행보를 더욱 조심스럽게 해 나가야 할 것이다. 한 번 잘못 들어서면 나중에 이를 되돌릴 수 없을 정도로 위험한 길도 많을 것이고 갑자기 빠질 함정도 많을 것이기 때문이다.

미국이 세계질서를 힘으로 주도하던 시대, 즉 Pax Americana 시대였던 지난 70여 년 동안 구냉전 하의 양극체제에서는 물론 냉전 붕괴 후 짧았던 단극체제에서도 자유진영 국가들은 미국과 행보를 같이하는 것이 안전한 길이었다. 그런데 앞으로 세계는 미국이 과거처럼 힘으로 미국의 입맛에 맞게 질서를 지켜나가기 힘들게 되면서 문제가 복잡하게 되었다. 미국은 과거 어느 때보다 더 강력한 도전자, 즉 중국과 러시아를 이제 동시에 상대해야 하는 어려운 도전에 직면하고 있다. 그래서 미국은 이제 혼자서 지금의 질서를 변경하려는 이 두 국가를 감당하기가 어렵다는 판단하에 동맹국, 서방국들을 규합하여 이 두 권위주의 국가에 대한 공동전선을 구축하려는 것이다. 그러므로 자유진영의 어떤 국가가 미국과 행보를 같이 한다고 방향을 정하면 권위주의진영 국가들과 거친 몸싸움을 각오해야만 할 것이다. 그리고 이런 양 진영 간 힘겨루기에서 자유주의진영이 궁극적으로 승리한다면 힘들어도 이 길을 가야만 할 것이다. 게다가 우리나라는 자유민주주의 국가로서 자유와 민주주의를 지키는 것이 우리의 정체성에 맞는 일이요 국익에도 부합하는 일이기 때문이다. 그러나 아직 양진영 간 본격적인 대결 구도가 완성되지도 않았고 그 지점으로 가는 과정이 길 것이기 때문에 우리는 나갈 방향을 서서히 잡아 나가야 할 것이다. 따라서 당분간은 요동치는 주변 상황을 예의주시하면서 우리가 주요국을 상대할 수 있는 외교의 패를 늘려 가는 데 주력해야 할 시점이다.

외교라는 게임의 룰에서는 기본적으로 상대와의 게임에서 자기에게 유리한 패를 많이 확보하는 것이 중요하다. 상대편이 아쉬워하는 유리한 패를 우리가 갖고 있거나 상대편이 무서워하는 패를 우리가 많이 가질수록 우리는 게임에서 유리해진다. 이를 위해서 우리는 먼저 우리의 비대칭 전력, 전략적 수단을 많이 확보해서 우리의 전략적 가치를 높여야 한다. 우리와 손잡을 때 우리와 손잡은 상대국의 취약한 부분을 많이 메꿀 수 있는 전략적 수단일수록 더 유리하다. 그리고 우리의 방어망을 더욱 튼튼히 하여 우리가 상대의 위협에 쉽게 노출되지 않도록 만들어야 한다. 그리고 우리와 연대를 할 수 있는 다른 나라들을 많이 만들어야 한다. 우리 혼자서는 견뎌내기 힘든 경우를 대비해 우리와 뜻을 같이하는 동맹이나 안보협력국을 많이 만들어야 상대가 우리를 쉽게 여기지 못할 것이다. 그다음에는 우리의 기술, 특히 첨단분야에서 초격차 기술을 많이 개발하여 우리의 기술을 필요로 하는 나라가 많아지도록 해야 한다.

이렇게 패를 많이 확보한 이후에도 우리의 패를 너무 미리 보여주거나 내흔들지 말아야 할 것이다. 이 패들이 있다는 점을 수시로 암시는 하되 상황의 변화를 보아가며 필요한 때에 맞춰 차례로 내보이는 방식을 취하는 것이 지혜롭게 게임에 임하는 방법일 것이다. 이 패를 너무 빨리 보이거나 꺼내 들면 처음에는 좀 효과가 있지만 상대방의 대응조치를 유도하여 그 효과가 곧 사라지게 된다. 그러면 곧 또 다른 패를 다시 만들어야 하기 때문에 성급한 패 보이기는 지혜로운 일은 아니다. 가급적 우리의 패를 상대가 짐작은 하되 정확히 알지 못하게 하고 또한 이 패를 사용할지 여부를 불투명하게 해야 한다. 이럴 때 상대는 우리의 패를 더 알려고 하고 우리가 혹여나 그 패를 사용할까 봐 우리에게 유화적인 태도를 보일 것이다.

그런데 우리 지난 정부들은 우리 패를 더 만들 생각을 하기는커녕 우리가 가진 패를 스스로 버리는 우를 범했다. 순서대로 짚어보면 이명박 대통령은 임기 말에 독도를 대통령이 직접 방문함으로써 우리가 쓸 수 있는 최고의 패를 먼저 다 써버리는 효과를 가져왔다. 그 뒤로 일본은 독도에 대한 공세를 높이고 지자체 수준에서 하던 독도 관련 행사를 중앙정부 차원에서 차관이 참가하는 행사로 격상시켰다. 그래서 독도와 관련해서는 우리는 무력을 동원하는 방법 외에 더 이상 강수가 남아있지 않게 되었다.

박근혜 정부에서는 중국의 전승 기념식에 대통령이 천안문 망루에 푸틴과 함께 직접 올라갔다. 이로써 중국에게 한국이 미·중 간 줄타기에서 중국에 가까운 위치로 이동하였다는 인상을 심어주어 우리의 패를 엉뚱하게 써버렸다. 그런 후 협의조차 한 적 없다고 하던 사드를 갑자기 배치하는 바람에 중국으로부터 강한 반발을 초래하였다. 문재인 정부 들어서는 역시 사드와 관련하여 중국에게 소위 3불 정책, 즉 사드 추가배치를 하지 않고, 미국의 미사일 방어체제에도 참여하지 않고, 한·미·일 안보협력을 하지 않겠다는 점을 천명하였다. 물론 이것은 우리 정책적 입장 발표이지 중국에 약속한 것이 아니라고 현 정부는 설명한다. 하지만 중국은 이를 이미 기정사실화하고 한국이 약속을 지키라고 요구함으로써 오히려 자신들의 패로 만들어 버렸다.

　이제 곧 윤석열 정부가 들어서면 윤정부의 외교·안보 운전실력을 시험하러 북한을 포함한 여러 나라들이 외교·안보적 획책을 할 것이다. 이때에도 우리가 너무 전략적 선명성을 표명하는 것 자체가 우리의 패를 줄이고 외교적 입지를 스스로 좁히는 일이 될 수 있다. 전략적 모호성을 유지하라는 말은 아니지만 전략적 의도는 분명히 하되 이를 너무 뚜렷이 상대에게 알릴 필요는 없다는 말이다. 예를 들면 3불 정책폐지 자체가 상당한 묵직한 패인데 이를 단번에 써버리면 상대국도 이에 대응하여 강경한 조치를 취해 나갈 것이기에 외교관계가 힘들어질 것이다. 오히려 이 패를 사용할 가능성을 계속 보이면서 상대국과의 게임에 이를 이용하여 우리에게 유리한 조치를 가능한 한 많이 받아내는 것이 유리할 것이다. 그리고 상황을 예의주시하다가 더 이상 버티면 외교적 효용보다 비용이 역으로 증가하는 순간에 마지막으로 패를 보이거나 사용하면 되는 것이다. 보통 카드

게임에서도 자기가 가진 강력한 패는 가급적 늦게 보여주면서 게임의 방향 전체를 자신에게 유리하게 끌고 나가는 사람이 고수이다. 외교협상에서도 자신의 협상목표를 먼저 밝히지 않고 항상 상대의 목표수준을 미리 알아내려는 심리게임이 일반적으로 벌어진다. 이 게임에서 이기는 쪽이 협상에서 유리한 고지를 점령하는 것이다. 앞으로 다가올 험난한 다극체제 속 외교게임에서 신정부가 우리에게 유리한 패를 많이 만들고 이 패를 현명하게 사용하여 우리의 전략적 지위를 유리한 곳에 올려놓기를 진정으로 바란다.

전쟁과 평화 간 양자택일 문제일까?

2021.10.30.

인류의 역사는 전쟁으로 점철되어 있고 어떤 집단도 전쟁 자체를 목적으로 하여 전쟁을 일으키는 경우는 없다. 그리고 전쟁보다 평화를 원하는 것이 사람의 본성임에도 불구하고 전쟁은 끊이지 않고 발생하였다. 전쟁은 국제사회에서 기본적인 이해관계가 다른 두 집단이 협상과 대화를 통해 문제를 해결하지 못하는 경우 문제를 해결하는 유일한 방법이기 때문에 어쩌면 인류가 존재하는 한 피하지 못할 숙명이다. 문제가 있는 두 집단 간에 대결적인 문제가 발생하였을 때 한쪽이 전쟁과 평화 사이에 무조건 평화를 선택할 것이라는 속내를 보이면 전쟁은 피할 수는 있을지 몰라도 굴욕적인 수모 또는 심각한 손실을 감내해야 한다.

　전쟁은 국익을 추구하는 마지막 수단이기에 외교를 통하여 국가 간 대결적 문제가 해소되지 않는다면 외교가 끝나는 곳에서 전쟁이 시작되는 것이다. 그래서 외교와 국방은 동전의 양면과 같은 것이며 국가 무력이 뒷받침되지 않는 외교력은 공허한 것이다. 평화를 원한다는 열망만 가지고 평화를 지켜낸 사례는 역사에서 찾아볼 수가 없다. 그래서 "평화를 원한다면 전쟁을 준비하라."라는 격언이 로마 시대부터 존재하여 왔다. 역사적으로 상대의 환심을 사고 상대의 요구를 충족시켜 전쟁을 회피하려는 정책을 유화정책이라고 불렀다. 이러한 유화정책의 대표적인 실패사례로 2차 대전 발발 직전 영국의 쳄벌린 수상과 독일의 히틀러 간 맺은 뮌헨협정이 손꼽힌다. 나치독일의 팽창정책이 계속되어 체코슬로바키아 내 독일인 거주지역을 나치군이 점령한 것은 인정하되 나머지 체코 영토를 독일이 손대지 않는 조건으로 양측이 평화에 합의한 것이다. 이를 두고 쳄벌린 수상은 "우리 시대의 평화를 이루었다."라고 귀국 비행장에서 홍보하였다. 그러나 불과 6개월 만에 독일군은 체코 전체를 합병하였고 뒤어어 폴란드까지 합병하려고 침략을 하자 2차 대전이 발발하게 된다.

이 당시 영국은 쳄벌린 수상이 히틀러의 야심을 제대로 파악하지 못했고 영국 국민들도 1차 대전 기억이 채 사라지기도 전에 다른 전쟁을 하고픈 마음도 없었다. 게다가 독일을 공동으로 견제해야 할 프랑스와 소련도 각기 다른 마음이었다. 이런 상황적 여건을 고려하더라도 쳄벌린의 유화정책은 히틀러의 야심을 더 키워주었고 결국 전쟁을 막지 못한 실패작이었다. 오히려 영국이 더 일찍 단호하게 대응하였더라면 독일의 팽창을 미리 저지할 수 있었다는 분석들도 있다.

지금 한반도 주변과 국제사회 전반에도 역사상 최장기의 평화시대가 저물고 전쟁의 기운이 스며들고 있다. 이런 대변환기를 맞아 우리는 전쟁과 평화에 대한 우리의 자세를 가다듬어야 한다. 이런 격변기에 대결정책을 취하면 상대도 더욱 대결적으로 되어서 전쟁을 앞당기는 안보 딜레마가 작동한다. 그렇다고 전쟁을 피하기 위하여 유화정책을 취하더라도 상대를 오판하게 만들어 전쟁을 초래할 가능성이 높다. 따라서 가급적 이 두 정책을 배제하고 상대에 대해 포용정책 또는 관여정책을 펼쳐야 한다. 이 포용과 관여정책이 실효를 거두기 위해서는 일전불사도 각오하는 국가무력이 뒷받침되어야 한다. 외교적 협상이 성공을 하고 유화정책이 결실을 거두기 위해서는 대화 이외의 다른 선택지를 항상 우리가 갖고 있어야 한다. 우리가 대화 이외 다른 선택지를 포기하고 있다는 것을 간파당한 경우 이미 대화를 통한 유화정책은 실패하기 마련이다. 포용정책은 우리가 우월하거나 상대에 치명적인 타격을 가할 수 있는 무력을 보유한다는 것을 전제로 상대와 대화를 하고 상대와 교류를 함으로써 상대의 변화를 유도하는 정책이다. 우리의 선의가 상대를 변화시키지 못하고 상대가 우리를 얕보고 도발적인 정책을 계속할 경우에 대화를 중단시키고 우리도 대결정책으로 바로 돌입할 준비가 되어 있어야 한다. 이런 대결정책에는 상대를 봉쇄하고 제재를 가하거나 우리 우호국과 결속하여 상대를 압박·고립시키거나 혹 상대가 도발할 경우 무력으로 응징할 자세를 갖추는 것을 포함한다.

전쟁과 평화는 완전히 분리되어서 존재하고 양자택일하는 선택지가 아니고 서로 연결되어 있다고 보아야 한다. 뫼비우스의 띠처럼 꼬여 있어 다른 면처럼 보이는 면이 실제로는 연결되어 있어 한쪽을 끝까지 가다 보면 자연히 다른 쪽에 다다르는 것과 같다. 이런 점을 인식한다면 우리는 "전쟁을 택할 것인가 평화를 택할 것인가?"라는 현명치 못한 질문을 던져서는 안 된다. 평화를 무조건 쫓다가는 혹 전쟁을 피할 수 있을지는 몰라도 굴종과 수모를 피할 수는 없는 것이 국제사회의 현실이다. 우리 주권과 자존을 지키기 위해서도 전쟁을 잊어서는 안 된다. 전쟁을 잊는 순간 위기는 찾아온다고 했다.

경제·기술 안보 왜 중요한가?

2021.11.29.

미·중 간의 전략적 갈등이 날로 치열해지고 있음에도 불구하고 우리 사회 일각에서는 미·중 간 갈등이 신냉전으로 발전하지 않을 것이라는 견해도 있다. 그리고 일어나지도 않을 신냉전이란 프레임을 사용하면서 지금 미·중 간에 이분법적인 선택을 해야 한다고 말하는 것은 우리 국익에 도움이 되지 않는다는 견해도 있다. 미·중 간의 전략적 갈등이 신냉전으로 진전할지 여부는 아직 확실치 않으나 이에 대한 대비는 지금부터 해나가야 할 필요성은 분명히 있다. 신냉전이 과거 미·소 간의 구냉전과 그 양상이 달라서 미·중 간의 교류와 협력이 완전히 단절되지는 않을 것이다. 세계화 과정을 거치는 동안 미·중은 물론 전 세계가 공급·소비망으로 얽혀졌기 때문에 이 공급·소비망들이 구냉전 시대처럼 완전히 단절될 수는 없는 일이다. 그래서 미·중 간에 교류·협력 관계는 다층적 분야에서 다양한 방식으로 전개될 것으로 전망된다. 미국도 중국을 대하는 관계방식을 협력Cooperation, 경쟁Competition 그리고 대결Confrontation 세 가지로 규정하고 관계 분야별로 다른 방식을 적용할 것이다. 중국도 마찬가지로 미국을 대하는 관계방식을 순응, 적응, 대응 세 가지로 정리하고 각 분야별로 맞춤형

방식을 적용하려 하고 있다. 먼저 양국 간 장벽이 없거나 협력이 계속 유지될 분야를 짚어볼 필요가 있다. 이 분야는 양국 간 중층적 관계의 하층부로서 관광이나 인적교류, 일반 소비재의 유통 분야를 말한다. 이 분야에서는 별 장벽 없이 사람과 제품이 순조로이 양국 간을 왕래할 것이다. 또한 미·중은 이번 기후변화COP26 회의에서 공동성명을 발표하였듯이 기후변화, 자연재해, 전염병과 같은 범세계적 문제에 대해서는 협력을 할 수밖에 없을 것이다. 그 다음은 중층부에 해당하는 일반제조업과 범용기술 분야인데 이 분야에서는 양국이 경쟁을 하면서 자국의 제조업의 경쟁력을 높이려 할 것이다. 그래서 일부 장벽은 있겠지만 경쟁 속에 제품의 유통은 지속적으로 이루어 질 것이다. 그 다음 분야는 상층부로서 첨단기술 분야인데 AI, 빅데이터, 플랫폼, 양자컴퓨터, 나노기술, 첨단 반도체, 바이오, 자율운행 관련 기술 등을 포함하는 분야이다. 이 최상층 첨단기술 분야에서는 미·중 간에 갈등 양상이 심각하게 전개될 것이다. 그리고 이 분야에서는 양측간 단절이 생기고 지금 협력하고 있던 부분들에서도 분리 Decoupling 현상이 벌어질 것이다. 이 분야에서는 미·중 간에 단절이 벌어질 뿐 아니라 양국 간 기술표준 경쟁에다 안보적 고려로 인하여 상호 간 호환성이 차단되므로 세계 다른 나라들도 미·중 간 기술표준이나 시스템의 한쪽을 선택할 수밖에 없게 될 것이다. 즉 구냉전과 같이 이 분야에서는 완전한 단절이 발생하고 각국은 이분법적인 선택을 강요받게 될 것이다.

미·중 간에 첨단기술 분야에서 갈등이 첨예해지고 양측간 단절이 발생할 수 밖에 없는 이유는 이 분야에서 누가 기술을 선도하느냐에 따라 패권국이 지위가 뒤바뀔 수 있기 때문이다. 1820년경 영국이 증기기관을 발명하고 이를 산업의 각 영역에 이용하여 획기적으로 생산력을 발전시킴으로써 패권국의 지위에 오를 수 있었다. 그리고 이러한 기술혁신은 세계 경제에 대격차Great Divergence 시대를 초래하였다. 그 결과 영국의 생산력이 그때까지 세계 생산력 1위였던 중국을 압도하기 시작하면서 중국은 그 후 치욕의 세기를 겪게 되었다. 지금 벌어지고 있는 첨단기술 분야에서의 경쟁도 4차 산업혁명을 누가 주도하느냐, 즉 미국이 21세기에도 패권국 지위를 유지할 수 있느냐는 문제와 직결되어 있으므로 미국은 여기서 물러설 수 없다. 중국으로서도 기술굴기를 통하여 중국몽을 실현하여 건국 100주년이 되는 2049년에 세계 최강국이 되어 치욕의 세기를 설욕하려 하기에 양보하지 않을 것이다.

그래서 미국은 2021년에 '전략경쟁법'을 통과시켜 동맹국과 힘을 합쳐 세계 기술표준을 제정하고 기술이전을 통제하려 하고 있다. 이런 맥락에서 미국은 지난 5월 한미정상회담 공동성명에 양국관계를 미래기술동맹으로 격상시켜 제3국에 대한 투자 및 기술이전에 대해 공동심사위를 구성하여 통제하자는 문안을 삽입하였다. 이에 대응하여 중국도 지난 6월 '반외국 제재법'을 채택하여 외국기업이 중국에 대한 미국의 제재 조치에 가담할 경우 손해배상과 법적 책임을 물을 수 있도록 했다. 게다가 수출통제법도 보완하여 국가안보를 위하여 자국 제품과 원료의 수출을 통제할 수 있도록 했다. 미·중 양국의 이러한 입법 조치들은 첨단기술 갈등에서 더 이상 회색지대가 없다는 것을 말해주고 있으며 우리 기업들은 이분법적 선택을 불가피하게 강요당할 것이다.

첨단기술 분야에서 갈등은 패권 쟁탈과 관련이 있기도 하지만 국가안보와도 직결되어 있어 양측간 단절이 발생할 수밖에 없다. 앞으로 사회는

6G 기술을 이용한 초연결 사회가 될 것이며 우리 사회의 모든 시스템과 장비들이 AI와 IoT, 자율운행 기술로 다 연결되어 움직일 것이다. 이런 상황에서는 단번의 사이버 공격으로 상대편 사회 시스템 전체를 마비시키는 상호확증파열MAD: Mutually Assured Disruption이 가능하기 때문에 이를 방지하는 것이 국가안보의 초미의 과제가 되었다. 과거 구냉전 시대에 미·소 간에는 핵무기를 사용할 경우 엄청난 인명이 희생되는 상호확증파괴 Mutually Assured Destruction를 초래한다는 우려가 오히려 전쟁을 억지하였다. 그러나 신냉전에서는 인명을 살상하는 부담이 없으므로 새로운 MAD를 상대국에 선제적으로 적용할 유혹이 존재한다. 그러므로 양측은 서로가 첨단통신 분야에서는 연결되려 하지 않고 상대의 기술과 장비를 사용하지 않으면서 오히려 차단의 벽Digital Wall을 높이 쌓을 것이다. 그리고 이런 노력에 동참하지 않는 국가들에 대해서는 제재조치를 가하거나 자신들의 연결망에서 제외시키려 할 것이다.

이런 상황을 감안하면 첨단기술 분야 양 강대국 간 갈등을 우리 기업들이 자율적 판단으로 헤쳐나가라고 한다면 기업들에 대해 너무 큰 부담을 주는 일이 될 것이다. 그리고 앞으로 이런 복합적인 국가 전략적, 안보적 고려가 필요한 결정들은 정부가 주도적으로 내려야 한다. 최근 외교부에 경제안보 TF가 신설되었다고 하지만 외교부뿐 아니라 우리나라 여러 경제 부처와 국방부가 다 관련되어있는 첨단기술 갈등과 공급망 재편에 대한 조정과 결정은 더 높은 차원에서 이루어져야 한다. 따라서 신정부가 수립되면 대통령실에 경제·기술 안보 보좌관직을 신설하여 이 문제를 범정부적으로 대처해 나가야만 할 것이다.

떨리는 나침반 같은 실용외교

2021.12.30.

민주화 이후 들어선 여러 정부들은 예외 없이 실사구시에 입각한 실용외교를 표방하였지만 우리 외교에서 제대로 된 실용외교를 목도한 적이 없는 것도 사실이다. 그렇다면 모두가 아는 실용주의를 제대로 실행하기 위해서는 이를 가로막는 장애요인, 즉 다른 사고방식들을 짚어볼 필요가 있을 것이다.

  인간은 살아 있는 전 생애를 걸쳐 많은 선택과 결정을 하며 살아야 한다. 어떤 결정은 쉽고 늘 습관적으로 하던 대로 하면 되는 경우가 있고 어떤 선택은 이익/비용 판단이 불분명하여 선택하기 어려운 경우에 맞닥뜨릴 수도 있다. 이런 이익/비용 분석이 명료하지 않는 종류의 선택을 앞에 두고 인간들은 어떤 기준으로 선택을 하는지 살펴보면 대체로 두 가지 경우로 나누어진다. 한 경우는 이익/비용 분석을 해보고 그래도 실익이 좀 있어 보이면 별 전례가 없더라도 이를 추진하려는 경향을 보이는데 이를 실용주의라 할 수 있다. 다른 경우는 장·단점 분석을 면밀히 한 뒤 선택을 고심하기보다는 위험을 회피하려는 습성으로 인해 가급적 새로운 일을 하지 않고 과거의 틀에 안주하는 방식으로 택하는데 이를 관행주의라 할 수 있다.

이러한 선택의 경향성은 개인을 넘어 큰 조직과 국가에도 적용될 수 있는데 이익에 따라 새로운 시도를 해보려는 실용주의와 안전지대comfort zone을 잘 벗어나지 않으려는 관행주의 세력이 종종 대립한다. 인류의 역사를 보면 역사는 다소의 위험을 감수하고 새로운 시도를 한 세력들에 의해 진보를 이루어 왔고 이런 세력들이 역사의 중심에 자리를 잡았다. 세상이 평안하고 별 변화가 없는 시대에는 과거에 잘 작동해 왔던 관행에 따라 일을 처리하는 것이 무난할 것이나 세상이 요동치는 시대에 들어서면 이런 관행주의로는 변화에 대처하기가 힘든 법이다.

지금 국내·외 정세는 대변환기로 접어들고 있으며 2차 대전 후 지난 70여 년이 미국이 주도하는 최장의 평화기, 즉 치세의 시대였다면 앞으로는 혼세를 거쳐 잘못하면 난세의 시대로 접어들 기미를 보인다. 이러한 격변기에 우리는 과거의 관행과 문법을 가지고 대처해서는 안 되고 바짝 긴장한 가운데 실용주의에 입각하여 우리의 항로를 끊임없이 변침해 나가야 한다. 국제질서를 떠받치던 중요한 기둥들이 흔들리기 시작하고 있는데 과거에 통했던 것이 앞으로도 계속 통할 것이라고 장담할 수 없다. 그러니 우리의 안테나를 높이 올리고 큰 파도가 어디서 오는지 계속 주시하면서 우리의 항로를 계속 수정해 나가야 한다. 미국이 떠나는 중동에서는 지금 각국이 새로운 합종연횡을 하느라 분주한 것을 눈여겨보아야 한다.

그러나 우리 국내에서 국제정세를 보는 시각들은 아직 구시대적이고 냉전적인 사고에 고정되어 있는 경향이 강하다. 그래서 우리가 당면한 현안들에 대한 토론에서도 전문가들이 양분된 시각을 가지고 늘 주장하던 그 해법을 그대로 내어놓고 계속 논쟁을 하는 경향이 많다. 나침반 바늘의 양

끝은 항상 떨리면서 끊임없이 남북을 찾아내며 가리킬 때 그 효용이 있는 법이다. 나침반이 떨리지 않고 고정되어 있을 때 나침반은 더 이상 쓸모가 없는 물건이 되고 만다. 이처럼 우리 외교행보가 국익을 가리키는 방향을 찾아 계속 변침해 나가는 것이 실용외교이다.

국제적 정세와 관련하여 우리가 판단을 내릴 때 배제해야 할 또 다른 두 종류의 사고방식이 있는데 하나는 과한 낙관주의와 다른 하나는 과한 피해주의가 그것이다. 우리의 외교안보 관련 담론의 흐름을 보면 한 부류는 굉장히 자기중심적이면서 낙관적인 사고로 우리의 희망사항과 선의들이 다른 나라에 잘 받아들여질 것이라는 전제 하에 주장을 편다. 다른 부류는 우리나라는 아직 굉장히 취약한 상태이며 모든 것을 강한 다른 나라에 의존해서 우리 존망을 보존해야 한다는 생각을 하고 있다. 그리고 뭔가 새로운 길을 모색하면 우리가 피해자가 된다는 생각에 가급적 현상을 유지하는 방향을 선호한다.

앞으로 닥쳐올 험난한 국제정세의 파고를 넘어가기 위해서는 이런 두 부류의 사고를 배격하고 우리는 실용주의에 입각하여 새로운 활로를 모색해 나가야 한다. 국제정세의 변화속도는 우리가 과거의 길에 그냥 안주하게 내버려 두지 않을 것이다. 그리고 우리나라는 더 이상 약소국이 아니며 우리의 길을 스스로 찾아가야 하고 우리의 목소리를 내어야 한다. 국제사회에서 일정한 역할을 하면서 우리가 남에게 의존하는 존재가 아닌 필요한 존재가 되어야 한다.

한반도 평화체제 구축도 더 이상 머뭇거릴 시간이 별로 없다. 더 이상 시간이 흘러가면 통일을 위한 구심력보다 원심력이 더 커지면서 한반도에서 신냉전 구도가 고착화될 가능성이 높다. 종전선언, 북핵 문제도 누가 먼저 움직여야 하느냐는 논쟁으로 지새울 것이 아니라 현 교착상태를 타개할 창의적인 해법을 모색해서 협상이 움직이게는 해야 한다. 남·북한과 미국 사이에 불신이 쌓여 서로 먼저 움직이지 않으려는 상황을 방치해 두면 핵 위협이 저절로 해소되는 것이 아니라 더 고조될 것이다. 남한과 국제사회는 북한에 대한 불신으로 인해, 북한은 고립감과 공포로 인해 먼저 움직이지 않으려는 기싸움을 하다 보면 민족의 활로는 완전히 차단될 것이다. 약간이라도 여유가 있는 측이 '의심 속의 믿음^{benefit of doubt}'을 가지고 상황을 견인하는 노력을 보여야 한다. 상대가 우리 요구를 다 들어 준 다음에 우리가 혜택을 주자는 것은 협상의 기본자세가 아니고 이루어질 가능성도 없다. 우리가 주도적으로 최선의 노력을 해 보는데도 북한이 진정성을 보이지 않는다면 그때 우리는 단호히 우리의 길을 가면 될 것이다. 북핵문제가 우리 외교 전체를 삼키는 블랙홀이 되는 것을 더 방치할 여유가 없다. 그러나 아직은 조심하는 가운데 평화에 기회를 더 주어야 한다. 우리가 먼저 움직일 때 생길 수 있는 불확실성을 제거하며 나가는 것이 창의적인 전략이고 실용외교이다.

또한 모든 세상사가 이분법적으로 명쾌하게 결론이 난다면 좋겠지만 그렇지 않은 경우가 많고 특히 급변하는 국제정세 속에서 이분법적인 선택은 논리적 명료성은 있을지 모르지만, 현실적인 위험을 수반한다. 그런 현실적 위험에 대한 대응책을 상세히 검토하고 대비도 하지 않은 채 입장의 명료성만 선호하는 관념주의, 명분주의에 빠져서도 안 되는 엄중한 시기에 우리는 처해 있다. 지금 우리는 주변의 상황변화를 면밀히 계측하면서 화학공장의 복잡한 배관들의 안전밸브를 미묘하게 조정해 나가듯이 우리에게 쏠리는 압력을 분산시키는 조심성을 익혀 나가야 한다.

우리는 과거를 잊어서도 안 되지만 과거에 발목 잡혀서 미래를 망쳐서도 안 된다. 과거와 현재가 다투면 미래가 피해를 입는 것이 역사의 이치이다. 필부도 가정을 책임진 가장일 경우에는 자신의 감정을 억누르고 사는 것이 세상살이이다. 엄중한 국제정세 속에서 자국의 감정에 충실한 외교를 추구할 경우 많은 국익이 손상당하는 피해를 감수해야 하는 것이 현실이다. 상대가 있는 외교에서 실익이 있다면 너무 자존심을 앞세울 필요가 없다. 싸움의 방식과 장소를 자기가 정하지 못할 경우 싸움의 시기라도 유리한 때를 골라야 한다. 이마저도 못하면 싸움의 승패는 불 보듯 뻔하다. 정신적 승리를 위하여 힘든 싸움을 벌이는 무모함을 피하는 것이 실용적인 외교이다. 실용주의는 기회주의가 아니라 국익의 기반 위에 면밀한 손익계산을 하여 도출되는 외교적 방책이며 새로운 기회를 끊임없이 모색하는 외교이다. 다음 정부에서는 이렇게 국익에 기반한 실용주의 외교가 제대로 전개되기를 기대해 본다.

영토 아닌 주권 공간도 지켜야 진정한 안보

2021.11.5.

외교에서 가장 중요한 목표이자 어찌 보면 유일한 목표는 자국의 주권을 수호하는 일이다. 주권 수호란 자국의 의사결정을 자국이 원하는 대로 자국의 국익에 맞는 방향으로 내릴 수 있는 상태를 항상 유지하는 것을 말한다. 자국이 독자적으로 의사결정을 하지 못할 경우는 주권을 상실하였다고 본다. 그리고 자국이 원하지 않는 방향으로 결정을 강요당하는 경우는 주권이 제약된다고 본다. 모든 독립 주권국가들은 이러한 상태를 회피하기 위해 전력을 기울인다. 혹 자국의 국력이 타국의 간섭을 방어할 만큼 충분하지 못하면 타국의 도움을 받아서 주권을 지키려고 하는데 이럴 때 동맹이나 안보협력을 시도한다. 주권 중에서 제일 중요한 것이 영토주권인데 영토란 한 나라 국민이 사는 땅을 말하고 그 땅에 대해서 배타적인 권리를 행사할 수 있는 것이 주권국가의 기본요소이다.

영토와 주권은 국가구성 3요소 중 두 요소로서 영토가 존재하지 않으면 국가가 존재할 수 없으므로 영토와 주권을 결합한 영토주권은 국가 존망에 가장 중요한 권리이다. 과거에 영토를 말할 때는 물리적인 영토, 즉 물산을 생산할 수 있어 국가의 물적 토대가 되는 영토만을 말하였다. 그리고 국가 간의 전쟁은 이 영토를 더 확보하기 위한 정복 전쟁으로 시작된 경우가 대부분이었다. 그러나 기술이 날로 발달해가는 지금의 4차 산업혁명 시대에는 물리적 영토의 중요성은 과거에 비해 현저히 낮아지고 있다. 그 대신 비물리적 영토, 즉 문화, 정신적 공간과 사이버 공간에 대한 중요성이 더욱 점증하고 있다. 달리 말하면 영토개념의 범위가 확장되고 있다는 것이다. 우리가 물리적 영토를 확보하고 있어도 우리가 존중하는 가치를 국내·외적으로 추구하기 어려운 상태가 되면 우리의 문화, 정신적 영토, 즉 주권 공간이 축소 당하는 것과 마찬가지 결과가 된다. 우리나라가 자유와 민주주의, 법치, 개방경제 등을 중요한 가치로 존중하고 있는데 이런 가치가 무시되는 국제환경이 조성되면 우리의 발언권이 제한되고 국내적으로도 이런 가치를 충분히 누리기가 어려워질 것이다. 그리고 우리나라는 이런 가치가 보장되는 국제환경 덕분에 지난 60년간 고속성장을 할 수 있었다. 그러므로 우리는 이러한 가치가 통용되는 국제적 영역을 확대하는 노력에 동참하는 것이 우리의 비물리적 영토를 수호하는 일이 될 것이다.

최근에는 IT 기술의 발달로 인해 사이버 공간에서 상거래가 일반 상거래보다 더 활발하게 진행되고 있어 사이버 공간에서 경제적 이익창출이 천문학적 규모로 성장해오고 있다. 꼭 상업적 활동이 아니더라도 가상공간에서 개인들 간 수많은 의사소통과 문화적 활동, 그리고 가치창조 행위가 일어나고 있다. 이런 사이버 공간이 어느 특정세력에 의해 독점되거나 통제된다면 이 역시 우리의 비물리적 영토가 축소 당하는 것과 마찬가지 효과를 가져올 것이다. 즉 우리 국민의 뜻대로 우리 국익에 맞게 사이버 공간을 이용하지 못하고 다른 세력의 통제에 순응하여 이 공간을 이용하게 된다면 우리 주권이 제약을 받는 것과 마찬가지이다.

특히 4차 산업혁명이 더 진전될수록 모든 미래생활과 관련된 인프라와 장비들이 AI와 IoT에 의해 하나로 연결된 스마트 시티가 많이 건설될 것이다. 이런 상황에서 이러한 사이버 인프라에 심각한 사이버 공격이 가해진다면 도시와 경제 전체가 마비되고 엄청난 재난들이 연쇄적으로 발생할 것이다. 최근 미국 동부 송유관이 사이버 공격으로 가동이 중단된 것은 이런 사이버 안보의 중요성을 여실히 보여주고 있다. 따라서 이러한 사이버 공간에서 보안을 지키는 것이 국경을 방어하는 것만큼 중요한 일이 되고 있다. 전문가들은 앞으로 세계대전이 발생한다면 우선 사이버 공간에서 먼저 전쟁이 시작될 것이라고 예견하고 있을 정도이다. 따라서 유엔 전문가들도 사이버 공간에서 주권이 적용된다고 보고 이 공간을 국가방어 영역으로 규정하였다. 현재 사이버 공간에서는 정보와 산업기술 절취가 이루어지고 우리 IT 시스템에 대한 공격을 하는 간접 침략이 실제로 진행되고 있다. 국제질서가 급격히 변하고 있으며 지난 70년간 자유주의적 질서가 비자유주의적 질서로 변모해 나가는 양상을 보이고 있다. 자유주의적 질서에 의지하여 경제성장과 문화융성을 이루어 왔던 우리나라는 비자유주의적 질서가 확산되는 것을 가급적 저지해야 한다. 우리의 안보개념을 말할 때도 이제는 영토의 안전만 볼 것이 아니라 비물리적 영토, 즉 사이버 공간의 안전도 동시에 조망하면서 우리의 전략을 만들어나가야 할 것이다. 눈앞에 전개되는 국제정세의 대변환기를 맞아 국가전략을 세울 때 우리의 주권 공간이 보호되는 방향으로 우리는 동맹을 운용하고 협력국을 선정해야 할 것이다. 큰 댐이 무너지는 것도 조그만 구멍의 누수에서 시작하듯이 지금 당장 큰 문제가 아니라고 간과하지 말고 주권 공간에 대한 위험을 예견하고 이에 대비한 조치들을 때를 놓치지 말고 취해 나가야 한다.

선진 한국이 가져야 할 자세

2021.7.19.

세계 여러 나라를 돌아다니면서 우리나라와 다른 나라들의 사회를 비교해 보면 한국이 이미 선진국에 들어섰다는 사실을 필자는 진작 체감했었다. 특히 한국의 사회 인프라와 시스템은 웬만한 선진국보다 못할 게 없거나 더 나은 상태이다. 예를 들면 우리나라는 전국 방방곡곡, 해안 낙도까지 잘 닦인 도로와 교량이 연결되어 있고 고속철이 잘 발달하여 전국이 일일생활권이 된지 오래되었다. 그리고 이번 코로나 사태에서 증명되었듯이 우리의 의료시스템도 선진국보다 더 나은 상태이고 온라인 업무처리 시스템이나 IT 기반 인프라도 어느 국가보다 훌륭하다. 우리 지자체에도 재정 여력이 생겨 고을마다 독특한 관광자원을 개발하고 문화시설들을 갖춘 것을 보면 자랑스럽다는 생각이 들 정도이다. 10년 전에 이미 서울에 근무하는 외국 외교관들은 '한국인들이 한국이 선진국인 줄 모르는 것'이 놀랍다는 말을 하곤 했다.

이런 한국의 발전상이 반영되어 최근 유엔무역개발회의UNCTAD에서 한국은 32번째로 선진국 대열에 공식적으로 합류하게 되었다. 한국이 선진국으로 공인된 것은 온 국민이 자부심을 느끼고 환영할 일임이 틀림없으나 선진국이 되고 나면 선진국다운 역할을 해야 한다는 책임도 동시에 발생한다. 한국은 여태까지 사실상 선진국이었으나 국제사회에서 선진국으로 역할을 하는데 여러 면에서 주저함을 보여왔다. 이제 우리에게 맞는 새 옷을 입었으니 이에 걸맞은 새 역할을 해야 할 때가 온 것이다.

필자가 그간 외교무대에서 관찰한 우리나라의 행보는 여러 가지 국제현안에 대해 우리의 목소리를 내지 못하고 주변의 정세만 열심히 관찰하는 수준에 머물러 있었다. 예를 들면 과거 개발원조 관련 국제회의에서 한국은 종종 선진국과 개도국 간 논쟁에서 양측으로부터 동시에 단골로 인용되는 나라 중 하나인데 정작 우리 대표단은 우리의 입장을 명쾌히 밝히지 못하고 토론을 듣고만 있는 경우가 많았다. 선진국들은 한국은 개발원조를 약 20년간 많이 받지 않고도 자주적인 수출주도형 경제개발 모델로 성공한 나라로서 다른 개도국들이 모방해야 할 모델을 제시하였다고 주장했다. 반면 개도국들은 한국은 당시 냉전 상황에서 미국 등이 전략적 가치를 인정하여 특별히 지원을 해줘서 성장한 나라이기에 한국의 모델이 보편화될 수 없다는 주장을 했다. 이 두 다른 시각에 대해 우리 대표단이 우리만의 시각으로 설명을 해야 했으나 대부분 열띤 토론을 경청하기만 했다.

우리 자신의 경험이 걸린 문제에 대해서도 견해를 표명하지 못하니 다른 국제현안들에 대해서는 더더욱 우리는 청취자세listening mode로 있는 경우가 많았다. 중동분쟁이나 여타 지역분쟁에 대해서 우리는 거의 입장을 내놓지 않았고 개발원조, 인권문제, 인도주의적 지원, 기후변화 등 시급한 국제현안에 대해서도 논의 흐름에 별 기여하지 않고 지냈다. 사실 우리나라의 경제 규모 대비 개발원조액 비율은 선진국 평균수준의 절반에도 못 미치는 0.14%에 불과하다. 그리고 우리의 외교·안보 역량은 북핵 위기가 발생한 이후 지난 27년간 오로지 북핵 문제에만 집중되었고 이 북핵 문제가 블랙홀처럼 우리의 외교역량이 다른 곳에 분산될 수 없도록 다 빨아들여 버렸다. 우리는 인도·태평양 전략, 남중국해 문제, 미·중 갈등, 중국의 전량외교 등에 대해 의미 있는 우리 입장을 대외적으로 천명한 경우가 거의 없다. 우리 외교뿐만 아니라 우리의 언론보도나 국민들 의식도 아직 선진국의 수준에 못 미치고 있다. 우리 언론보도를 보면 국제문제에 대한 방송 시간이나 지면 분량이 아주 적은 편에 속한다는 것을 알 수 있다. 국제이슈는 큰 재난이 발생하거나 전쟁이 터져야 좀 다루어질 뿐 다른 나라들 사정에 대해서 별 관심이 없다. 터키, 에디오피아, 필리핀, 콜롬비아 이런 나라들은 한국전 참전국인데 이들 나라의 내부사정을 우리는 알려고 하지 않는다. 70년 전 이들은 한국이란 잘 알지 못하는 나라의 자유를 되찾기 위해 자국 젊은이들을 전쟁터까지 보낸 나라들인데도 말이다.

그러나 이제 세계 10대 경제대국 대접을 받고 G-7회의에 초청받는 나라인 한국이 국제현안에 대해 자기 목소리를 내어달라는 것이 국제사회의 기대이다. 이제는 한국이 세계가 공유하는 문제들에 대해 발언을 해나가야 할 때이다. 국제문제에 대해 더 많은 관심을 기울이고 우리의 기여를 더 확대해 나가야 한다. 그리고 우리의 외교 지평을 한반도를 넘어 전 세계를 향해 펼쳐나가야 한다. 또한 우리의 외교와 국제업무 역량을 더 키워나가야 한다. 이제는 중견국을 넘어 선진국이란 명예에 걸맞은 자세로 그 이름값을 해야 할 때이다.

미·중 간의 국익 계산법

2022.6.29.

지난 5월 신정부가 출범하면서 미·중 간의 전략적 경쟁 속에서 우리 외교 안보의 무게 축은 미국 쪽으로 그 중심축이 옮겨지는 경향을 보이고 있다. 그러면서도 현 정부는 중국과도 원만한 관계를 유지하고 싶은 의도에서 중국이 우리의 행보를 민감하게 받아들이지 말아 달라는 메시지를 발신하고 중국과 소통 채널을 확대하고자 노력하고 있다. 전 정부가 미·중 간에 '전략적 모호성'이란 이름 아래 우리의 입장을 명확히 하지 않고 중국의 눈치를 많이 살피는 일종의 등거리 외교를 한 것에 비하면 현 정부는 이런 모호성을 버리고 좀 더 명확하게 한미동맹 중심 외교를 하겠다는 것을 밝히고 있다는 점에서는 진일보한 태도이다. 그러나 여전히 미국과 중국 양쪽으로부터 좋은 평가를 받고 싶은 속내를 보이고 있는데 당연히 필요한 일이지만 이것이 앞으로 현실적으로는 상호모순적인 행위가 될 것이다.

그동안 우리는 '안미경중安美經中'이라는 프레임, 즉 안보는 미국에 의존하고 경제는 중국에 의존하는 방식이 우리 국익을 극대화하는 방정식으로 여겨왔다. 그러나 미·중 간 갈등이 심해지는 국제정세 하에서 이러한 '이중 의존성의 딜레마'를 앞으로 지속해 나가기가 어려워지고 있다. 미국과 중국과의 전략적 경쟁이 이번 우크라이나 전쟁과 앞으로 닥칠 대만 해협에서의 위기 등을 감안하면 그냥 경쟁이 아니라 신냉전 대립으로 이어질 가능성이 높다. 신냉전이 도래하면 자유진영과 권위진영 양 블록은 예전 구냉전 시대만큼은 아니더라도 양 진영 간 교역도 상당히 분리 decoupling될 것이다. 이런 상황 속에서는 '안미경중'은 더 이상 작동하는 방정식이 아니므로 우리의 국익 극대화 방정식을 새로운 계산법에 따라 새로 정립해야 한다.

국익의 3대 기본구성 요소는 첫째 국가의 생존, 둘째 국가의 번영, 셋째 국가가 존중하는 가치의 수호라고 말할 수 있다. 모든 국가는 국제관계에서 이 세 가지 요소의 효용을 가장 극대화하는 방식으로 자국의 외교·안보 정책을 구성하고 외교관계를 이에 맞춰 이끌어간다. 그리고 이 세 가지 요소도 평시에는 등가적인 가치를 가진다고 상정하고 외교를 펼쳐나갈 수 있으나 위기시가 될수록 이 세 가지 요소 간의 우선순위를 지혜롭게 조정해야 한다. 즉 위기시에는 생존이 무엇보다 먼저이고 다음이 번영 그리고 마지막 순위가 가치이다. 우리가 보편적 가치라고 말하는 '민주주의, 인권, 자유 그리고 시장경제' 이런 것들은 지킬 수 있으면 지키는 것이 우리 국익에 보탬이 되나 이를 위해 우리의 생존 또는 안보를 손상시키는 것은 현실적인 접근법이 아니다. 그러나 우리가 향유하는 가치를 타국이 제한하려 할 때에는 우리가 분연히 맞서야 한다. 하지만 다른 지역, 다른 국가의 가치가 문제가 될 때 이를 인류보편적 가치가 손상되기 때문에 모두가 나서 지켜야 한다는 주장은 자유주의 질서가 약화되는 앞으로의 상황에서는 좀 더 명철하게 따져 보아야 할 문제이다. 우리가 이 가치를 지키기 위해 다른 나라를 도운다 하지만 그것이 전쟁 당사국의 관점에서는 자국의 생존을 위험하게 하는 행위로 간주할 수 있다. 우리에게는 가치문제이지만 분쟁 당사국에게는 생존문제이므로 그 대응이 비대칭적으로 나타날 것이다. 즉 우리는 추상적이고 보편적인 가치를 지키기 위한 선의를 베풀었다 해도 이것이 특정국가의 특정이익을 침해할 때는 그 나라는 우리에게 가치영역과 다른 차원의 대응을 지금은 아니라도 언젠가는 기억해서 할 것이다. 이런 보복조치를 당할 경우 다른 나라들이 우리의 피해를 자국의 피해처럼 간주하고 우리를 도와 그 특정국가에 대한 공동대응을 할 것인가? 사드사태 때 이미 경험했지만 현재의 국제상황에 비추어보면 그럴 가능성은 더 희박해 보인다. 그렇다면 우리는 가치를 위해 우리의 안보가 손상되어도 좋다는 각오를 하고 이런 일을 하여야만 한다. 그렇지 않으면 우리의 선택을 신중히 해야 한다.

또한 국제관계에서는 경제적 이익과 안보적 이익이 충돌하는 지점이 발생한다. 앞으로 미·중 간 갈등이 심화될수록 이런 지점이 더 많이 드러날 것이다. 이런 상황에서 양 이익을 동시에 추구할 수는 없을 것이고 우리는 불가피하게 선택의 비중, 그 강약을 조절해나가며 우리의 입장을 정립해 나가야 할 것이다. 양 이익이 충돌할 경우 당연히 안보이익이 우선되어야 하고 불가피할 경우 경제적 이익을 좀 손해 볼 각오를 해야 할 것이다. 그것을 두려워하고 회피하고자 할 경우 양쪽 이익이 다 손상 당할 가능성이 높다. 그리고 지금처럼 미·중 간에 분리 현상이 진전되는 가운데 우리가 경제적으로 중국과 협력할 수 있는 분야는 어디이고 분리를 할 수 밖에 없는 분야는 어디인지를 빨리 분별해 내는 일이 중요하다. 그래서 분리가 불가피한 분야에서는 분리를 하되 대신 중국이 들어오지 못하는 빈 공간을 우리가 대신 차지함으로써 중국 시장에서 잃은 부분을 메울 수 있거나 더 큰 이익을 거둘 수도 있을 것이다. 막연하게 중국의 큰 시장을 포기할 수 없으니 중국과의 관계에서 우리가 눈치를 볼 수밖에 없다는 생각도 앞으로는 딱히 맞는 말이 아닐 수 있다. 중국과 서방 시장이 분리가 되면 우리가 중국에 팔 수 있는 제품도 제약될 수밖에 없고 중국 산업경쟁력이 높아지면서 우리가 경쟁우위를 계속 유지할 수 있는 제품수도 줄어들어 앞으로 중국 시장은 과거 중국 시장의 몇 분의 일 수준으로 축소될 것이다. 올해 5월 우리는 대중교역 개시 30년 만에 처음으로 무역적자를 기록했다. 앞으로 이런 경향이 구조화될 수 있다. 그러니 과거의 잣대로 미래를 설계하고 준비해서는 안 된다.

또한 제일 근본적인 국익인 우리의 생존, 즉 국가안보를 지키는 일에 있어서 우리의 계산법은 어떠해야 할까? 우리의 생존방정식에 가장 중요한 고려요소는 북핵위협, 미·중 간 갈등, 그리고 중국에서 오는 지정학적 압력 이 세 가지를 들 수 있다. 북한의 비핵화는 이제 달성하기 힘든 외교과제가 되었다고 보아야 한다. 이제 북한의 핵위협에 굴하지 않고 번영을 추구할 수 있는 새로운 길을 모색해야 한다. 그러려면 한미동맹이 우리에게는 대체 불가능한 안보 근간이 되어야 한다. 미국의 핵우산은 물론이고 우리의 독자적인 핵무장 준비과정을 위해서도 미국과의 협력은 필수적이다. 그리고 여태까지 북한 비핵화를 위해 중국의 협조를 기대하며 저자세 외교를 한 것을 과감히 탈피해야 한다. 그리고 북핵과 미사일의 위협을 감소시키려는 우리의 대응책을 방해하려는 중국의 압력에 감연히 맞서야 한다. 아니면 가능성이 희박하지만, 중국이 북한의 비핵화를 위해 성실히 국제사회와 협력하는 자세를 보여달라고 요구해야 한다. 중국 시 주석이 윤

당선자와 한 통화에서 "중국은 한국의 이웃이다."라는 점을 강조했다고 한다. 이는 좋은 이웃이란 의미를 전달하기보다는 인접한 강대국으로서 중국이 가지는 지정학적 압력을 가벼이 여기지 말라는 경고로 봐야 한다. 이 점은 정말 가벼이 생각할 사안은 아니지만, 우리가 중국의 핵심이익을 먼저 건드리지 않겠다는 입장만 분명히 견지하면 된다. 중국이 현상을 변경하고 우리에게 그 압력이 생존의 위협형태로 나타나지 않기를 바라지만 그럴 경우 우리는 선택의 여지가 없다는 것도 알려야 한다. 이는 계산의 영역이 아니라 본능의 영역이고 이를 위해 우리는 다양한 대비를 해 나가면서 그 압력을 막아내어야 한다.

북핵 위기와 한·중 수교 30년

중국은 북핵의 협조자, 방조자인가?

2022.9.30.

지난 8월 말 한·중 양국 간 수교 30주년을 기념하는 행사가 양국 수도에서 간략히 개최되었다. 지난 30년 뒤돌아보면 한·중 양국 간 관계도 많은 발전을 거듭해 박근혜 정부 시절에는 '전면적 전략적 협력 동반자 관계'라는 최고 단계로 격상하자는 논의까지 있었다. 이는 양국이 경제는 물론 외교·안보상 중요문제에 대해서 전략적 협의를 하고 정보를 공유할 수 있을 정도로 깊이 신뢰하는 관계라는 의미이다. 또한 우리 안보의 최대 위협인 북핵문제도 1차 핵위기가 발생한 후 30년이 경과하였다. 한·중 양국관계와 북핵 위기는 서로 엮인 채 다른 변주를 해가며 지난 30년을 이어왔다. 그런데 우리 국익에 큰 영향을 미치는 두 사안 모두가 30년이 지난 지금 심각한 질적 변화를 겪고 있기에 이 두 문제 간의 상관관계와 변주의 과정을 짚어 볼 필요가 있다.

북핵문제가 불거진 초기에 우리 정부는 북핵문제는 남·북한이 당사자가 되어 해결해야 하는 문제로 생각하고 외세의 개입을 배제하려는 태도를 보였다. 그러나 북핵문제는 본질상 국제사회의 안보위협이기도 하기에 남·북한의 손을 떠나 곧 국제문제화 되어 버렸다. 그 이후 역대 정부는 중국이 북한에 강력한 압력을 행사할 수 있을 것이라 믿고 북핵 해결을 중국에 의존하려는 심리를 가졌다. 이것이 우리의 대중외교가 계속 저자세적인 경향을 보인 이유였다. 혹여 우리가 북경의 심경을 건드려서 중국이 핵문제에 협조를 해주지 않으면 한반도의 안보위기가 심각해질 것이라는 우려가 30년간 우리 사고를 지배하고 있었다.

우리의 이러한 입장에 대하여 중국은 늘 "중국은 북한의 핵개발에 반대하나 중국의 북한에 대한 영향력은 제한적이다."라는 입장을 반복하며 북한 핵문제와 관련하여 적극적인 역할을 하지 않았다. 그러면서 중국은 항상 '한반도의 안정을 유지하는 것이 중국의 핵심이익'이라는 점도 강조하였다. 즉 중국은 자국이 경제개발에 전념하는 동안 한반도 정세가 불안정해지는 것을 원치 않는다는 것이다. 이런 중국의 입장은 북한의 핵개발 자체는 자국의 국익에도 반하는 것이지만 북한 핵개발을 저지하기 위하여 북한을 과도하게 압박하여 정권의 안정을 흔들지는 않겠다는 입장을 달리 말한 것이다.

또한 지난 30년간 북한 핵협상 과정에서 중국은 북핵문제가 "자주적이고 평화적으로 해결되어야 하며 북한의 안보적 이익을 고려해야 한다."라는 입장도 되풀이 해왔다. 이것은 대체로 북한의 입장을 대변한 것이자 중국의 전략적 판단이기도 해 2004~06년 간 6자 회담 협상 과정에서도 중국은 이 입장을 견지해왔다. 한·중 수교를 한 이후 처음 15년간 중국이 우리의 경제협력을 절실히 필요했던 시점이었음에도 우리는 우리의 외교적 지렛대를 중국 측에 제대로 활용하지 못했다. 중국의 설명만 믿고 게다가 중국 시장의 매력에 혹해 중국이 북한의 핵 질주에 제동을 걸도록 압박하지 못했다는 말이다. 또한 한·중 간 전략적 협력 동반자 관계도 거의 유명무실하여 우리는 북핵해결을 위한 우리의 전략적 입장을 관철하기는커녕 중국의 성의를 그냥 기대하는 정도에서 대중관계를 지속해왔다.

그런 과정에서 북한의 핵무기 고도화는 지속적으로 이루어져 북한은 사실상 핵무기 보유국이 되었다. 그리고 북한은 지난 6월 핵무기를 국가의 정체성, 즉 국체라고 표현을 하였고 9월 초에 핵을 법제화하여 절대 포기하지 않는다는 입장을 천명하였다. 이로써 지난 30년간 북한 비핵화를 위한 우리 정부와 국제사회의 노력은 수포로 돌아갔고 우리나라는 존재 자체가 위협을 받는 실존적 위협에 무방비로 노출되고 있다. 이런 상황에서 우리 정부는 "북한의 비핵화 정책을 포기하지 않고 추진하겠다."라는 원칙적이지만 비현실적인 입장만 표명하고 있는 상황이다.

이제는 정말 막다른 골목에 다다른 북핵문제에 직면하여 지난 30년간 우리 정부가 중국의 영향력을 기대하며 중국에 쏟았던 외교적 노력에 대한 대차대조표를 들여다볼 필요가 있다. 수교 30주년인 지금 이 계산서를 보면 앞으로 한·중 관계 30년을 어떻게 가져가야 할지 가늠이 될 것이기 때문이다. 그간 중국의 대한반도 전략 자체가 본질적으로 북핵문제에서 중립적이라기보다는 북한의 입장을 옹호하는 방향으로 기울어졌던 것은 사실이다. 그런데도 북한이 핵보유국이 되는 것을 막기 위한 노력을 북핵 위기 전반 15년 동안은 중국이 어느 정도 기울였다고는 할 수 있다. 그 결과 2005년 9.19 합의를 베이징 6자 회담에서 도출할 수 있었다. 그러나 6자 회담 합의 이행이 2008년 마지막 관문인 '핵검증'의 고비를 넘지 못하고 6자 회담 자체가 좌초되어 버리자 그 이후 중국의 역할도 사라져 버렸다. 사실 2006년 북한의 1차 핵실험 이후 중국은 북한의 핵무기 고도화에 대하여 제동을 걸기는커녕 오히려 방조하는 듯한 모습도 보였다.

미·중 간의 전략적 경쟁이 본격화되는 2008년 이후에는 중국은 북한의 핵과 미사일 능력이 일취월장하는데 직간접으로 기여한 흔적마저 여러 곳에서 드러난다. 우선 중국은 북한에 대한 유엔의 제재가 가해지는 가운데서도 북한 정권이 타격을 입지 않을 정도로 항상 뒷문을 열어두고 지원을 해온 흔적이 적지 않다. 이 같은 중국의 비협조적 태도에 대해서는 미국도 일말의 책임이 있다. 왜냐하면 미국이 이를 차단하기 위해 제재를 위반하는 중국 기업이나 단체에 대한 소위 세컨더리 보이콧을 할 수 있었는데 하지 않았기 때문이다. 북한이 핵무기 불포기를 선언한 이제야 미국 의회는 중국에 대한 제3자 제재를 거론하고 있다고 하나 늦어도 한참 늦었다. 북한이 여러 제재 속에서 장거리 미사일 기술을 급속도로 발전시킨 것은 중국의 묵시적 후원이 없으면 가능하지 못했을 것으로 추정된다. 미사일 비행경로 유지와 같은 핵심적인 기술과 정밀 부품, 특히 북한 미사일 이동발사대 차량 등은 북한이 중국으로부터 도입하지 않으면 자체적으로 조달할 수 없는 종류이다.

앞으로 미·중 갈등이 패권경쟁으로 발전해 나가면 중국으로서는 북한이 자국의 세계 전략상 아주 중요한 카드가 될 것이기에 더욱 북한을 자기편에 붙들어두려 할 것이다. 따라서 중국은 북한의 비핵화에 협조를 더 하지 않을 것이기에 우리는 더 이상 북핵문제 해결을 위해 중국에 저자세 외교를 할 필요가 없다는 결론이 나온다. 자국의 세계전략에 어긋나는 정책을 우리가 부탁한다고 중국이 들을 리 없기에 중국의 선의를 기대하는 것은 이제 정말 바랄 수 없는 일이 되었다. 미국 건국의 아버지 조지 워싱턴이 한 "습관적 호감에 입각하여 타국을 대하는 국가는 이미 어느 정도 노예이다."라는 말을 깊이 새겨야 할 때이다. 이제는 차라리 북한이 아니라 우리가 나아가는 방향을 중국이 방치할 경우 중국의 국익을 해치겠다는 판단이 서도록 우리의 정책을 변경해 나가야 한다. 핵을 포기하지 않겠다고 공언한 북한과 한반도를 미국과 경쟁 구도 속에서 바라보는 중국, 양측을 동시에 움직이기 위해서는 우리도 기존의 정책을 답습하기보다는 과감하게 다른 행보를 보여야 할 시점이다. 한중 수교와 북핵외교 30년이 지나는 이 시점에 중국의 선의에 대한 걸기대를 접고 우리가 나갈 길을 스스로 개척해 나가야 할 것이다.

머리 위에 달린 북한 핵 보검

비상 상황에는 비상한 대응을

2022.11.28.

북한은 올해 들어 거의 80여 발, 11월 들어서만 30여 발의 각종 미사일을 발사하며 한반도의 긴장을 계속 고조시키고 있다. 북한이 이렇게 계속해서 미사일을 발사한다는 것은 북한의 미사일 보유량이 예상보다 넉넉하다는 점과 동시에 미사일 실전배치와 운용을 마지막으로 점검하고 있음을 말해 준다. 그럼에도 우리 내부에서는 북한이 우리에게 핵을 사용하지 않을 것이라는 믿음과 북핵 위협을 한·미의 압도적 재래식 무력으로 선제적으로 제거할 수 있다는 아주 상반된 두 믿음이 유포되어 있다.

그러나 이제는 이런 막연한 안도감이나 우월감으로 지내기에 북한의 핵 위협은 너무 현실적이다. 우리 머리 위로 언제든 북한 미사일이 날아들 수 있다는 사실을 인정하고 지금 그 대응책을 미리 준비하지 않으면 나중에 크게 후회할 것이다. 북한이 11월 초 미사일을 속초 앞 공해에 발사한 것은 확인되었고, 이어서 울산 앞 공해에 발사했다고 하나 이것은 우리 측 탐지자산에 의해 확인되지 않았다. 북한이 공해상이라 하지만 NLL을 넘어 점차 남쪽 깊숙이 미사일을 쏘려는 것은 한·미의 대응 태도를 떠보는 수순으로 보인다. 한·미가 이에 대해 단호히 대응하지 않을 때 북한은 남한을 가로질러 마라도 해상 앞에 떨어지는 미사일을 발사할 가능성도 배제할 수 없다. 만약 이런 남북종단 미사일 발사를 사전 탐지, 요격하지 못하고 당할 경우 우리 국민들의 안보불안감은 급격히 상승할 것이다. 그럼에도 북핵과 미사일에 대응한 우리 사회의 담론은 이념적 지향성이나 주변국들에 대한 다양한 고려 때문에 제대로 갈피를 못 잡고 여러 방안이 난무하고 있는 수준이다. 이런 식으로 우리가 시간을 허비하기에는 당면한 안보위협은 너무 중대하기에 여러 방안에 대한 검토과정을 거쳐 현실적 대응책을 시급히 강구해야 한다. 이를 위해 기존 담론들의 실현 가능성을 제대로 짚어볼 필요가 있다.

첫째 한반도 비핵화론이다. 이 명제는 특이하게도 한국의 진보진영과 미국이 거의 유일하게 공통접점을 가지는 이슈이다. 미국은 작년에 이어 올해 한미정상회담 공동성명문에서 '한반도 비핵화'를 분명하게 적시하였다. 물론 미국 현 민주당 정부는 전 세계적으로 비핵화 체제 유지를 기본 정책으로 하기에 이를 계속 우리에게 요구하려는 것이다. 그러나 북한이 이미 사실상 핵무장국이 되었고 지난 7월 핵기본법에서 핵을 포기할 의사가 전혀 없다는 점을 분명히 했기 때문에 사실상 북한의 비핵화 가능성은 현실적으로 낮다. 그럼에도 미국이 한반도 비핵화를 주장한다면 이것은 결국 남한만 비핵화 의무를 준수하라는 말이 되는 것이다. 이는 곧 남한에 불리한 비대칭적 안보상황이 지속되는 것을 감수하라는 것이다. 한편 우리 진보진영도 한반도 비핵화를 주장하는데 그렇지 않으면 북한의 비핵화를 강요할 수 없고 더 나아가 한반도에서 핵무장 경쟁이 가속화되어 안보불안이 더 가중된다는 논리를 편다. 원론적으로 맞는 말이나 북한의 비핵화에 각국이 외교적 노력을 집중하고 그 가능성이 보일 때 이 논리는 적실성을 가질 수 있다. 그러나 외교적 노력이 중단된 상태이고 북한이 이럴 의도가 전혀 없기에 이 논리를 계속 주장하면 우리의 손발을 스스로 묶는 실책이 될 것이다.

두 번째는 한반도에 전술핵을 배치하자는 주장이다. 이는 핵은 핵으로 대응해야 한다는 기본 교범에 충실하며 미국이 마음만 먹으면 바로 실행할 수 있다는 점에서 현실적인 주장은 맞다. 그러나 미국이 한반도 비핵화 원칙을 포기하지 않는 한 미국이 가진 전술핵을 한반도 내 재반입하지는 않을 것이다. 이를 관철시키려면 미국이 한반도 비핵화 원칙부터 포기하도록 미국을 설득해야 하니 이를 건너뛰고 전술핵 재배치만 주장하는 것은 수순이 맞지 않는다. 그리고 미국이 지키려는 이 원칙을 미국이 스스로 포기하게 만들려다가 한미동맹에 균열이 생길 수 있으므로 전술핵 재배치가 현명한 대안은 아니다.

세 번째는 한국 자체 핵무장론이다. 이는 대단히 자주적이고 담대한 방안이나 역시 미국의 비핵화 원칙을 포기하도록 해야 하고 NPT 체제로 인한 국제사회의 제재도 감수해야 한다. 해외무역 의존도가 높은 우리나라가 취하기에는 많은 부담이 되는 방안이다. 다만 급변하는 국제정세와 미국 핵우산의 신뢰성이 확실치 않은 점을 감안할 때 결국 자국의 안보는 자기가 지켜야 한다는 단순한 명제에 충실한 방안이기에 이를 지속적으로 모색하는 자세는 가져야 한다. NPT 10조 자위적 조치를 위한 예외조항을 활용해볼 방안을 강구해야 한다.

네 번째는 NATO식 핵공유론이다. 이는 소련의 핵·미사일 위협이 증대하자 이에 미국의 핵우산에 대한 불안감을 느낀 유럽국가들의 성화에 못이겨 미국이 제시한 타협책이다. 미국이 보유한 핵무기를 공유하다가 필요시 유럽 5개국 공군기에 탑재하여 사용할 수 있도록 함으로써 유럽 국가들의 안보 불안감을 잠재울 수 있었다. 앞의 세 가지 주장보다는 더 실용적이지만 남·북한 간의 우발적 충돌이 핵전쟁으로 비화될 가능성을 늘 우려하는 미국의 입장에서는 한국군에 핵무기를 맡기는 이 방안을 수용하기 힘들 것이다.

다섯 번째는 한·미 간에 확장억제력을 강화하는 방안이다. 현 상황에서 가장 현실적이고 실행가능한 방안이므로 한·미 간에 이 방안의 실행력을 높이기 위해 긴밀한 협의를 지속해야 한다. 만시지탄이지만 이를 위해 한·미 간에 고위급 확장억제협의회가 다시 가동되고 이번 한·미 국방장관 회의에서도 깊이 있게 이 문제가 논의되었다니 다행이다. 그런데 한·미 간 오랜 세월 확장억제협의를 진행했음에도 불구하고 아직도 미국은 대북억제력에 대해 선언적 수준에서만 공약을 하고 이 공약을 우리에게 믿으라고 한다. 게다가 미국은 오히려 확장억제에다 통합억제라는 새로운 개념까지 최근 들고나왔다. 확장억제도 핵무기 말고 다른 재래식 무기에다 기타 인프라까지 다 사용한다는 것인데 통합억제는 그에 더해 사이버, 정보전까지 다 포함한다고 한다. 북한 핵위협은 날로 날카로워지는데 미국의 공약은 핵우산보다 점차 더 모호해지고 있다는 것이 문제이다.

이런 제반 문제점을 고려할 때 우리가 지금 택할 수 있는 현실적 대안은 북한과 중국을 압박하는 억제력 확보이다. 선언적 수준을 넘어 위기상황별로 세분하여 미국의 핵전략자산이 한반도 인근에 순차적으로 배치되도록 양국이 미리 합의해 놓아야 실행력이 담보될 수 있을 것이다. 더 나아가 미국의 전략자산이 거의 상시로 한반도 인근에 순환 배치되어야 대북 억제력을 발휘할 수 있을 것이다. 또한 한국도 일본처럼 핵임계국가로 갈 수 있도록 한·미 간 원자력협정을 재협상해야 할 것이다. 최근 미국은 중국이 북핵 문제해결에 협조하지 않으면 군사·안보자산을 동북아에 더 배치할 것이라고 언명하였지만 이보다는 동북아 지역에 핵도미노 현상이 발생할 수 있다는 사실이 중국에 더 전략적 압박이 될 것이다. 미국은 일본이 핵임계국가가 되도록, 호주가 원자력 잠수함을 갖도록 허용하여 NPT 체제의 예외를 이미 허용한 점을 눈여겨보고 우리도 미국과 적극적으로 협의할 필요가 있다. "남을 위하여 불 속의 밤을 줍지 않는다."라는 외교가의 격언을 되새기며 비상한 대응을 할 때이다.

더 나은 인도·태평양 시대를 위하여

2023.1.13.

윤석열 정부는 지난 11월 프놈펜 아세안 정상회의에서 우리의 '인도·태평양 전략' 개요를 발표하고 연말에 최종 보고서를 공개하였다. 인도·태평양의 중요성이 점증하면서 역내 주요국가들은 이와 유사한 전략, 구상들을 이미 발표한 바 있다. 글로벌 중추국가를 자임한 우리가 국제정세의 소용돌이 지점인 인도·태평양에 대해 입장이 없다면 이상한 일이다. 이런 의미에서 이번 발표는 늦었지만 환영할 만하다. 고심한 흔적을 담은 최종 보고서의 대강에 대해 전반적으로는 공감을 하면서도 더 나은 인도·태평양 시대를 위하여 몇 가지를 짚어본다.

우선 '인도·태평양 전략 최종 보고서'는 박진 장관의 설명처럼 '특정지역 외교전략'이라기보다는 현 정부의 외교 독트린에 가깝다. 글로벌 중추국가를 지향하는 한국이 추구하고자 하는 비전과 원칙 및 추진과제를 망라하여 '인도·태평양 전략'에 담아놓은 것이라 볼 수 있다. 그래서 협력대상 지역을 인도·태평양을 넘어 유럽, 아프리카, 중남미까지 망라하고 있다. 그러다 보니 우리의 안보와 번영에 중요한 인도·태평양 지역 자체에 집중하지 못하고 초점이 분산된 감이 있다.

또한 그 명칭을 '인도·태평양 전략'이라고 미국이 사용하는 명칭을 군이 차용한 것도 아쉬움이 남는다. 전략이라는 개념은 대상국을 상정하는 지향성을 가진 국가의 행동이기에 당연히 그 대상이 되는 국가는 이를 배척하게 된다. 그래서 아세안 국가들은 '인도·태평양 구상'이라는 명칭을 사용하면서 미국·일본 등이 사용한 명칭과 차별화하였다. 우리도 '인도·태평양 시대 비전'이라는 명칭을 사용하였다면 앞으로 시대가 '아·태 시대'에서 '인·태 시대'로 확장되는 미래지향적 비전을 제시한다는 측면이 부각될 수 있었을 것이다. 그리고 다가올 새 시대는 국가 간 경쟁보다는 역내 모든 국가들이 서로 포용하며 개방적인 협력을 지향한다는 신호를 줄 수도 있었을 것이다.

인·태 전략 최종 보고서의 문안을 찬찬히 보면 나름 고심한 흔적이 보이는데 이는 미·중 간 전략적 경쟁 속에서 우리가 한편을 거드는 것처럼 비칠까 우려하였기 때문이다. 그런데 인도양과 태평양의 안정은 사실 우리나라의 경제적 번영과 안보에 불가결한 요건이고 따라서 우리나라는 이 문제에 대해 제3자적 입장을 취하는 것이 오히려 부적절하다. 이 두 대양의 해양수송로의 안전이 보장되어야 우리 경제에 필요한 원자재가 수입되고 공산품이 수출되는데 지장이 없어 경제안보가 확보되기 때문이다. 이런 맥락에서 우리의 국익과 국제법 원칙에 따라 이 대양에서 자유항행이 보장되고 현상변경이 무력으로 이루어져서 안 된다는 입장을 우리는 고수해야 한다. 이것은 어느 다른 국가의 요청에 의한 것도 아니고 누구를 편들기 위한 것도 아니라 우리의 국익과 원칙에 입각하여 주장한다는 점을 분명히 해야 한다. 그리고 이런 현상을 변경하는 세력에 대해서는 우리는 반대하고 현상유지를 위한 노력에 힘을 보탤 것이라는 점도 밝혀야 한다. 이 점은 눈앞의 이익 때문에 주저하고 누구의 눈치를 볼 일이 아니다. 그나마 이런 고려들이 구체성이 부족하지만 일단 선언적으로나마 최종 보고서에 언급된 것은 그나마 다행이다.

평화와 안정을 바탕으로 경제협력과 번영을 역내 국가들과 어떻게 추구해 나갈 것인가를 풀어썼으면 좋았을 것이다. 약간의 전략적 명료성에 따르는 불편함을 감수하더라도 우리의 정체성과 국익에 기반한 명료성은 미리 밝혀놓는 것이 불필요한 오해를 피하고 정책 일관성을 기할 수 있는 것이다. 너무 모호하게 기술하면 당장 마찰은 피하지만 스스로 혼돈에 빠져 계속 우리의 입장이 상황마다 다르게 나올 수 있는 위험이 있다. 보고서에는 "경제문제가 과도하게 안보화되지 않도록 공조화해 나가겠다."라고 했는데 누구와 어떤 방향으로 공조해 나간다는 것인지 모호하다. 첨단기술 분야에서 미·중 양국 간 분리현상은 막을 수 없고 공급망이 재편되는 것도 불가피해 보인다. 이 부분에서는 선택을 할 수밖에 없을 터인데 이를 회피할 수 있다 본다면 비현실적이다.

역내국가들과의 협력관계 설정과 관련해서도 광범위한 해역 내 존재하는 국가그룹군을 우리와 전략적 협력관계를 기준으로 몇 개의 소다자그룹으로 재편성하여 이 그룹별로 차별화된 협력수준을 규정하는 것도 필요할 것이다. 우리가 원칙적 입장을 밝히고 나면 그 원칙에 위배되는 행동을 하는 나라는 우리가 배제하는 것이 아니라 스스로 배제되는 것이니 우리가 이에 부담 느낄 필요가 없다. 물론 보고서에도 소다자 연대를 언급하였고 '한-아세안 연대구상'과 같이 소지역별 정책구상을 구체화해 나갈 것이라고 했으니 후속 보완작업을 기대해 보기로 한다.

남북한 정상국가 관계화

2023.2.22

지난 20여 년간 남북한 간에 정상회담이 3회 개최되었다. 우리 정상들이 평양과 백두산을 방문하였을 때와 시드니 올림픽에 남북한 선수단이 한반도기를 앞세워 공동입장할 때 그리고 아세안 게임과 평창 올림픽에 북한 응원단들이 방문하였을 때 국민들의 가슴에 통일이 가까이 다가온 것 같은 감격이 일렁인 적도 있었다.

그러나 이제는 이러한 비현실적인 환상에서 우리가 깨어나야 할 시점이 되었다. 우리 앞길에는 통일을 향한 장밋빛보다는 전쟁의 핏빛이 더 짙게 물들고 있기 때문이다. 이런 상황을 정확히 인식하지 못하고 우리가 막연히 통일을 지향하거나 북한을 흡수통일 할 수 있다거나 북한이 붕괴할 것이라는 헛된 희망적 사고에 사로잡혀 있는 한 우리의 안보는 더욱 위험해지고 전쟁의 가능성은 더욱 높아질 것이기 때문이다.

앞으로 통일정책이나 북한과 우호, 협력관계를 추진하는 것이 얼마나 허황되고 불합리한 일인지는 작금의 국제정세를 조금만 짚어보면 쉽게 알 수 있는 일이다.

첫째 북한은 사실상 핵보유국이고 핵을 포기할 가능성이 없다고 판단된다. 그러면 통일은 불가능한 일이 된다. 북한이 핵을 가진 채 미국과 화해하거나 핵을 가진 북한을 두고 일본이 한반도의 통일을 지지할 리가 만무하다.

둘째 한반도를 둘러싼 신냉전 구도는 날이 갈수록 더 강고해질 것이다. 즉 미·중 간의 패권경쟁은 더욱 장기화될 것이고 소위 한·미·일 남방 삼각연대와 북·중·러 북방 삼각연대 간의 대립 구도는 더 심화될 것이다. 말하자면 한반도 통일을 위한 남·북한 간의 내부 구심력도 약화되는 가운데 이를 거스르는 외부 원심력은 더욱 강해지는 형국이 될 것이다. 이런 정세 속에서 우리가 통일이나 화해, 협력을 지향한다면 우리의 헛된 열망을 주변 국가들은 이용하려 할 것이고 이로써 우리가 지불해야 할 외교·안보적 비용만 점증하고 결국 성과도 없을 것이다.

셋째 북한은 핵보유국 지위를 기정사실화하고 심지어 핵을 선제사용할 수도 있다고 천명하였다. 지난 90년대 이후 열세에 있던 남북한 관계를 북한은 핵무장을 통해 역전시킬 수 있다고 판단할 수 있다. 더 나아가 북한은 핵공갈이나 제한적 핵무력 사용을 통해서 남한의 적화통일도 가능하다고 생각하면 남·북 대화에 순순히 응해 올 리도 만무하다. 이런 상태에서 우리 내부에서 통일과 화해, 협력을 위한 헛된 소망을 가지고 서로 정쟁만 일삼으면 우리 결속력을 우리가 갉아먹는 우를 범하는 꼴이 된다.

이런 제반 상황을 고려할 때 이제는 남북한 통일과 화해, 협력을 지향하기보다는 남북한 관계를 새로운 틀에서 재정립하는 방안을 고민해야 할 때이다. 즉 남북한 관계를 남북 기본합의서에서 규정한 '통일을 지향하는 잠정적 특수관계'로 두지 말고 정상국가 간 관계로 만들자는 말이다. 남북한이 유엔 회원국이니까 유엔 헌장에 따라 양국관계를 규율하면서 특수

관계라는 비정상적인 성격으로 인해 발생하는 모든 비용과 위험을 제거할 필요가 있다.

사실 1992년 남북한이 유엔에 동시 가입할 때 이미 두 개의 국가가 한반도에 존재한다는 것을 국제적으로 인정받았고 그것이 또한 현실이다. 남북한 각자 유엔 회원국일 경우 두 나라는 양국관계는 유엔 헌장 3,4조에 따라야 하는데 이는 "양국은 분쟁을 평화적 수단에 의해 해결해야 하며 유엔의 목적과 양립하지 않는 어떤 방식으로도 무력 위협이나 행사를 해서는 안 된다."라는 규정을 따라야 한다는 말이다.

물론 북한이 유엔 회원국 의무를 준수하리라 기대하기도 쉽지 않겠지만 우리는 남북한 모두를 위해서도 남북한 관계를 정상국가 관계로 변화시키자는 제안을 해야 한다. 정상국가화로 관계를 변환하면 다음과 같은 이점이 생겨날 수 있다. 우선 북한이 늘 미국을 자국에 대한 최대 안보위협으로 여기는 것은 미국이 북한을 국가로 인정하지 않고 기껏해야 '불량국가'로 여기거나 '무너져야 할 정권'으로 규정하고 있기 때문이라고 주장한다. 그러므로 그 실상이 어떻든 북한을 정상국가로 간주하고 그렇게 대해주면서 유엔 회원국으로서 의무를 준수하도록 요구하는 편이 북한의 태도 변화를 유도하는데 유리할 수 있다.

우리는 그동안 북한의 비핵화와 통일외교를 위해 우리의 외교·안보적 자산을 너무 허비해왔다. 블랙홀처럼 우리의 소중한 자산을 탕진하게 만드는 성취불가능한 통일과제에 더 이상 우리가 매몰되지 말아야 한다. 남북한 관계 정상화로 한반도 안정을 확보한 후, 우리는 험난해지는 국제정세 속에서 우리가 헤쳐나갈 길을 찾는 데 주력해야 할 것이다. 이제 한반도를 넘어서 세계를 바라보며 우리 안보를 챙겨야 할 시점이다.

남북한이 특수관계인데다 아직 정전상태에 있기 때문에 북한의 무력도 발이나 침투는 정전협정 위반에 속하는 문제가 되어 북한은 도발에 대한 심리적 부담이 적을 것이고 우리도 강경대응하기 어려운 측면이 있다. 북한이 우리에 대해 심하게 경멸적인 언사를 사용해도 우리는 특수관계라는 측면에서 이를 감내하는 성향을 지난 정부에서 보여왔다. 이는 국가존엄성을 심히 훼손하는 일이고 우리 국민의 자존심에도 심각한 상처를 남긴다. 남북한 관계를 정상국가 간 관계로 바꾸면 남북한이 향후 서로 내정간섭하지 않고 무력도발을 하지 않으면서 상대를 존중은 아니더라도 덜 적대시하게 될 것이다. 그리고 우리도 우리에게 도발을 가하는 국가에 대해서는 강경대응을 할 수 있을 것이다. 그러면 한반도 정세는 훨씬 안정화될 것이고 국제정치에서 우리가 이용당하는 일도 줄어들게 될 것이다. 남북한 관계를 북한의 비핵화를 전제로 한 '담대한 구상'으로 바꾸려 하기보다는 차라리 정상국가 간 관계로 변경함으로써 한반도 안정을 도모하고 전쟁을 회피하는 길이 더욱 대담하고 창의적인 발상이 될 것이다.

아무나 흔들 수 있는 나라, 대한민국

2023.4.25.

1993년 우리나라에서 소위 '문민정부'가 들어서고 지금까지 7번 정권이 바뀌며 30년의 세월이 흘렀다. 그동안 과거 각 정권은 나름 국가전략을 개발하고 이에 기반한 외교안보 정책을 추진해왔다. 그리고 북한 핵위기도 김영삼 정부 첫해 발생한 후 벌써 30년이 지났고 각 정권마다 이 문제를 해결하기 위해 우리의 외교안보 역량을 쏟아부었다.

그러나 우리의 외교안보 환경은 30년 전보다 나아졌다기보다 오히려 더욱 불안한 방향으로 나아가고 있다. 남북한 관계는 그 어느 때보다도 험악한 강대강 대치국면으로 들어가고 있다. 그리고 새로이 형성되는 신냉전 구도 속으로 한반도가 빨려 들어가면서 이 땅에서 전쟁 발발 가능성이 점차 높아지고 있다. 북핵문제와 관련해서도 한반도의 핵위기가 해결되기는 커녕 더욱 악화되고 있다. 이제 북한은 소형 핵탄두를 자신이 보유한 다양한 투발수단에 탑재하여 폭발시키는 시험을 진행하고 있어 사실상 핵무기 실전배치가 임박한 형국이다. 바야흐로 우리 안보는 백척간두에 서 있다고 볼 수 있다.

역대 정권이 다들 남북한 관계를 개선한다는 목표를 세우고 북핵문제

해결을 위해 자원을 집중투입하였고 미·중 관계도 잘 관리해 보겠다는 의욕을 보였다. 그러나 두 분야 모두 제대로 관리되지 못하고 상황은 악화일로의 길을 가고 있다. 각 정권 초기에는 다들 낙관적인 전망과 국민들의 기대 속에 외교·안보 공약과 정책을 발표했다. 그렇지만 결국 각 정권이 제대로 된 성과도 남기지 못한 채 오히려 다음 정권에 더 부담만 남기고 떠나는 이유는 무엇일까? 무엇이 잘못되어 국민들을 안심시키기는커녕 모든 국민들이 불안에 떨고 자신의 안위를 각자가 궁리해야 한다는 생각마저 갖게 만들까?

물론 큰 원인은 외부에 존재하는데 첫째 미·중 간 패권경쟁이 격화되면서 양측에 끼인 우리나라로서는 운신의 폭이 넓지 않았기 때문이다. 둘째는 북한이 긴 협상 과정에도 불구하고 핵을 포기하려는 의사가 처음부터 희박하였다는데 기인한다.

그렇지만 이런 외부적 원인에다 우리 내부적 원인이 가세하여 상황이 더 어렵게 되었다는 게 솔직한 진단이다. 우리 내부에서 외교·안보정책을 다루는 핵심세력들이 변화하는 국제정세를 보는 눈과 우리 국가정체성에 대한 인식이 부족하여 이런 현상이 초래되었다고 볼 수 있다. 그리고 외교·안보정책을 너무 주관적 판단과 이념적 정향성 위에 두고 추진하였다는 점도 이런 난맥상을 초래한 한 원인이다. 그리고 대외정책을 정권교체시마다 급선회하는 것도 모자라 한 정권의 집권 중반기에서도 갑자기 급발진하는 현상을 보인 것도 그 원인의 하나다.

먼저 우리는 미·중 간의 패권경쟁이 15여 년 전부터 본격 태동되었음에도 불구하고 이를 애써 무시해왔다. 우리가 미·중 양측으로부터 이익을 얻을 수 있을 것이란 판단 하에 전략적 모호성을 국가전략으로 너무 오래 유지해왔다. 우리가 한때는 미·중 양측으로부터 러브콜을 받을 수 있는 나라라고 착각하기도 했다. 또한 북한 핵문제 해결을 위해 중국의 협조를 얻을 수 있다고 여겼다. 게다가 중국의 거대시장에 의존해서 계속 성장해야 하기에 중국에 저자세를 할 수밖에 없고 안보는 미국에 의존해야 하니 미국의 눈치를 봐야 한다고 생각했다. 그러나 전략적 모호성이란 전략은 양측을 다 만족시키기보다는 양측으로부터 다 의혹의 눈길을 받게 만들었다. 그러다 보니 정권이 바뀔 때마다 더욱 미·중 양국 요구에 순응하는 방식으로 양측과 관계를 무마해 보려는 경향을 보였다.

그리고 점차 험난해지는 국제정세의 파고 속에서 한반도가 분열되어 있으면 우리 민족은 외세가 손쉽게 이용할 수 있는 전략적 수단이 되는 셈이고 우리는 그들의 대결구도 속에 곤마로 전락하게 되고 만다. 그리고 이 냉전구도에 편입되면 우리 민족은 반도국가로서 지정학적 정체성을 회복하지 못하고 통일은 거의 불가능에 가까워지게 된다. 이로 인해 우리가 치러야 할 기회비용은 엄청나게 늘어나게 된다. 남북한 화해, 협력 정책이 이런 지정학적이고 전략적 관점에서 추진되기보다는 이념적 정향성에 따라 북한을 너무 믿거나 너무 불신하는 양 극단을 오갔다. 그래서 정책 일관성은 커녕 정책 혼선만 불러일으키고 우리 내부갈등만 증폭시켰다.

우리가 대외정책을 다루는 방식도 허술한 점이 많다는 점을 자인해야 한다. 협상에 있어서는 상대의 의도를 정확히 간파하고 이에 대응하는 전략을 치밀하게 작성하여 협상에 임해야 한다. 그런데 정권의 이념적 정향성에 따라 상대를 너무 주관적으로 재단한 선입견을 가지고 달려들 때가 많았다. 또한 상대의 선의를 너무 기대하는 희망적 사고를 가지고 협상에 임하여 우리의 희망과 거리가 먼 결과를 초래하는 서투름도 자주 보였다.

모든 나라들은 상대국을 자국에 유리한 방향으로 영향을 미치고 이용한다는 것이 국제정치의 기초상식임에도 우리는 종종 상대가 영원히 우리 편이 되어 우리에게 좋은 결과를 가져다줄 것이라는 믿음 속에 협상을 하기도 하였다. 정확한 진의를 파악하고 우리의 실존적 요구를 전달하는 것까지도 상대에 대한 무례로 여기고 이를 자제하는 억제심리를 우리 스스로 발동하는 게 관행이 되다시피 했다.

　이런 내부적 요인이 가세하면서 우리는 지난 30년간 정권이 바뀔 때마다 외교·안보정책은 좌, 우로 가변성의 진폭을 심하게 보여왔다. 그 결과 우리의 정책은 외국으로부터 신뢰를 받지 못하고 국론도 극명하게 양분화되어 '아무도 흔들 수 없는 나라'가 아니라 '아무나 흔들 수 있는 나라'가 되어버렸다.

　앞으로 더욱 험난해지는 국제정세 속에서 이런 진폭이 많고 정체성이 결핍된 정책을 계속 구사할 경우 우리는 국제사회에서 더 고립되고 한반도는 전쟁의 가능성 속으로 몽유병 환자처럼 걸어 들어갈 가능성이 높다. 역사에서 우리가 몇 번의 국난을 당했을 때도 우리 선조들도 변화하는 외부정세를 제대로 파악 못하고 내부분열로 인하여 진폭이 심한 정책을 구사하다가 그런 변을 당했다.

　국가경영도 기업경영과 마찬가지로 기존 투자분이 아까워도 장기적 경기전망이 어두울 때는 부진한 부문은 과감히 손절매하는 용단이 필요하다. 새로운 사업구도를 만들 때 새로운 상대에게 확실한 신뢰를 심어주는 대신 상대로부터 기회비용을 벌충할 수 있는 이익보장을 확실히 받아내어야 한다. 쉽게 손절매할 수 없는 경우라면 사업구조를 과감히 재조정해야 한다. 과거와 같은 방식으로 거래를 계속할 경우 상황은 더욱 악화될 것이란 판단이 서면 상대에게 구조조정에 협력하든지 거래중단을 택하든지를 선택하라고 요구할 수도 있어야 한다. 이런 중요한 사업방식 변경은 소유주가 갑자기 혼자서 내릴 것이 아니라 이사회를 통해 깊이 있는 검토를 하고 이사회 구성원 모두의 합의를 바탕으로 정해져야 한다. 국가경영, 특히 외교·안보정책은 상대가 있는 위험한 게임이다. 국가경영은 예로부터 작은 생선 굽듯이 조심스럽게 해야 한다고 했는데 5년마다 이를 계속 뒤집어버리면 생선 살이 남아날 수 없다. 어려움을 겪고도 이를 알아채지 못하면 어리석은 자이고 일을 당하고 고치면 보통사람이라 했고 일이 닥치기 전에 미리 예견하고 바꾸면 지혜로운 자라 했다. 우리는 이 셋 중 어디에 속하는가?

진정한 한미동맹 2.0이 되려면

미국의 준자동개입, 즉각대응 체제 확보

2023. 5. 25.

올해는 한미동맹 70주년을 기념하는 해이고 지난 4월 말 윤석열 대통령이 미국을 국빈 방문하여 융숭한 대접을 받은 것은 동맹 70주년을 기념하는 의미도 있었다. 동맹 70주년이라는 말은 '한미상호방위조약'이 1953년 7월 체결된 지 70년이 되었다는 말이다. 이번 윤대통령의 방미 결과로서 미국의 확장억제 의지를 분명히 한 '워싱턴 선언'이 채택되었고 이 선언을 '제2상호방위조약'으로 보는 평가도 있다. 기존의 방위조약이 재래식 공격을 상정한 것이라면 '워싱턴 선언'은 북한의 핵 공격 가능성에 대한 미국의 방어 의지를 선언한 것이기에 이런 해석이 가능할 수도 있다.

그리고 이번 정상회담에서 채택된 공동성명문을 보면 양국 간 동맹을 '글로벌 포괄적 전략동맹'으로 격상하여 동맹의 적용 범위를 한반도를 넘어 인도·태평양 지역으로 확대한다는 내용도 포함하고 있다. 양국은 21세기 인류가 당면한 여러 도전에 대응하기 위한 연대를 강화하고 첨단기술 분야와 공급망 재편에서 협력을 확대할 것을 천명하였다. 한미동맹이 단순한 양국 간 안보동맹에서 지역동맹, 기술동맹으로 진화하는 미래상을 공동성명으로 제시하였다고 볼 수 있다.

최근 기존의 국제체제와 질서의 밑그림이 바뀐다는 말이 있을 정도로 국제정세가 급격히 변해가는 대변환 시대를 맞이하여 한미동맹도 이에 발맞추어 진화해 나가는 것은 당연하고도 필요한 일이다. 그러나 미래 한미동맹의 윤곽이 미국의 국익에도 부합해야 하지만 우리의 국익에도 잘 부합되게 진화시켜 나갈지에 대한 우리의 고민이 깊어져야 할 때이다. 이런 관점에서 우리는 한미상호방위조약이 체결되었던 1953년 당시 상황 논리와 그 이후 이어지는 우리 정부들의 방위조약 강화노력들을 짚어보고 이런 노력들이 시사하는 바를 앞으로 어떻게 구현해 나갈지 고민해야 한다.

　한국전이 막바지로 치닫던 1953년, 미국은 상황을 전쟁 이전 상태로 되돌리는 선에서 휴전하려고 공산측과 협상을 하고 있었다. 당시 이승만 대통령은 통일을 이루지도 못한 채 휴전만 하고 미군이 떠나 버리면 한국의 안전은 풍전등화라고 생각하였다. 그래서 휴전에 앞서 미국이 한국의 안보를 보장해주는 상호방위조약을 체결하지 않고서는 휴전에 응할 수 없다고 버텼다. 조속한 휴전을 원하는 미국이 다양한 회유와 압박을 가했음에도 이대통령은 상호방위조약 체결 외에 한국군 증강, 상당한 경제원조 등 다양한 요구를 휴전과 맞바꾸려 하였다. 더 나아가 이대통령은 안보구도가 불안한 채로 휴전을 맞느니 한국군이라도 유엔군 작전지휘권에서 벗어나 단독북진을 하겠다는 엄포도 서슴지 않았다. 이런 이대통령의 일탈을 두려워하여 미국은 이대통령을 제거하려는 계획에버레디 플랜을 마련하기까지 했다. 53년 6월 이대통령이 기습적인 반공포로 석방이라는 초강수를 두자 미측은 이 계획을 실제 집행할 뻔했다. 이대통령이 이러한 벼랑 끝 전술을 쓴 것은 오로지 더 유리한 조건으로 상호방위조약을 휴전이 되기 전에 체결해야 한다는 냉철한 계산이 있었기 때문이다.

이대통령의 이런 초강수에도 불구하고 당시 미군 지도부들은 양국간 방위조약 체결에 부정적이었고 특히 이대통령이 요구하는 자동개입조항의 삽입은 절대 안 된다는 태도였다. 박정희 대통령도 월남파병을 해주는 대가로 자동개입 조항을 확보하려 하였으나 실패했다. 미군이 이런 부정적인 입장을 보인 이유는 휴전 후 남북한 간의 충돌로 인해 미국이 전쟁에 다시 연루될 가능성도 염려하였지만, 동아시아 안보 구도에서 한국의 전략적 가치가 그리 높지 않다고 평가했기 때문이다. 그리고 한국전 초기에 목도하였듯이 한국은 방어종심이 짧아 적시에 방어하기가 어렵다는 점도 한 이유였다. 그래서 미군은 한국이 다시 침략받으면 유엔 16개국이 재참전한다는 선언 정도만 한국 측에 약속해주고 마무리 지으려 했다. 이러한 미군의 견해에도 불구하고 미 국무부가 휴전을 성사시키기 위해서는 상호방위조약 체결이 불가피하고 그 시기는 휴전 이후로 한다는 방침을 정하는 바람에 결국 휴전 후 3개월 뒤에 한미동맹이 출범하게 된다.

한미동맹 성립과정을 되돌아보면서 우리는 미국의 전쟁 지도부가 생각하는 한국의 전략적 가치에 대해 곰곰이 생각해 보아야 한다. 미국은 20세기 초반부터 지속적으로 한반도의 전략적 가치를 일본을 방어하기 위한 방파제 정도 이상의 의미를 부여하지 않았다. 따라서 한반도가 미국의 국익과 직결된다고 보지 않았다는 점을 우리는 간과하지 말아야 한다. 물론 최근 미·중 간 전략적 경쟁이 격화되면서 남한의 전략적 가치는 높아지고 있지만 그래도 미국의 국가전략에 필수적 요소는 아니라는 점을 염두에 두어야 한다. 이것이 미국의 기본 국가전략이라면 우리는 앞으로 트럼프와 같은 유형의 대통령이 나타날 가능성에 대비하여 한미동맹을 더욱 우리에게 유리한 방향으로 강화시켜 놓아야 한다. 즉 이대통령이 방위

조약을 강력히 요구한 것은 미국이 향후 한국을 내버릴까 하는 우려가 있었기 때문인데 미국 기본 전략구상을 감안한다면 이는 완전한 기우가 아니었던 것이다. 미국은 동아시아에서 한·미·일 삼각안보구도를 완성시키고 일본에 더 많은 안보부담을 지게 한 다음 미국의 안보부담은 줄이려 하는 구상을 늘 가지고 있다.

이런 상황을 감안하여 한미동맹을 더 강화시키기 위해서 우리는 이승만, 박정희 대통령이 줄기차게 시도하였던 상호방위조약에 자동개입 조항 삽입과 같은 동맹강화 노력을 기울여야 할 필요가 있다. 즉 미국이 유사시에 한국 방어를 위해서 미국의 헌법적인 절차에 따라 필요한 승인을 다 거치지 않고도 즉각적으로 미군이 참전할 수 있는 안전장치가 필요한 것이다. 물론 주한미군 존재 자체가 인계철선 역할을 한다는 주장도 있지만 미군의 평택기지 이전으로 인해 이것도 확실치 않다. 미국이 아시아판 NATO를 만들려는 복안을 가지고 있다면 아시아 국가들에게도 NATO 회원국과 같은 집단안보 공약이나 핵공유 정책을 제시해줄 필요가 있다. 미국이 이런 성의를 보일 때 우리도 미국이 원하는 것처럼 한미동맹을 한반도를 넘어 인도·태평양 지역으로 적용 범위를 좀 더 확장할 수 있을 것이다. 사실 현 상호방위조약에도 미국이 관할하는 태평양상 영토가 공격을 받을 경우 우리가 지원해야 할 의무가 명기되어 있다. 그럼에도 불구하고 우리 국민들은 한미동맹이 대북억지용이고 한반도에만 적용된다고 믿고 있기에 실제 우리 군이 지역동맹 활동을 수행하려면 국민을 안심시키는 조치가 필요하다. 말하자면 우리 배후안보를 더 강화하는 조치가 필요한 것이다. 한미동맹의 적용 범위를 한반도 이남으로 확대하려면 북한으로부터 공격에 대한 방비책을 확실히 해두어야 한다는 말이다.

지난 4월에 채택된 '워싱턴 선언'도 북한의 핵도발에 대한 강력한 경고 메시지는 담고 있으나 미국의 핵우산 사용은 결국 미국의 결정에 달려있음을 확인한 셈이다. 유사시에 한·미 간 협의를 하긴 하지만 북한 도발에 대한 즉각적인 대응체제가 가동되기는 힘든 구조이다. 이 선언도 앞으로 양국 간 협의를 거쳐 더욱 즉각적인 실행력이 담보되는 방향으로 문서화시켜나갈 필요가 있다. 아니면 선언은 결국 선언에 그칠 가능성이 늘 있는 것이다. 미래동맹, 글로벌 동맹의 방향성은 맞지만, 우리 안보에 실질적인 도움이 되는 장치를 확보하는 것이 더 급선무다. 이승만, 박정희 정부들은 성공은 못 했지만 이를 위해 줄기차게 노력을 기울인 것은 사실이다. 이것이 잘 안되자 우리 안보를 보장하기 위한 독자적인 행동에 착수하기도 하여 미국의 견제를 받기도 하였다. 이처럼 국익, 특히 국가안보에 하나의 빈틈도 남기지 않겠다는 것이 보수정부가 지켜야 할 본분이 아닌가 한다. 50년대 미국의 최강 동맹국인 영국과 프랑스도 미국의 핵우산을 완전히 믿지 못하여 미국의 핵우산에도 불구하고 제 갈 길을 갔다. 우리도 우리가 궁극적으로 가야 할 길을 미리 고민해야 할 때이다. 케네디 대통령 말처럼 내치에 실패하면 선거를 잃지만 외교에 실패하면 나라를 잃는다.

미래 한미동맹이 제대로 작동되려면

2024. 3. 27.

한국전의 포연이 걷히면서 한반도에서 전쟁의 재발을 막기 위하여 한미간에 상호방위조약을 체결한 지 70여 년이 경과하였다. 이 조약체결로 한미동맹이 형성되었으며 한미동맹은 역사상 가장 성공한 동맹으로 평가되고 있다. 역사상 보통 양국 간 동맹의 평균수명은 5년 정도로 알려져 있는데 한미동맹은 70년을 장수한 드문 동맹의 하나로 기록된다.

한미동맹은 우리의 안보를 지켜줄 뿐 아니라 동북아 정세 안정에도 기여하고 있다. 한미동맹이 체결되기 이전 70년 동안에 한반도에서는 5번의 전쟁이 발발하여 국토가 유린되었고 동북아 세력균형에도 큰 변화가 있었다. 그러나 한미동맹을 체결한 이후 70년간 한반도에서 전쟁이 발생하지 않았고 동북아 지역에서도 안정이 유지되고 있다.

한미동맹이 체결될 당시 한·미 간 국력 격차가 엄청났기에 양국은 후견자-피후견자 관계 속에서 동맹을 맺었다. 일반적인 동맹의 경우에는 양국이 상호 안전보장이란 동종의 이익을 교환하는데 비해 한·미 간에는 다른 이익을 교환하였다. 한미동맹은 체결 당시부터 본질적으로 비대칭적 동맹이며 우리는 안보를 보장받는 대신 전략적 자율성이 제약당하는 것을 받아들였다. 이런 까닭에 처음부터 줄곧 미국은 한반도에서 전쟁에 연루될 위험성을 걱정하였고 우리는 미국의 보호막에서 방기될 위험성을 걱정해야 했다.

한미동맹의 덕택에 우리는 경제발전에 집중할 수 있어 우리 경제는 사상 유례가 없던 속도로 발전하였으며 또한 민주화도 달성하였다. 그 결과 한국은 미국이 주도하였던 자유민주주의 질서의 총아로 발돋움하였다. 이런 한국을 미국은 동맹의 성공사례로 여기고 전 세계에 자랑스럽게 소개하기도 하였다. 이러한 한미동맹의 성공담에도 불구하고 급격히 변화하는 국제정세 속에서 한미동맹의 굳건한 미래를 위해서 우리는 몇 가지 점을 되짚어보아야 한다.

우선 미·중 간의 전략적 갈등이 심화되고 미국이 변화하는 가운데 만약 트럼프가 다시 집권한다면 그 뒤에도 한미동맹이 제대로 작동할 것인지를 짚어봐야 한다.

동맹의 신뢰성, 즉 전쟁이 발발한 경우에도 동맹이 실제로 작동하느냐 여부에 대한 연구를 한 학자가 있다. 사브로스키는 1816–1965년까지 동맹 공약이 전쟁 중 잘 이행되는지에 대한 연구를 진행하였다. 그 결과 177개의 동맹국 중 48개국만 동맹의무를 이행하였고 108개국은 중립 정도는 유지하였다. 그러나 반대로 21개국은 동맹을 배신하고 반대편에 가담한 사례도 존재하였다. 연구 결론은 막상 전쟁이 발발하면 동맹이 정상 작동할 가능성은 반 정도밖에 안 된다는 것이다.

한미동맹은 NATO와 같은 자동개입 조항 없고 전쟁이 발발하면 미국의 헌법 절차에 따라 의회 승인을 받아야 미군의 참전이 가능하다. 주한미군이 휴전선에 주둔하고 있을 때는 인계철선 역할을 하였다고 하나 평택으로 재배치 된 이후에는 그 효과도 반감되어 버린 상태이다. 이런 한미동맹의 작동 메커니즘을 들여다보면 미국 당국자의 발언만 믿지 말고 동맹의 작동 신뢰성을 높이기 위해 우리가 더욱 노력해야 한다는 것을 알 수 있다.

미국은 남·북한 간 무력충돌에 연루되는 것을 회피하는 정책을 동맹조약 체결 이후 계속 견지해왔다. 지난 50년간 6차례 북한의 도발에 대해 미국은 확전방지에 초점을 두고 사태를 수습하는데 급급한 면이 있었다. 미군 장교 2명이 처참히 살해된 76년 판문점 도끼만행 사건 때에도 우리 측의 응징결의에도 불구하고 미국은 충돌원인을 제공한 미루나무만 절단하는 상징적 조치로 분풀이하는데 그쳤다. 과거 소규모 재래식 충돌에 대한 보복도 회피한 미국이 현재 우리에게 확장억제를 약속하고 있다. 이는 북한이 핵무기를 사용하였을 때 미국이 동맹의무에 따라 핵무기를 사용할 것을 상정하고 있다. 과연 미국의 대도시가 북한 ICBM 공격을 받는데도 불구하고 확장억제가 자동 발동될 것인가에 대한 한국의 의구심은 점증하고 있다. 특히 올 11월에 트럼프가 대통령으로 당선될 경우 동맹의 필요성에 대해 미국이 엄격한 재평가를 할 것으로 예상되어 우리의 불안감은 더 커질 것이다.

트럼프는 지난 2월 "NATO 회원국이 방위비를 지불하지 않으면 러시아의 침공을 장려하겠다."라는 폭탄발언을 하여 회원국들을 긴장시켰다. 사실 유럽 회원국들이 미국에 방위비를 지불할 의무는 없으니 트럼프의 요점은 각국이 미국에 의지하지 말고 국방비를 증액하여 자주국방 태세를 갖추라는 것이다.

트럼프의 집권여부를 떠나서도 미국의 패권 쇠퇴현상을 감안할 때 한미동맹을 미래지향적으로 발전시켜야 할 시점이 어차피 왔다. 한미 양국은 후견-피후견인 관계를 벗어나 이제 대등한 안보 파트너가 되어야 한다. 우리가 미국의 일방적 보호를 받는 자세에서 벗어나 미국을 도울 수 있을 때는 돕겠다는 자세로 전환해야 한다.

미래동맹 발전을 위해 세 가지 방안이 있을 수 있다. 첫째 동맹으로서 우리의 효용성과 신뢰성을 증대시켜야 한다. 이를 위해서는 '1) 방위비 분담금 상향 조정 2) 대만해협, 남중국해 합동훈련 참가 3) 한·미·일 공동 방위 태세 확장 4) 한·미 간 방산장비 공동생산'이라는 카드를 우리가 미국에 선제적으로 제시하면 좋을 것이다.

둘째 한미상호방위 조약의 지리적 적용범위를 확장하는 것을 전향적으로 검토해야 한다. 우리 국민들은 한미동맹이 북한침공 시 미국이 일방적으로 한국을 보호하는 데 그 목적이 있는 것으로 알고 있다. 그러나 방위조약의 원문을 보면 '태평양 일원에 있는 당사국의 행정관할 구역에 대한 공격시 동맹의무가 상호적으로 발동'하도록 되어 있다. 다시 말하면 괌의 미군기지가 타국에 의해 공격을 받았을 경우 우리가 그 공격국에 공동으로 대항하는 의무가 있는 것이다. 그러므로 이런 가능성에 대한 국내적 인식과 준비태세를 지금부터 개선해 나가야 한다. 동맹의 공동위협에 대한 인식이 당사국 간에 달라지면 동맹은 당연히 약화된다. 미국은 태평양 지역 내 안보위협 대상국으로 북한을 넘어서 중국을 지목하고 있다. 따라서 한미동맹의 적용범위도 한반도를 넘어서 태평양으로 확장되어야 한다. 사실 2003년부터 미국은 한·미 간 미래 동맹사안 협의시 주한미군의 역할을 북한의 남침에 대한 억제자보다는 지역의 안정자 역할로 변경하고 주한미군의 전략적 유연성을 확보하려고 했다.

셋째 우리의 핵잠재력 확보를 미국에 요구하고 이를 위한 한미 원자력 협정 등을 개정하여야 한다. 북한의 핵공격에 대한 미국의 자동개입이 불확실해진다면 최후의 생존수단을 우리 스스로 확보해야 한다. 북한에 대한 핵위협을 우리 혼자 방어할 수 있을 경우 미국에 대한 의존성이 완화되어 미국의 국익에도 도움이 된다는 점을 미국이 알게 해야 한다. 강해진 한국은 동북아 지역 안보지형 전체 구도상 미국에도 유리한 면이 있으므로 미국을 설득해 볼 만하다.

한미동맹에 대한 우리의 자세전환이 없으면 트럼프 집권 후 분담금 증액이 아니라 주한미군 철수 카드가 우리 앞에 날아들지도 모른다. 트럼프의 입장은 개인의 소신이라기보다는 약화되는 미국의 지위를 인식한 국민정서를 반영한 것이다. 변화하는 상황에 맞게 한미동맹의 역할을 일방적에서 쌍무적 관계로 재조정해 나가야 동맹의 생존력을 높일 것이다.

한편으로 트럼프가 집권한 후 동맹 경시 경향을 드러낼 때 미 정부에게 앞으로 중·러와 같은 권위주의 진영과의 경쟁은 동맹결성 또는 동맹와해라는 세력경쟁 게임임을 인식시켜야 한다. 자유주의 진영의 동맹국이 없는 미국은 벌판에 홀로 우는 늑대 신세가 될 것이다. 동맹의무를 쉽게 포기하면 미국은 유라시아 대륙은 물론 서태평양에서도 후퇴가 불가피해 고립된 국가가 된다. 이런 지정학적 세력경쟁 구도를 미국이 이해하도록 만들어야 하며 지정학 게임에서 우리가 미국을 도울 용의가 있다는 점을 분명히 할 필요가 있다. 그래야 새로운 70년간 미래동맹이 제대로 작동될 것이다.

점점 작아지는 우리 외교 스케일

2024.4.26.

유명한 역사학자 토인비는 "인류의 역사는 도전에 대한 응전으로 이루어져 왔다."라고 하였다. 마찬가지로 한 나라의 외교정책도 국내 정치적 요인만으로 결정되는 것이 아니고 국제환경의 변화에 대응하는 과정에서 도출된다. 이런 도전과 응전의 도식은 강대국이나 약소국이 아니라 우리와 같은 중강국에게 더욱 의미 있게 적용된다. 강대국은 자신의 국익을 국제사회에 일방적으로 투사할 수 있어 정세변화에 무관심하고 약소국은 아예 대응수단이 없으므로 정세변화에 순응할 수밖에 없다. 그러나 중강국들은 국제정세 변화에 영향을 많이 받는 동시에 이런 변화를 제어할 수 있는 수단도 있으니 이런 응전의 자세를 가지는 것이 당연하다.

건국 이후 역대 우리 정부들도 급격한 외부환경의 변화를 경험했고, 국가적 위기 상황도 몇 차례 경험하였다. 당시 각 정부는 이런 정세에 대응하여 새로운 정책을 가지고 능동적으로 대응하면서 어려운 국면을 뚫고 나온 전력이 있다.

우리 외교사에서 예를 찾자면 한국전 발발시 동맹외교, 월남전 참전 외교, 닉슨 독트린과 미군철수 대응외교, 일본과 안보경협자금 협상, 그리고 냉전체제 붕괴 무렵의 새 물결을 탄 북방외교 등이 이러한 도전-응전 사례에 부합되는 경우라 할 수 있다.

이 당시 우리의 대응을 보면 국제정세 변화에 따른 발빠른 대응과 현명한 선택을 하였고 때로는 상대국의 허를 찌르는 조치들을 선제적으로 취하는 능동적 외교를 보여준 경우도 있었다. 구체적 사례를 들자면 이승만 정부 당시 이승만 라인을 전격 선포하고 일본 어선의 조업을 금지하여 우리 수산업 이익을 지킨 일이 있다. 그리고 한미상호방위조약 체결에는 부정적이면서 휴전부터 하려는 미국을 압박하기 위하여 반공포로를 석방한 이승만 정부의 조치도 벼랑 끝 외교의 원조로 볼 수 있다. 그리고 박정희 정부 시절에 유럽의 대륙붕 분쟁에 대한 국제해양법 재판의 결과가 우리에게 유리하게 난 것을 간파하고 우리가 7광구를 일방적으로 설정한 적이 있다. 허를 찔린 일본이 우리에게 매달리다시피 하여 우리가 7광구를 공동개발 구역으로 변경해 준 사실도 있다.

한미동맹이 우리 안보의 근간이지만 이전 정부들은 한·미 간 국익의 편차가 존재할 때는 우리 국익을 지키기 위하여 미국과 강경한 대치, 협상을 마다하지 않은 경우도 꽤 존재한다. 이승만 정부 당시 미국은 우리가 일본과 화해하고 국교를 수립하도록 압력을 가했으나 우리는 예비회담만 열어 놓고 공전시키며 이를 회피하였다. 박정희 대통령 때에도 미국의 방위공약에 대한 의구심이 들자 독자적인 방산체제를 구축하고 핵무기 개발을 시도한 적도 있어 미국의 미움을 샀다.

우리의 동맹, 우방국들과의 교섭에 있어서도 우리의 실리를 챙기기 위하여 의외의 패를 꺼내어 우리 경제발전을 뒷받침한 외교전도 전개하였다. 월남전 파병 구상도 이승만 대통령이 먼저 미국에 제의한 것이다. 이를 바탕으로 박정희 대통령이 케네디 대통령을 처음 만날 때 미국을 떠본다. 그 후 존슨 대통령이 월남참전을 결정하면서 우리에게 파병을 부탁하자 양국은 협상에 들어간다. 4차례에 걸친 월남파병을 하면서 각 단계마다 우리는 우리 국익을 최대한 챙기는 교섭을 진행하였고 이때 벌어들인 외화는 경제발전의 마중물이 되었다. 그리고 우리 군의 장비 현대화가 이루어지고 우리 기업들의 해외진출도 처음 이루어지게 된다. 전두환 정부 때는 일본이 우리 덕분에 안보에 무임승차한다는 논리를 내세워 일본이 우리에게 안보경협자금 100억 달러를 제공해야 한다고 압박하여 40억 달러를 받아낸 전력도 있다.

또한 우리 외교지평을 넓히기 위하여 국제정세의 변화를 재빨리 간파하고 이 흐름에 편승하여 새로운 이니셔티브나 선언 또는 정책 등을 제시하며 창의적 외교를 전개한 사례도 다수 존재한다. 미국이 중국과 수교하고 소련과 데탕트 조짐을 보이자 박정희 정부는 강경한 반공정책을 포기하고 6.23 선언을 통하여 공산권 국가들에게 문호를 개방하였다. 그리고 남북한 간에도 7·4 공동성명을 통하여 교류, 협력을 시작한다. 노태우 정부 때도 우리가 먼저 북한에 제안하여 남북 기본합의서와 한반도 비핵화 선언도 만들어 내었다.

대담한 정책전환인 노태우 정부의 북방외교는 우리 외교의 금단지역이었던 구 공산권 국가들과 국교를 맺기 위하여 우리가 먼저 주도권을 가지고 움직였다. 미국은 처음에는 반대하였으나 우리는 미국을 설득하며 구 공산권 46개국과 수교를 하여 남북 외교경쟁에서 우리 우위를 확고히 보여주었다. 그리고 이 북방외교는 모스크바와 북경을 거쳐 평양의 문을 열려던 통일정책이자 연해주와 시베리아로 우리의 경제영토를 확장시키려던

'통큰 외교'구상을 담고 있었다. 이러한 방대한 스케일과 담대한 추진력을 가진 외교구상은 그 이후에 나온 적이 없다.

과거 우리의 국력은 지금과 비교하면 현저히 약하였고 국내외적인 제약요인도 많이 있었으나 우리는 결집된 국론을 바탕으로 과감한 정책변환을 시도한 적이 많았다. 이로써 외교·안보 정책의 창의성이 돋보이고 그 스케일이 컸으며 한국의 결기를 보여주는 성과를 이루었다. 즉 우리가 먼저 제안을 하고 타국이 우리의 뜻에 따라오도록 하는 일도 있었다. 그러나 지금 우리 국력은 몇십 배 성장하였음에도 불구하고 이런 담대한 외교는 보이지 않고 상대국의 요구를 우리가 주로 수용하는 수동적인 외교가 일상화되어 버렸다.

지금 국제질서 대변환의 시대를 맞아 우리 외교도 창의성, 결단성 그리고 더 중요한 것은 더 큰 스케일의 상상력을 필요로 한다. 그럼에도 불구하고 우리 외교안보 정책은 과거 답습적이고 기존 프레임에 얽매인 행태를 보여주어 외교적 상상력의 빈곤을 드러내고 있다. 그래서 우리의 외교력은 시대가 흘러갈수록 더 축소되는 듯한 용두사미형 모습을 보인다. 즉 학점으로 비유하자면 못 살던 때 A학점 받던 학생이 집이 부유해지자 C학점으로 성적이 떨어지는 현상이 벌어지고 있다.

이러한 사태는 언제부터인가 우리가 주체적으로 국익을 판단하는 능력을 잃어가기 시작하면서 시작되었다. 주변국의 선제적 조치에 항상 수동적으로 대응하는 방식이 언제부터인가 우리 외교에 고착되었다. 그리고 우리 국익을 지키기보다는 주변국과 관계를 잘 유지하는 것이 외교의 목적이 되는 전도현상이 발생하고 있다. 그래서 일부 인사들은 상대국에게 항상 고맙다고만 하면 외교가 잘 되는 것이 아닌가 하는 그릇된 인식까지

하고 있다.

둘째는 국론이 분열되고 외교가 국내정치의 포로가 됨으로써 새로운 이니셔티브를 취하기가 어려운 구조가 형성되었다. 담대한 구상을 발표하려면 국내 여론의 지지부터 확보해야 하는데 이런 노력도 할 수 없는 당파적 구조가 생겨나 담대한 구상이 있더라도 발목부터 잡으니 될 일이 없다.

셋째는 담대한 구상을 하는 전략적 마인드가 우리 정부 내에서 점차 실종된 것도 원인이다. 외교·안보 부서는 현업 처리에 매몰되고 대통령실의 상의하달식 의사결정 구조 속에 큰 그림 그리는 능력을 어느덧 상실해 버렸다.

넷째 북한 핵위협이 점증하면서 우리 외교·안보 역량을 북한의 위협 대응에 모두 소진해 버려 다른 문제에 대해 숙고할 여력이 부족한 것도 한 원인으로 볼 수 있다.

이런 문제점을 잘 인지하고 이를 극복하기 위한 노력을 의식적으로 전개할 필요가 있다. 이번에 외교부의 한반도 교섭본부를 축소하고 이 조직을 가칭 '전략기획본부'에 흡수시키려는 노력이 외교 회생의 실마리가 되기를 기대한다. 그리고 대통령실도 소수의 참모진 의견에 의존하지 말고 더 넓은 전문가들의 의견을 수렴하여 창의적 외교정책을 개발하는 노력을 기울여야 한다. 우리 외교가 담대한 외교적 상상력과 결기를 회복할 때 우리의 활로를 찾을 수 있을 것이다. "어떤 외교정책도 소수에 의해 입안되고 다수의 마음을 얻지 못한 경우에는 실패한다."라는 외교의 대가 키신저의 말을 되새길 때이다.

건전한 외교안보 정책의 장애물

2024. 1. 24.

미·중 간의 전략적 경쟁에다 우크라이나 전쟁과 이·팔 전쟁까지 더해져 올해 국제정세는 정말 한 치 앞도 내다보기 힘들 정도의 짙은 안개 속에 싸여 있다. 이러한 혼미한 국제정세의 불확실성 속에서 우리가 표류하지 않으려면 우리 정부와 국민이 한마음으로 바짝 경계의 끈을 조이고 만일의 사태에 대비해야 할 때이다. 그럼에도 우리 국내사정을 보면 정치가 양 진영으로 나뉘어져 날마다 정쟁으로 지새우고 외교·안보 문제까지도 이런 진영논리에 파묻혀 제대로 된 대책을 세우기보다는 상대를 흠집 내고 국내 열성 지지층을 만족시키는 방향으로 흘러가고 있어서 걱정이다.

지금 우리는 각 진영논리에 따라 국가이익을 주관적으로 규정하고 재단하지만 국가이익은 사실 객관적으로 존재한다. 그리고 우리 외교 상대국들의 국가이익도 또한 객관적으로 존재한다. 외교는 겉으로는 가치, 동맹, 우호 등을 내세우지만 결국 이것도 자국의 이익을 극대화하기 위한 방편으로 사용하는 수사일 뿐이다. 어떤 국가도 자기 국가이익이 손상되는데도 불구하고 보편적 가치나 동맹수호를 위해 자신을 희생시킬 나라는 없다. 따라서 양국 간 외교정책이란 양 국가의 국가이익이 상호작용하는 가운데 양국이 모두 수용가능하고 실천가능한 범위에서 도출되어 나온다.

국가이익의 개념이 추상적인 것 같지만 국가이익을 규정할 때 꼭 짚어야 할 요소 몇 가지가 있다. 전통적 의미에서 국가이익은 국가성립의 세 요건인 주권, 국민, 영토를 보전하는 것, 즉 국가의 생존을 최우선으로 한다. 차순위 국가이익은 번영과 가치를 추구하는 것이다. 3대 국익인 생존, 번영, 가치를 우선한 다음에 국가정체성도 고려해야 한다. 즉 우리나라는 어떤 나라이고 우리가 지향해 나가야 할 나라의 모습은 어떤 것인가를 말하는 것이다.

이러한 국가정체성과 국가목표에 대한 국민적 합의가 있어야 견고한 외교·안보 정책을 그 바탕 위에 세울 수 있다. 즉 자신이 어떤 나라인지를 스스로 분명히 자각하고 있어야 자국이 원하는 것을 당당히 말할 수 있고 양보할 수 없는 것은 없다고 할 수 있게 된다. 그런데 이런 정체성이 부족한 나라는 자존감과 자아 정체성이 불분명한 사람처럼 무엇을 자신 있게 말하지 못하고 방어적인 태도를 취하기 마련이다. 정체성의 혼란을 겪는 개인이나 국가는 한때는 이런 말을 했다가 다른 상황에서는 다른 말을 하면서 주변의 신뢰를 받지 못하고 문제아 취급을 받기 십상이다. 그래서 정체성에 대한 국론분열과 혼돈이 건전한 외교·안보정책 수립의 최대 장애라고 말할 수 있다.

그러면 왜 이러한 국론분열이 발생하나? 첫째 실현가능한 국가이익, 국제정세에 대한 객관적 인식이 없기 때문이라 할 수 있다. 국제정세와 실현가능한 국가이익에 대해서 주관적 해석과 판단을 하고 더 심한 경우 자기의 희망적 사고를 정책 목표로 간주하는 일이 비일비재 하다. 객관성이 담보되지 않는 이런 판단을 할 경우 이와 다른 생각을 가진 진영과는 심각한 갈등을 초래하게 된다. 또한 이념과 가치가 외교·안보정책을 좌우할 때에도 이런 분열적 경향이 나타난다. 평화의 시대에는 이념, 가치가 외교의 지침으로 기능을 할 수도 있다. 그러나 지금과 같은 복잡한 난세에는 냉철한 현실주의에 기초해 국익을 판단해야 안전하고 국론분열도 막을 수 있다. 희망적 사고에다 가치와 이념이 결부되면 더욱 확증편향을 가지게 되고 한번 확증편향이 되면 사실확인과 합리적 토론을 거부하는 현상까지 발생한다. 그러면 마침내 집단사고의 함정에 빠질 가능성이 많아진다. 20년 전 미국 체니 전 부통령은 북핵 협상팀에게 "나는 악과는 협상하지 않는다. 악은 무찌르는 대상이다."라고 말하며 협상을 결렬시켰다. 그 결과 지금 북한은 사실상 핵무장국이 되어 미국을 위협하고 있다.

둘째, 우리는 외교상대국에 대한 객관적 판단을 결여하는 경우가 종종 있다. 상대국을 주관적 인식에 따라 너무 미화하거나 악마화하는 사례가 빈발한다. 모든 국가는 자국의 국가이익에 따라 움직이며 자기의 국가이익 증대를 위해 타협하거나 변심할 가능성이 있다고 보는 것이 현실주의이다. 상대를 선의의 사자로 또는 악의 화신으로 선험적으로 규정하는 것은 친소관계가 쉽게 변하는 대변환 시대 국제정치에서는 금물이다. 동맹은 변할 수 있어도 영원히 존재하는 것은 자국의 국익이다.

셋째, 우리는 종종 외교 상대국에 대한 과소, 과대평가와 근거 없는 자신감을 드러내어 국론분열을 자초한다. 우리는 어떤 나라는 우리가 한없이 믿을 수 있는 나라이며 우리를 무한정 도울 수 있는 나라이기에 우리는 그 나라와 영원한 협력관계를 구축하고 순응해야 한다고 과대평가하는 일도 있다. 반대로 어떤 국가는 자국의 국익에 관계 없이 우리를 영원히 괴롭히고 말살하려는 의도를 가지고 있다고 보기도 한다. 그러나 현실주의 관점에서는 자국에 이익에 되거나 정세가 변하면 국가들은 태도를 변경하고 동맹도 바꾸기도 한다. 또한 어떤 나라는 존재하지 말아야 할 나라이고 곧 망할 나라이며 제재로 인해 조만간 무너질 것으로 전제하거나, 아니면 우리의 공격으로 일거에 격퇴할 수 있는 미약한 존재라는 과소평가를 하기도 한다. 자신의 군사력에 대한 지나친 자신감, 전쟁의 위험을 얕잡아 보는 그룹이 있고 반대로 상대의 군사력을 과대평가하여 우리가 아예 저자세로 나가야 한다고 믿는 그룹도 있다. 그래서 국론분열이 생기는 것이다. 아니면 어떤 나라는 우리의 국가이익을 위해 자국 국가이익을 손상해 가면서도 협조를 해줄 것이라 믿는 경우도 있다. 반대로 평화와 민족이라는 대의명분이 현실적 이익의 충돌을 초월하여 존재할 수 있을 것이라는 착각을 하는 일도 있다.

넷째, 국내정치에 외교정책을 이용하는 악습이 국론분열을 조장한다. 당파적 이익, 열성 지지층만 바라보는 외교·안보 정책을 선택하면 국내 지지층의 정서와 감성을 만족시킬지는 몰라도 객관적 국익과 외교가 그 희생물이 된다. 더 나아가 반대 당에 타격을 줄 수 있다면 감성팔이, 과격선동도 불사하여 상대국 국민감정에 깊은 골을 내어서 이후 다른 정부가 들어서도 회복하기 힘들게 만드는 일도 있다. 이는 정말 외교라는 어장을 아예 황폐화하는 경우이다.

다섯째, 정권에 따라 선택하는 상대국은 다르나 방식은 유사한 저자세 외교행태를 반복하며 내로남불을 불사한다. 이런 내로남불은 상대방 선의에 대한 적극적 믿음을 바탕으로 비대칭적인 퍼주기 모습을 한다. 즉 우리가 먼저 선의를 베풀고 상대의 상응하는 행위는 그 쪽의 후의에 맡겨두는 방식의 외교를 한다. 그리고 편파적 목적 달성을 위해 상대방에 대한 지나친 과공을 하면서 이것이 효과적인 외교방식이라고 착각하는 경우도 있다. 이런 행태가 국내 반대진영을 자극하고 국론분열을 일으키며 상대국이 우리를 얕잡아 보게 만든다.

건전한 외교·안보 정책 수립을 방해하는 이러한 장애물들은 우리나라에만 있는 것은 아니고 미국에도 존재한다. 미국 외교협회 회장을 역임한 레슬리 겔브도 2009년의 저서 『힘이 지배한다Power Rules』에서 외교정책을 파탄에 이르게 하는 몇 개의 악마가 있다고 지적했다. 첫째는 가치와 원칙을 지나치게 강조하여 세상을 선과 악으로 양분하는 이념적 경직성, 둘째 정치적 양극화로 나타나는 국내정치의 난맥상, 셋째는 미국의 일방주의, 넷째는 미국의 오만과 자신감을 대표적인 악마, 즉 외교의 적으로 꼽았다.

이런 악마들을 제거하기 위해 해야 할 일들이 있다. 먼저 외교·안보 관련 국론결집을 위해 우리의 국가이익과 국가정체성 개념부터 바로 세워야 한다. 이를 바탕으로 외교·안보 정책의 큰 틀, 즉 정부가 변해도 바뀌지 않을 정책 틀의 최소공배수를 국민적 합의를 토대로 마련해야 한다. 그 틀 안에서 국익기반 실용외교, 현실주의 외교를 해나가야 한다. 그리고 그 다음은 건전한 상식에 기초한 외교·안보정책을 펴면 되는 것이다.

북핵을 머리에 이고 단잠 잘 수 있을까?

북한 핵무력 고도화와 우리의 무신경

2022.6.29.

2006.10월 필자가 주미 대사관에 근무할 당시 북한은 1차 핵실험을 감행하였다. 그 당시 뉴스의 충격은 컸으며 워싱턴 전문가들 사이에서도 북한의 비핵화가 힘들 것이라는 인식이 처음 퍼지기 시작했다. 필자도 그 이후 "북한의 비핵화는 정말 제갈공명의 지략으로도 쉽지 않게 되었다."라는 비관론에 빠지게 되었다. 그 후 18년이 더 지난 지금 북한은 이제 7차 핵실험을 앞두고 있고 미국을 겨냥한 ICBM도 재진입 기술 완성을 위한 마지막 실험을 앞두고 있다. 북한은 소형화된 50여 개의 핵탄두를 다양한 운반수단에 탑재할 수 있는 전술핵 운용 능력까지 갖추어 우리의 안보는 정말 백척간두에 섰다고 볼 수 있다.

주지하다시피 핵무기는 가공할 위력을 가지고 있어 핵무기 보유국과 비보유국 간에는 전력의 우위를 논할 수 없을 정도로 보유국에 유리한 절대무기이다. 그래서 70년대 초반 세계 5대 강국P5들이 자기들만 핵무기를 보유하고 다른 국가들의 보유를 막을 목적으로 '핵 비확산체제NPT'를 만들었다. 그러나 그 이후에 인도, 파키스탄에 이어 이스라엘 그리고 이제는 북한까지 이 체제를 무시하고 핵보유국의 지위를 획득하는 데 성공하였고 이란이 그 뒤를 이으려 하고 있다. 절대무기 확보 노력에 대해 제재 등 국제사회의 압박이 강함에도 불구하고 핵을 가지는 이점이 너무 크기 때문에 이를 손에 넣으려는 각국의 노력이 이어지는 것이다.

북한 핵이 우리 안보에 던지는 실존적 위협과 다른 나라들의 개발사례에도 불구하고 우리 내부에서는 북한 핵에 어떻게 대응해야 하는지에 대해 논란만 분분하다. 지난 5년간 우리도 핵을 보유해야 한다는 우리 국민의 본능적 인식, 즉 핵보유 찬성율이 매년 7~8% 정도씩 상승하여 76%까지 올라왔다. 이에 비해 우리 정부와 여·야당 정치인 그리고 전문가들은 핵보유를 아예 금기시하거나 핵보유 찬성율이 50% 미만에 머물러 있다. 특히 다른 모든 안보 관련 쟁점에서는 이견을 보이는 여·야가 핵자강 이슈에 관해서는 일치된 입장을 보이는 것도 흥미롭다. 물론 핵보유는 간단한 문제가 아니니 신중히 접근해야 하지만 전반적 동아시아 안보환경을 감안할 때 우리 안보를 남에게 맡겨두거나 무신경한 낙관론 또는 외부의 법적 제약 등을 핑계로 결정을 더 이상 천연할 여유가 없어 보인다. 그래서 핵자강 반대논리의 맹점을 짚어볼 필요가 있다.

먼저 '한반도 비핵화 선언' 준수를 위해 또는 북한의 비핵화 가능성을 위해 우리가 핵자강을 추진하면 안 된다는 논리가 있다. 그러나 이미 사문화된 비핵화 선언을 지키기 위해서 또는 실현 가능성이 거의 없는 북한의 비핵화를 위해 우리 국민 생명을 다 걸고 도박을 해야 한다는 생각은 너무 무모하다. 북한은 이미 2년 전 "한국에 대해 핵무기를 선제적으로 사용할 수 있다."라고 천명하였으며 미국의 한반도 전문가들도 이제 북한의 비핵화는 현실적으로 불가능하다는 판단을 하고 있다. 현 바이든 행정부도 북한과 핵협상을 원한다는 신호를 보내면서 중간단계 과정을 거치겠다고

하여 우리 정부와 엇박자를 내었다. 이는 북한이 핵개발을 동결하면 제재 완화 등을 고려할 수 있다는 말인데 현실적 접근법이긴 하나 역으로는 북한의 과거 핵은 묵인해 주겠다는 점을 암시하고 있다. 즉 북한의 상당 기간 핵보유국 지위를 인정하고 북한과 핵 군축협상에 들어갈 수 있다는 신호로 읽힌다. 미 정부까지도 이런 판단을 하는 마당에 비핵화 협상에 대한 미련을 못 버려 우리의 핵자강 노력을 언제까지 미루어야 하는지 의문이다.

둘째 북한의 핵무기에 대해 우리는 재래식 무기, 즉 소위 3축 체계인 1) 선제타격 킬체인 2)대공 방어망KAMD 3)대량 보복으로 대응하겠다는 계획은 이제는 현실을 벗어난 자기만족용 수사에 불과해졌다. 북한의 고체 로켓연료 개발과 이동식 발사차량 운용으로 선제타격이 불가능해졌고 또 북한의 미사일, 다연장 로켓 등 투발수단이 다양해져 이제 겨우 구축 중인 KAMD로 막기에는 역부족이다. 우리도 대량보복 수단으로 현무 4라는 소위 괴물 탄도탄을 대량 구비한다지만 1차 핵공격을 받은 후 우리의 지휘체계가 정상 작동할지 장담할 수 없다. 그러므로 비대칭 절대무기인 핵무기를 재래식 3축 체계로 막는다는 논리로 핵자강을 반대하기는 너무 공허하다.

셋째 우리가 핵개발을 시도하면 한미동맹에 균열이 생길 수 있다는 우려가 있다. 물론 아직 미국 조야에 핵 비확산론자들이 많이 존재하니 이들의 반대는 극복해야 한다. 반면 미국 내 한국의 독자 핵무장을 지지하는 전문가들도 늘어나고 있다. 특히 트럼프와 가까운 인사들은 이를 공개 지지하고 있다. 폼페이오 전 국무장관은 "사용후 핵연료 재처리 문제는 협상의 대상이다. 왜 일본에는 되고 한국에는 안 되는가."라고 우리에게 반문하고 있다. 더 나아가 트럼프 당선시 국무장관감이라는 크리스 밀러는 "동맹은 비즈니스다. 동맹을 낭만적 관점에서 바라보면 살아남지 못한다."라고 말하며 우리가 동맹에 맹목적으로 의존하지 말 것을 경고하고 있다. 차기 NSC 실장감인 엘브 콜비도 "한반도 안보는 미·중 패권경쟁의 관점에서 재해석 되어야 하며 미국은 중국에 집중하니 한국은 대북억제 및 격퇴를 스스로 감당할 준비를 해야 한다."라고 주장한다. 오히려 미국측에서 이런 요구가 나오고 있는데 한미동맹을 위해 핵자강 노력을 자제해야 한다는 우리 내부 논리는 설득력이 약하다.

넷째 NPT 체제를 우리가 준수해야 하고 그렇지 않으면 경제제재를 당하여 한국이 엄청난 국익 손실을 감수해야 한다는 주장이 있다. 앞에서 언급했듯이 P5의 핵독점 카르텔인 NPT 체제에 이미 큰 균열이 발생하였으며 또 이 P5 가운데 중·러는 물론 미국까지도 더 이상 핵군축을 준수할 의지가 없어 NPT 체제는 와해단계에 들어갔다고 봐야 한다. 크리스 밀러는 "NPT는 실패한 체제이며 미국의 위협자들이 이를 지키지 않는데 우리가 이를 지키기 위해 벌 받을 필요가 없다."라고까지 말할 정도이다. P5가 이럴진대 실존적 위협 앞에 서 있는 한국이 NPT 타령을 하는 것은 자기 초가집 불타는 줄 모르고 이웃 기와집 불날까 걱정하는 격이다.

다섯째 미국의 핵우산 약속, 즉 확장억제 약속을 굳건히 믿고 그것도 모자라면 미국의 전술핵을 도입하거나 미국과 핵공유를 하면 된다는 주장이 있다. 그러나 1년 전 한미 간에 서명한 '워싱턴 선언'은 법적 구속력이 없는 바이든 행정부의 약속일 뿐이다. 트럼프가 집권하면 이것은 휴지 조각이 될 공산이 크다. 다른 확장억제 매커니즘 작동도 결국 '미국의 대도시들에 대한 북한 핵공격을 감수하고도 한국을 구하기 위해 미국이 핵무기를 사용할 것이냐?'라는 질문에 대한 미국의 의지에 달려있다. 그런데 미국이 지난 70년간 절대적 열세에 있던 북한의 거듭된 도발에도 제대로 된 군사보복을 한 적이 없다. 그런데 막강 도전자 중국을 앞에 두고 제2전선을 열어 북한에 핵을 사용하면서까지 한국을 구해줄 것 같지 않다는 점을 미국 전문가들도 이제 고백하고 있다.

모든 현상은 동태적으로 봐야 더 잘 파악이 되고 국제정세는 날마다 움직이는 생물과 같기에 과거의 눈으로 과거의 논리를 가지고 과거의 약속만 믿고 지내서는 안 된다. 특히 북한 핵위협에 우리 스스로 대비해 나가기 위해서는 시간도 필요하다. 최근 북·러가 준군사동맹을 맺은 셈인데 이는 북한의 핵공갈을 더욱 부추킬 수 있다. 이를 감안할 때 바로 우리가 핵무장국으로 내달릴 수는 없더라도 이를 위한 준비, 즉 미국과 원자력 협정 개정 또는 11조 1항 해석에 대한 양해를 받아두는 등 핵잠재력 확보를 위한 발걸음을 더 지체하지 말고 내디뎌야 할 때이다.

지정학의 귀환과 해양수송로

2024.2.23.

지정학은 지도를 보며 자국 국익을 지키고자 하는 고민에서 시작되었다. 지도는 본래 여행을 위해 만들어지지 않았고 전쟁을 승리로 이끌고 싶은 장군들이 주로 만들고 연구해 왔다. 이제 전 세계적으로 경제전쟁이 전개되고 있으니 세계지도를 보고 공급망이 어떤 모양으로 재편될 것인지 물류가 어떤 길로 새로이 흐르고 막힐지를 고민해야 할 때이다.

저명한 경제학자이자 국제문제 평론가인 컬럼비아 대학의 제프리 삭스 교수는 「2024년 세계 경제는 지정학이 결정한다」라는 칼럼을 썼다. 금년은 이미 진행 중인 두 전쟁에다 다른 잠재적 분쟁 발화지점이 많아 지정학적 리스크가 지금처럼 큰 때가 없다. 이런 분쟁은 국제해양수송로의 안전을 위협하여 원자재, 에너지, 곡물 가격의 상승 요인이 될 뿐 아니라 세계경제의 교란요인이 되고 있다. 현 국제정세 하에서 지정학적 리스크가 가장 현저한 곳은 해양수송로이며 홍해에서 상선 피격이 빈발하면서 우리는 이런 리스크를 이미 목도하고 있다.

우리나라는 GDP의 80%를 대외교역에 의존하는 개방형 통상국가이다. 그리고 매년 1조 1천억 불의 교역량을 만들어 내기 위해서는 엄청난 원자재, 에너지, 부품들이 주요 해양수송로를 따라 우리나라에 들어온다. 국내에서 만들어진 완성품도 해양수송로를 통해 수출된다. 따라서 해양수송로 안전보호는 우리의 국익과 직결되어 있다. 그럼에도 우리나라는 해양수송로 보호를 위해 제대로 된 역할을 하지 않고 있다. 강대국인 중국도 장래 발생할 해양수송로 리스크에 대비하기 위하여 일대일로 전략에다 해군력 강화와 같은 정책을 오래전부터 시행하고 있는 것과는 대조적인 모습이다.

동아시아의 해양수송로 중 요충지는 말래카해협과 남중국해 그리고 대만해협 3곳이다. 그중 가장 요충지는 대만해협인데 블룸버그 통신은 "23년 1~7월 중 전 세계 해상에서 운항한 5,400척의 컨테이너선 중 48%가 대만해협을 통과하였으며 화물량을 기준으로 보았을 때 전 세계 물동량의 88%가 대만해협을 통해 운송되었다."라고 분석할 정도로 대만해협은 중요하다. 우리나라로 들어오는 선박 중 태평양을 건너는 배를 제외하고는 거의 100%가 이 해역을 통과하여 입항한다.

그런데 금년 초 신년사에서 시진핑 주석은 '대만통일은 필연'이라고 언급하고 인민군 총사령관에 해군제독을 임명하면서 대만해협에서 군사훈련을 강화하고 있다. 대만해협의 중간선을 중국 군용기, 군함이 자주 침범하면서 이 해역을 내해화하려 하고 있다.

사실 중국정부는 3년 전 외교부 대변인 성명으로 대만해협의 중간선은 존재하지 않는다고 주장했다. 게다가 이번 대만 선거에서 민진당이 재집권하니 이에 불만을 품은 중국은 대만해협에서 긴장을 고조시키며 대만해협의 내해화를 더 재촉할 것이다.

미·중·대만 3각관계의 불화로 인해 우리 경제의 목숨줄과 같은 대만해협이나 남중국해가 중국 해군에 의해 봉쇄되거나 선박운항이 제한된다면 우리 경제는 직격탄을 맞을 것이고 우리는 결국 중국의 요구에 굴복할 수밖에 없을 것이다. 블룸버그 통신은 대만해협에서 군사적 충돌이 발생할 경우 전 세계에서 가장 타격을 받을 나라는 한국이며 한국 GDP가 무려 23.3% 하락할 것으로 예측하였다.

따라서 우리는 이 해역에서 자유항행을 보장하는 일을 남의 일처럼 여겨서는 안 된다. 우리 역대 정부는 중국의 눈치를 보며 이 문제에 대해 소극적 자세로 일관했다. 이번 정부 들어 작년 8월 한미일 정상회담을 하면서 "대만해협의 평화와 안정의 중요성을 인정한다."라는 표현을 처음 사용하는데 동의하였다. 물론 이로 인해 중국측 반발을 초래하기는 하였지만, 이 사안은 우리 국익에 직결된 문제이므로 우리가 제3자적 자세를 취해서는 안 된다. 사실 호주는 한국, 일본으로부터 휘발유 같은 정제유를 이 해역을 통해 수입하기에 이 해역이 자국 안보에 긴요하다 보고 이 해역 안전을 확보하기 위한 다국적 해군훈련에 참여하고 있다. 최근에는 영국과 프랑스도 이 해역에 자국 군함을 파견하여 합동훈련에 참가하기 시작했다.

우리는 여태까지 이 해역의 안전을 주로 미국 아니면 다른 서방국 해군에 맡기고 우리는 관여하지 않았으나 이제는 우리 해군도 이 해역의 안전 확보 활동에 동참할 것을 검토해야 한다. 사실 이-팔 전쟁의 불똥이 홍해로 번져 후티 반군이 홍해 해양수송로 안전을 위협하자 미국은 이 해역 안전보호에 다국적 해군을 동원하려 하고 있다. 미국은 지난 12월 20여개국의 해군이 참여하는 '번영, 수호자 작전'을 개시하였다. 미국의 요청으로 이 다국적 작전에 우리의 청해부대도 조만간 참여하여 그 임무를 수행할 것으로 보인다. 먼 바다인 홍해에서 우리 해군이 수송로 안전 보장 작전에 참여한다면 우리 인근 해역의 안전 확보에도 참여하는 것은 당연한 일이다. 물론 우리가 이런 행보를 보이면 중국이 더 강하게 반발할 가능성은 있으나 이를 겁내어 우리 국익을 스스로 지키지 못하고 타국에 맡기는 것은 국가장래를 대비할 때 현명한 일은 아니다. 중국은 남중국해 문제에 아세안 10개국은 당사자로 간주하나 우리를 국외자로 여기고 이 문제에 간섭하지 못하게 하는데 사실 이 해역 안전문제는 우리도 당사국이다. 작년 8월 중국이 발표한 표준지도에 남중국해에서 여태까지 주장해오던 9단선을 넘어 10단선을 내어놓았다. 대만 우측으로 새로 선 하나를 더 그은 이 지도는 대만을 중국의 도서로 편입했다는 것을 뜻한다. 이런 중국의 영유권 확대 주장과 남중국해 군사기지화가 진행되면 남중국해도 언젠가는 중국의 내해처럼 될 가능성도 있다.

남중국해와 대만해협의 지리적 범위와 군사적 밀집도는 홍해의 그것과 비교할 바가 못 될 정도로 광범위하고 심각하다. 따라서 미 해군 홀로 이 넓은 해역의 안전을 담당하기는 어렵다는 점이 자명해지고 있다. 따라서 아세안을 포함하여 해역의 안전에 공동이익을 가진 나라들이 연대하여 그 해역을 공공수역으로 지켜나가는 것이 맞다. 그래야 역설적으로 이 해역의 현상이 중국에 의해 중국의 뜻대로 변경되는 것을 더 잘 방지할 수 있다. 얼마 전 미 국무부 장관과 CIA 국장을 역임한 폼페이오는 의회 청문회에서 "중동과 유럽에서 미국의 억제력이 제대로 작동하지 않으며 조만간 아시아에서도 억제력의 한계를 드러낼 것이다."라고 예측하였다. 이는 미국 홀로 세계경찰 역할을 하던 시대는 지나갔다는 점을 의미한다.

중국은 자신들이 현상변경세력으로 간주되는 것을 부정하고 있기에 이 해역의 '평화와 안정'을 확보하려는 타국의 현상유지 노력을 공박한다면 이는 자기모순이 될 것이다. 우리도 이 점을 부각시키고 우리의 국익이 직결된 사안에 대해서는 할 말은 한다는 점을 중국에게 명확히 인식시켜야 한다. 그리고 이런 역할을 수행해야만 한미동맹에서 우리 전략적 가치가 상승하고 글로벌 중추국가로서 우리의 위상도 부각될 것이다. 특히 재집권 가능성이 점차 높아져 가는 트럼프 행정부 2기를 감안하면 우리가 미국의 부담을 덜어주는 조치를 취해야 동맹으로 존중받을 것이다. 트럼프 후보가 "NATO 회원국들이 돈을 내지 않으면 러시아가 침공하도록 권하겠다."라는 충격적인 발언을 하여 세계를 바짝 긴장시키고 있다. 그가 요구하는 것은 사실 돈이 아니라 회원국의 응분의 역할, 자위력 강화조치이다. NATO 회원국이 미국에 방위비를 낼 의무는 없다. 단지 그는 독일을 비롯한 부국들이 GDP의 2%에 못 미치는 국방비를 지출하고 있는 점을 지적한 것이다. 이런 점을 감안할 때 해양수송로 안보에 대한 우리의 전향적인 자세가 굳건한 한미동맹을 위해서도 필요하다.

한미동맹, 오직 한국 방위만 위한 것인가?

2024.2.23.

이승만 대통령이 반공포로 석방 등 온갖 묘수를 동원하고 미국을 압박하여 얻어낸 '한미상호방위조약'이 체결된 지 70년이 더 지났다. 미국은 이 조약을 처음에는 거부하다가 이대통령의 끈질긴 강공책에 마지못해 서명하였다. 이 조약으로 인해 한미 양국은 피로 맺어진 동맹이 되었고 이 동맹은 역사상 가장 수명이 긴 조약의 하나로 기록되고 있다. 이 조약은 한반도는 물론 동북아 정세가 지난 70년간 안정을 유지할 수 있게 하여 동아시아가 세계 경제의 중심으로 등장하는 데 크게 이바지하였다.

그런데 이 조약의 목적과 적용범위에 대해 우리 내부에서 오해가 존재하고 있다. 많은 국민은 이 조약이 북한의 남침으로부터 남한을 지키는 것이 그 목적이므로 적용범위도 한반도에 국한되어야 한다고 믿고 있다. 민변과 같은 법률전문가 집단조차도 이 같은 주장을 펴고 있다. 하지만 이러한 한미동맹 조약에 대한 우리의 잘못된 인식은 만약 트럼프가 미 대통령에 재선된다면 한미간 큰 마찰의 소지가 될 수 있다. 그래서 우리는 이 조약의 목적과 적용범위에 대해 보다 정확한 이해를 할 필요가 있다.

이 조약은 그 이름에서부터 상호방위조약이다. 따라서 이 조약은 미국이 일방적으로 한국을 방위해 주는 편무적 조약이 아니라 양국이 서로를 방위해 주기로 약속한 쌍무적 조약이다. 사실 모든 조약이나 계약은 쌍무적인 것이 원칙이다. 동맹이면서 한편이 다른 편을 일방적으로 지원해 주는 그런 형식의 조약은 원칙적으로 존재하지 않는다. 이 조약이 체결되었던 한국전 종전 당시 한미 양국 간 국력 격차는 엄청났기 때문에 한국이 미국 방위를 도와줄 일이 있으리라고 아무도 상상하지 못했다. 그러나 한미동맹의 모델이자 2년 앞서 체결되었던 미·필리핀 동맹조약은 양국 간 엄청난 국력 차이에도 불구하고 미국 관할 태평양 도서, 즉 괌과 하와이에 대한 상호방위 의무를 명기하고 있다. 한미동맹 조약은 '태평양상 양국 행정 관할지역'이라고만 말하고 있지만, 괌과 하와이의 상호방위를 상정하고 있는 것으로 보아야 한다. 그 당시 상황과 국력 차이로 이 조약이 편무적이었을 것이라는 짐작만으로 문구상 쌍무적인 조약의 적용 범위를 한반도만으로 국한할 수는 없는 일이다.

이 조약의 전문Preamble을 보면 '태평양 지역에서 안전, 평화'라는 표현이 3번이나 나온다. 즉 이 조약이 태평양 지역에서 평화와 안전에 기여하는 것을 그 목적으로 하고 있다고 보아야 한다. 제3조에서는 '태평양 지역에서 무력공격은 자국의 안전을 위태롭게 한다고 인정하고 이를 위해 공동 대응할 것'을 규정하고 있다. 그러니 태평양에서 안전 확보가 이 조약의 목적임은 분명하다. 적용 범위에서도 같은 3조에 '타 당사국의 행정 지배하에 있는 영토와 각 당사국이 타 당사국의 행정 지배하에 합법적으로 들어갔다고 인정하는 금후의 영토에 있어서'라고 규정하고 있다. 즉 한반도가 통일되었을 경우 북한을 포함한 한반도 전체와 태평양 지역에서 미국이 관할하는 영토가 이 조약의 적용 대상이 된다. 그러므로 서태평양 지역 미국의 행정 관할 하에 있는 괌과 하와이는 당연히 한미동맹조약의 적용 대상이다. 좀 더 확장 해석을 하면 각국의 군함은 국제법상 그 소속국의 영토로 간주되므로 서태평양 지역에서 미국 군함이 무력공격을 받았을 때도 이 방위조약은 발동될 수도 있다. 미·필리핀 조약에는 이 점까지 명시되어 있다.

상호방위조약의 목적과 적용 범위에 대한 정확한 이해가 이 시점에서 중요한 이유는 변화하는 태평양 정세로 인해 조약의 해석 차이가 한미간의 쟁점이 될 수 있기 때문이다. 점차 미·중 간의 갈등이 첨예화되고 특히 남중국해와 대만해협을 둘러싼 미국과 중국 해군 간 힘겨루기가 가파르게 전개될수록 조약의 정확한 해석이 요구될 것이다. 이미 중국의 해군력이 미국의 해군력을 수적 측면에서 넘어서고 있고 중국 해군력은 남중국해와 대만해협 일대에 집중 배치되어 있어 지리적으로도 미국 해군에 비해 유리한 고지를 점하고 있다. 미국은 중국 해군에 대응하는 데 미 해군독자 역량으로는 이미 한계에 다다랐다는 점을 느끼고 있다. 그래서 미국은 이 지역에서 동맹의 협조가 필요하고 여태까지 '중심축과 바큇살' 형태의 동맹구조를 '격자형' 동맹구조로 변환시키려 하고 있다. 즉 미국과 동맹국 간 1대1 동맹관계에서 미국을 포함하는 격자형 구조들에 여러 동맹국이 함께 참여하기를 원하고 있다. 즉 태평양 지역 방어를 위하여 동맹국 해군력이 절실히 필요한 것이다. 그러니 미국은 이 지역 내 동맹국인 한국, 일본, 호주뿐만 아니라 NATO 동맹인 영국과 프랑스의 해군까지 이 서태평양 방어 전선에 동참하기를 바라고 있다.

해군력 경쟁을 넘어서 실제로 대만을 둘러싸고 미·중 간에 무력충돌이 발생할 경우를 상정해 보자. 만약 중국이 대만을 무력으로 통일시키고

자 한다면 미국은 당연히 전력을 다해 대만 방어에 나설 것이다. 미국이 서태평양에서 방어전력을 동원한다면 그 발진기지는 당연히 괌과 하와이가 될 것이다. 이것을 뻔히 아는 중국군이 괌과 하와이를 가만히 두고 대만 침공을 시도하지 않을 것이다. 당연히 그들은 괌과 하와이를 중거리 미사일이나 전략 폭격기 등으로 먼저 타격하려 할 것이다. 이러면 한미동맹조약에 명시된 '태평양상 미국 관할 하에 있는 영토'에 대한 무력공격이 발생한 것이고 우리에게는 미국을 도와 참전해야 하는 동맹의무가 발동하게 된다. 이미 주한미군의 전략적 유연성을 우리가 허용했기 때문에 주한미군도 대만방위에 투입될 수 있다. 이걸 알고 있는 중국은 아마도 유사시 평택 미군기지도 첫 타격 대상에 포함시킬 수 있다. 그러면 우리의 영토에 대한 공격이 발생한 것이니 우리는 자동으로 반격에 돌입해야 하고 우리의 참전은 불가피해질 것이다.

정말 전쟁이 일어난다면 상황은 이런 식으로 흘러갈 것인데 한미동맹의 목적과 적용범위에 대한 오해로 인해 우리는 이에 대해 대비는커녕 마음의 준비도 전혀 하지 않고 있다. 우리 군도 주적인 북한에 대한 작전계획이 있을 뿐 대만 유사시 일어날 연쇄반응에 대한 대비가 되어있지 않다. 더 심한 것은 우리 정치권은 이런 개연성에 대해 고심을 하기는커녕 아예 눈을 감고 있는 것으로 보인다.

미국 국방성은 대만 유사시 "한국, 일본 등 역내 동맹국들과 함께 새로운 접근법을 모색해야 한다."고 여러 전략문서에서 거듭 밝히고 있다. 미국은 한국이 동맹으로서 모종의 역할을 하기를 당연히 기대하고 있다. 특히 트럼프가 재집권하게 되면 그는 대만 문제도 상당히 아시아화할 가능성도 배제할 수 없다. 닉슨이 그랬던 것처럼 '아시아의 안보는 아시아인의 손에'라는 슬로건으로 남중국해 자유항행으로 인해 가장 많은 혜택을 보는 한국, 일본, 호주 등이 이 문제에 더 적극적으로 나서주길 압박할지도 모른다. 그럴 때 미국이 한반도 안전을 오로지 지켜주는 것이 동맹이라고 우리가 믿고 있다고 답한다면 트럼프는 한국이 동맹으로서 역할을 하지 않는다고 생각하고 우리에 대한 동맹의무를 방기할 수도 있다. 동맹조약은 항상 '연루의 위험'과 '방기의 위험' 사이에 줄타기를 한다. 연루되기 싫다고 버티면 방기되는 것이 동맹의 운명이다. 모든 일이 한반도에 집중되어 돌아간다는 착각에서 벗어나지 않으면 한반도 패싱이 일어날 수 있다. 글로벌 중추국가라면 이에 걸맞은 역할을 짊어질 각오를 해야 한다. 어려운 때가 닥쳐 우왕좌왕하기 전에 어려운 순간에 대한 대비를 미리 해나가야 한다.

3장

외교·안보 현안의
방향타

우크라이나 사태가 한반도에 던지는 질문

2022.2.25.

러시아 푸틴 대통령이 우크라이나 국경 인근에 대규모 러시아 병력을 집결시킨 무력시위를 통해 우크라이나의 NATO 가입을 저지하려 하고 있어 유럽에 전운이 감돌고 있다. 반면 미국과 EU는 이러한 러시아의 요구가 우크라이나의 자주권을 위협하는 도발로 간주하고 러시아의 군사적 위협으로부터 우크라이나를 지키기 위한 군사적, 외교적 노력을 경주하고 있다. 현재 진행 중인 협상이 성공하여 이 사태가 평화적으로 종결될지 아니면 무력충돌로 이어질지 좀 더 두고 봐야 할 것이다. 그런데 이 우크라이나 사태 전개가 한반도의 안보 상황에도 여러모로 시사하는 바가 있으므로 이 사태를 우리의 관점에서 살펴볼 필요가 있다.

첫째 우크라이나 사태는 최근 국제정치에서 자주 언급되는 '지정학의 귀환'이라는 말을 실감 나게 하는 사례라 할 수 있다. 지정학은 국제정치에서 아주 중요한 고려 요소로서 많은 나라는 역사적으로 자국의 안보와 외교전략을 지정학적 관점에서 수립해왔다. 그러다 1990년 공산진영이 몰락하면서 미국 중심의 일극체제가 형성된 이후에 어떤 나라도 미국에 대항하여 자국의 지정학적 이익이나 세력균형 개념을 제기하지 못하였다. 그런데 최근 중국과 러시아가 연합하여 미국주도의 국제질서에 도전하면서 지정학의 귀환을 재촉하고 있다. 즉 우크라이나는 러시아 지정학적 관점에서는 필수적 완충지대이므로 이 나라가 반러시아적으로 되도록 러시아는 방치할 수 없다는 입장이다.

러시아의 주장은 지정학적 관점에서는 일리가 있고 미국과 EU는 외교적 타협을 통해 이를 어느 정도 수용하는 것이 현실적이다. 그러나 러시아의 이런 시도가 용인된다면 우크라이나의 자주권은 무시되고 NATO의 개방정책도 손상된다. 또한 중국도 힘을 얻어 동일한 논리로 남중국해, 대만, 한반도에서 자국의 지정학적 이익을 확장하려 할 것이라는 데 문제의 심각성이 있다. 현상유지세력이 현상변경세력에게 한번 밀리기 시작하면 여러 곳에서 비슷한 시도가 이어질 것이라는 데 미국의 고민이 있지만 군사적으로 러시아를 저지할 수 없다면 타협을 하는 것이 대안이다.

둘째 우크라이나 사태의 전개는 비핵화 협상에서 북한에게 반면교사의 역할을 할 수 있다. 우크라이나는 소련 붕괴 당시 미·소 다음으로 많은 핵무기를 가진 세계 3대 핵 무장국이었다. 그러나 우크라이나는 핵무기 유지가 가져올 경제적 부담에 이를 포기하였다. 대신 부다페스트 각서를 통해 여러 강국들이 자국의 안전을 약속하게 함으로써 안보를 지키려 하였다. 그러나 이 협정의 당사국인 러시아가 이를 무시하고 군사적 위협을 가하는 상황에서 우크라이나는 미국의 말을 듣고 핵을 포기한 것을 지금 크게 뉘우치고 있다. 이러한 상황은 경협을 미끼로 북한이 핵을 완전히 포기하게끔 결심시키는 데 큰 장애가 될 것이다.

셋째 현 상황의 외교적 해결책으로 우크라이나의 핀란드화, 즉 중립국화 방안이 거론되고 있다. 양대 세력의 지정학적 이익이 충돌되는 완충지대에 위치한 나라가 어느 한 진영에 가담하려면 분쟁에 휘말릴 가능성이 있다. 따라서 양 진영의 지정학적 이익의 타협을 추구해야 평화가 가능하며 그 방안 중 하나가 중립화인 것이다. 이는 한반도의 평화정착 과정에서도 분명히 부상할 의제이기 때문에 우리는 이 문제를 장기적으로 고민해 나가야 할 것이다. 단, 자위력은 우선 확보해야 한다.

넷째 우크라이나가 러시아의 군사공격을 받거나 영토 일부가 러시아측에 넘어가면 EU국가들의 지정학적 이익이 손상되는데 EU보다는 오히려 미국이 더 강경한 대러시아 압박을 펼치고 있다. 독일, 프랑스 등은 외교적 타협을 추구하는 데 미국이 양보할 수 없다는 태도를 견지하며 독일과 러시아를 잇는 가스관을 중단시키겠다고 엄포를 놓고 있다. 그 가스관은 독일과 러시아가 건설한 것인데 미국이 무슨 권리와 수단이 있는지 의문이다. 이러한 미국의 비타협적인 명분외교, 그리고 경제적 제재카드가 북핵협상에서도 반복될 경우 북한의 비핵화를 끌어낼 수 있을지 의구심이 든다.

다섯째 2014년 러시아가 크림반도를 무력으로 취하였을 때 미국과 EU 등이 대러시아 제재를 가하였고 우리도 이에 동조하여 러시아와 협력관계를 대폭 축소하기 시작했다. 그 여파는 지금까지도 계속되어 이렇다 할 한·러 관계가 진전되는 것이 없다. 이번에도 미국의 대러 압박이 가해질 때 우리는 이에 또 동참하여 위축된 한·러 관계를 더 위축시킬 것인지 고민해야 할 것이다. 크림반도와 우크라이나 동부지역은 러시아와 역사적으로 깊이 얽혀있어 지금 러시아의 행동을 선, 악 이분적으로 판단하기 어려운 면이 있다. 우리의 국익과 큰 상관이 없고 지정학이 귀환하는 시대에 우리가 대러시아 전선에 동참할 실익이 있는지 고민해 보아야 할 것이다.

안 보이는 경제안보 컨트롤타워

2022.2.18.

컨트롤타워는 우리말로 관제탑이다. 관제탑은 공항에서 이착륙하는 모든 항공기의 비행고도, 이착륙 순서와 활주로를 지정해주는 역할을 한다. 관제탑에서 모든 항공기의 비행궤적과 바람방향, 속도 등을 정확히 파악한 후 명확한 지시를 내리지 않을 경우 항공기들 안전운항이 큰 위협을 받게 된다. 바야흐로 전 세계는 지금 미·중 간의 전략적 경쟁이 치열해지고 우크라이나 전쟁이 장기화면서 경제안보가 각 국가에게 중요한 화두로 부상하고 있다. 이에 따라 우리 현 정부도 경제안보를 중시하고 대통령실에 이를 위한 컨트롤타워 기능을 하는 비서관직을 신설하였다. 그러나 경제안보라고 간주되는 사안들이 너무 다양한 영역에서 광범위하게 벌어지고 각국이 취하는 정책도 불투명하다 보니 경제안보에 대해 실효적인 방침을 내놓기가 어려운 실정이다. 이런 점을 감안하더라도 우리는 지금 경제안보 분야에서 컨트롤타워의 기능이 잘 보이지 않고 각 부처들마저 각개약진하는 바람에 우리 기업들에게 더욱 혼란을 가중시키는 양상을 보이고 있다. 경제안보와 관련하여 국제적으로 새로운 패러다임이 만들어지는 과정에서 이 같은 정책혼선은 차후 우리에게 값비싼 비용으로 돌아올 가능성이 높기에 이런 리스크를 빨리 제거해야 한다. 이와 관련하여 우리가 방향성을 잘 잡지 못하고 있는 영역을 몇 군데를 짚어보고 이에 대한 대처방안을 제시해 보고자 한다.

경제안보라는 개념이 중요시하게 된 첫째 이유는 미·중 간의 전략적 경쟁이 치열해지고 있기 때문이다. 아직 양국이 공식적으로 인정하지는 않지만, 이 경쟁은 사실상 패권경쟁이다. 그리고 이 패권경쟁의 승패는 첨단기술 분야에서 누가 우위를 점하느냐에 따라 결정된다. 그래서 미국은 한사코 첨단분야 기술과 장비가 중국에 이전되는 것을 막고 시장을 중국과 분리decoupling시키려 하고 중국은 이런 저지망을 뚫으려 한다. 이 경쟁의 와중에 한국기업들이 양자택일을 할 수 없어 긴 샌드위치 형편이 되고 있다. 이 문제에 대해서 경제실리와 시장접근적 관점에서만 판단을 해서는 결정을 내리기가 힘들다. 중국시장이 여전히 크다는 미련이 있기에 당장 과감한 분리조치를 취하기가 힘들 것이다. 그러나 미국에게는 첨단기술에서 우위를 상실하면 패권이 넘어가는 사활적인 문제이기에 시장분리 속도를 늦출 수 없다. 따라서 미국과 동맹인데다 향후 시장분리가 불가피하다고 본다면 단기손실이 있더라도 장기적 관점에서 안보적·전략적 판단을 해야 한다. 그러면 미국의 대중견제효과로 장기적으로는 우리 기업에 득이 될 수 있다. 단, 미국기업보다 우리 기업들이 더 앞서 나갈 필요는 없다.

다음은 미국이 중국을 견제하기 위하여 구상하고 있는 '인도·태평양경제협의체IPEF'와 반도체 공급망 재편을 위한 'Chip-4'와 같은 협의체에 어떤 방식으로 동참할까 하는 문제이다. 이는 미국이 중점 추진하고 있는 의제이므로 이에 참여할 필요는 있으나 이 협의체가 어떤 성격을 띨 것인지 잘 따져보고 참여해야 한다. 그냥 무턱대고 참여만 할 것이 아니라 이 협의체가 새로운 공급망을 형성하고 이 공급망이 참여국 모두에게 호혜적일 수 있도록 만들어야 한다. 이를 위해 우리가 이들 협의체의 규범형성 rule-making 과정에서 우리 국익이 반영될 수 있도록 적극적인 노력을 해야 할 것이다. 이 협의체들이 미국의 이익만 반영하고 중국을 명시적으로 배제하는 방식으로 작동하지 않도록 우리가 다른 국가와 연대하여 목소리를 내어야 할 것이다. 앞으로 중요한 제품의 공급망은 서로 신뢰할 수 있는 국가들 사이에서만 형성되는 것이 불가피할 것이다. 그렇지만 중국을 완전히 배제할 경우 중국시장은 물론 중국에 대한 지렛대도 상실하게 되어 좋은 방안이 아니다.

세 번째로는 미국이 추진 중인 '인플레 감축법IRA'이나 '반도체·과학법' 등과 같은 법안들은 미국 내 일자리 만들기에 주안점을 두고 있다. 따라서 이 법안들이 미국기업의 국내회귀reshoring 뿐만 아니라 외국기업도 무조건 미국 내 공장을 지어야 미국 내 판매를 허용하거나 보조금을 받을 수 있도록 하는 '미국 우선주의' 정책을 위한 도구가 되는 것을 막아야 할 것이다. 이를 위해서는 우리 정부와 기업들 노력뿐만 아니라 EU, 일본 등과 같이 힘을 합쳐 미국 일방주의를 완화시키려는 공동노력이 필요하다. 미국 우선주의에 대해서는 개별호소를 하기보다는 집단저항이 더 효과적일 것이다. 동맹과 우방의 경제적 이익을 훼손하는 미국 우선주의는 자유진영의 결속을 더 약화시킬 것이라는 점을 미국에 분명히 해야 한다.

마지막으로 에너지, 원자재, 희귀광물 등의 안정적 공급을 확보하기 위한 공급망 다변화 문제가 있다. 이 문제는 이런 자원을 필요로 하는 기업이 전방위로 노력하여 확보하는 것이 우선되어야 할 것이다. 그러나 자원민족주의에다 자원무기화가 함께 진행되는 현 국제정세를 보면 각국 정부의 협조 없이 기업 단독으로 이를 안정적으로 확보하기 쉽지 않을 것이다. 따라서 정부 컨트롤타워에서 각 기업의 노력을 파악하고 전반적인 교통정리를 하면서 기업을 지원, 독려하고 상대 정부와 협력의 틀도 만들어 내어야 한다. 과거 자원외교를 적폐로 몰던 정권의 우매함이 지금 우리가 겪는 원자재 및 주요광물 공급불안을 불러왔다. 물론 정권의 입맛에 맞추기 위해 무리수를 마다하지 않았던 당시 공기업 경영진의 태도도 문제가 있었다. 하지만 자원개발 사업을 단기적 성과라는 잣대로 재단해서는 안 된다.

이 밖에도 경제와 외교·안보이익을 복합적으로 고려해야 하는 사안들에 대해서도 우리는 허둥대는 느낌이 있다. 예를 들면 화웨이 통신장비를 우리 통신 인프라망에 설치하는 문제는 전 정부 이래 여전히 개별 기업의 판단에 맡겨져 있다. 단기적 성과계산에 급급한 기업에 장기적 국가안보 리스크를 판단하라는 것은 어불성설이다. 원자력 발전소 해외진출과 관련하여 우리 한수원과 미국의 웨스팅하우스가 법적 분쟁을 벌이는 것도 걱정스럽다. 경제안보 관점에서는 한미가 제3국에 동반진출하는 것이 나은데 이를 조율해주는 주체가 없으니 한수원이 폴란드, 체코 등에 독자진출을 주장하여 문제가 커지는 꼴이다. 미국은 한미정상회담 성명의 원자력 협력분야에서 이 점을 분명히 하였기에 한국이 이 약속을 안 지킨다고 여길 것이다. 미국이 끝까지 반대할 경우 한수원이 제3국 사업을 단독 수주할 가능성은 거의 없다고 보아야 한다. 최근에는 국내정치적으로는 의미가 있을지 모르지만 경제적 효과와 그 성사가 불투명한 행사유치에 우리 민관이 혼연일체가 되어 우리 외교자산을 너무 소진해버리는 것이 아닌가 하는 걱정도 든다. 이 세 사안 모두 국제적, 전략적 시각이 부족한 데서 기인한 것으로 보인다.

이런 모든 점을 고려할 때 경제안보와 관련하여 국내적으로도 부처 간 역할분담과 대통령실의 조정역할이 분명하게 규정되어야 한다. 경제안보는 그 단어 자체가 시사하듯이 경제와 안보라는 양 개념이 복합적으로 고려되어야 하지만 경제적 수단이 외교·안보 목적을 위해 동원되는 것이 국제적 추세이다. 그러나 우리나라에서는 단기적 경제적 이익 때문에 외교·안보 이익을 희생시키는 경우가 빈발한다. 이런 일의 재발을 방지하기 위해서는 이를 담당하는 실무책임자들이 범세계적 시각과 전략적 사고의 틀을 가지고 이 업무에 임해야 할 것이다. 같은 맥락에서 국내업체의 시각을 대변하는 경제부처보다는 대통령실, 외교부 등 안보부처가 경제안보의 컨트롤타워 역할을 맡아야 할 것이다.

한국전, 우크라이나전과 물밑외교

2022.7.26.

한국전과 우크라이나전은 여러 면에서 닮은 점이 많이 있다. 한국전으로 인해 구냉전이 시작되었듯이 우크라이나전으로 인해 신냉전 구도가 자리 잡을 가능성이 높아졌다.

70년 전 한국전쟁이 마무리될 무렵 국제정세는 한국전쟁으로 인하여 많이 바뀌었다. 한국전으로 인해 냉전이 본격 시작되고 자유진영과 공산진영이 확연하게 분리되었다. 우크라이나 전쟁도 민주진영과 권위주의진영 간의 분리를 촉진시켜 양 진영 간 간극이 확연히 벌어지는 계기가 될 수가 있다.

그러나 한국전과 우크라이나전의 양상을 보면 그 성격이 다른 점도 눈에 띈다. 한국전 당시에는 자유진영 간의 결속이 확연하고 심지어 미·소 간 중립적 성격을 유지했던 국가들도 한국을 도와 참전하거나 지원국 대열에 합류하였다. 그러나 지금 서방국들은 대부분 우크라이나를 지원하고 있으나 중립지대에 있는 국가들은 우크라이나 지원은커녕 러시아에 대한 서방의 제재에도 동참하지 않고 있다. 한국전에 파병하였던 남아공, 터키는 물론 우리나라에 의료지원을 한 인도 그리고 물자지원을 한 사우디,

이스라엘 등이 우크라이나를 지원하기보다는 러시아에 더 유리한 중립을 지키고 있다.

이처럼 국제사회가 두 전쟁에 대해 다른 양상을 보인 이유는 두 가지인데 첫째 한국전에 대해서는 전쟁의 개전 책임에 대한 명확한 국제적 컨센서스가 있었기 때문이고 그 당시의 국제정세가 미국 주도로 이루어졌고 공산주의에 대한 경계심이 널리 퍼져있었기 때문이다. 이와 달리 현재 우크라이나전에 대해서는 개전 책임은 러시아에 있지만, 그 배경에 대해서는 나라마다 판단이 다르고 지금은 한국전 당시와 달리 미국 주도로 국제정세가 움직이지 않기 때문에 대응에 차이가 난다. 즉 1950년에는 미국이 전 세계를 주도하는 패권국의 위치에 있었고 당시 미국의 국력은 더욱 팽창하는 시기였다면 지금은 미국의 패권이 쇠락하는 과정에 있어 각국이 자국의 전략적 자율성을 높여가는 시기이기 때문에 다른 양상을 보이는 것이다.

이런 현상은 국제정치 구도가 미국 중심의 일극체제에서 다극체제로 나아갈 조짐을 보이고 있기 때문에 일어난다고 보아야 한다. 우리나라에서는 믿고 싶어 하지 않는 사람이 많겠지만 미국의 지도력이 점차 약화되고 있는 것이 사실이다. 최근 20년 이상 미국 외교협회장을 지낸 리처드 하스가 은퇴하면서 미국 언론과 한 인터뷰에서 미국의 내부 약화가 자신의 최고 근심거리이며 미국이 세계안정을 위태롭게 하는 나라라고 실토한 바 있다. 이런 국제정세 하에서 우리의 동맹인 미국에 우리 안보의 모든 것을 맡겨 놓아서는 위험하다. 물론 한미동맹이 우리의 안보의 근간이며 양국 간 안보연대는 견고하게 유지되어야 한다. 그러나 각국이 각자도생을 위하여 자국의 외교안보 정책을 다변화하는 과정을 지켜보면 우리도 우리의 외교를 미국에만 초점을 두고 오로지 미국만 바라보는 식으로 외교를 수행하는 것은 바람직하지 않다는 것을 알 수 있다. 4월 말 이코노미스트지와 인터뷰를 한 키신저 박사는 지금 국제정세는 1차 대전 이전의 상황과 비슷하다고 하였다. 1차 대전 이전에 유럽 각국은 군비경쟁을 하면서 동시에 자국 안보를 위하여 다른 나라들과 비밀동맹도 체결하는 등 합종연횡을 하는 데 몰두하다가 결국 대전을 맞이하게 되었다. 그 당시에 각국의 외교는 자국과 동맹을 이미 맺은 나라들과의 관계를 강화하는데 신경을 집중하기보다는 오히려 다른 나라들이 자국이 모르는 사이에 서로 모종의 동맹이나 비밀조약을 맺을까, 그리하여 자국의 안보환경이 갑자기 급변하지 않을까를 파악하는 데 신경을 곤두세우고 있었다.

지금 국제정세가 1차 대전 전과 비슷한 양상이라고 본다면 우리의 외교 수행 방식도 이에 맞춰 변경되어야 한다. 즉 한미동맹을 우리 안보의 근간으로 강화하되 미국 이외 다른 나라들과의 안보협력도 모색하고 한미동맹을 넘어 우리만의 전략적 자율성도 확보해 나가야 한다. 즉 인도와 일본이 어떻게 러시아와 물밑 거래를 하고도 미국과의 관계를 잘 유지하고 있는지를 눈여겨보아야 한다. 사우디는 중국, 러시아와 밀착하는 행보를 보이면서 어떻게 미국으로부터 더 관심을 끌고 있는지, 또한 이스라엘은 미국과 맹방이면서도 러시아를 비난하지 않고 중국과도 좋은 관계를 유지해 나가는지 우리는 관심을 갖고 분석해 보아야 한다. 심지어 우리의 동맹인 미국이 왜 최근 중국과의 관계에서 유화적인 태도를 보이고 중국과 거시경제에서 협력을 해야 한다고 하면서 미국 고위층들이 연이어 북경을 방문하는지에 대해서도 우리는 안테나를 세워야 한다.

우리의 외교 수행 방식도 미국을 비롯한 특정국가와 양자외교에 집중하는 방식에서 벗어나 그 나라가 다른 나라, 즉 제3국과 어떤 관계를 맺어 가는지 그래서 그런 현상들이 나중에 국제정세에 어떤 변화를 가져오고 궁극적으로 우리 국익에 어떤 영향을 미칠지를 예의주시하고 분석하는 방식으로 바뀌어야 한다. 즉 단초점 외교에서 다초점 외교, 양자간 외교 중심에서 다자간 외교, 3국 간 외교 쪽으로 초점이 옮겨져야 한다는 말이다. 그렇지 않으면 우리는 우리의 등 뒤나 발 밑에서 진행되는 각국의 숨가쁜 각자도생의 외교경쟁이나 결집을 눈치채지 못하고 안이하게 있다가 갑자기 큰 변고가 발생하면 상황파악을 못하고 허둥댈 가능성이 있기 때문이다. 사실 양자외교는 카드게임에 비유하면 펼쳐진 패를 보고하는 게임이고 제3국 외교, 비밀외교 등은 숨겨진 카드가 무엇인지 추측을 하면서 하는 더 고난도의 게임이다.

1차 대전을 앞두고 각국은 다른 나라들이 자신의 등 뒤로 어떤 나라와 어떻게 손을 잡는지를 파악하기 위해 치열한 첩보전, 스파이전을 펼쳤다. 이를 감안하면 우리의 외교공관과 해외정보 주재원, 무관들의 활동방식도 획기적으로 바뀌고 전문성도 보강되어야 한다. 우리의 해외공관이 단지 본부와 주재국 간의 연락창구 역할을 하는 것을 벗어나 그야말로 우리 국익을 위한 정보수집의 최전선 기지가 되어야 하는 것이다.

1차 대전 전 프러시아 재상 비스마르크는 보불전쟁에 패한 프랑스가 러시아와 동맹을 맺어 프러시아를 양 방면에서 압박하자 러시아와 비밀조약을 맺는다. 아프가니스탄 진출 문제로 영국과 날카롭게 대립하던 러시아로서는 독일이라는 우군이 필요하였고 독일은 프랑스와 재충돌시 러시아의 중립이 필요하였다. 이런 비밀동맹이 맺어진 줄 프랑스는 알지 못하고 러시아를 든든한 동맹으로 생각하는 우를 범하였다. 또한 독일, 오스트리아와 동맹이었던 이태리가 런던조약이라는 비밀협정을 맺고 전쟁이 발발하자 원 동맹국인 독일과 오스트리아 편이 아닌 적국인 영국, 프랑스 편에서서 참전을 한 것은 비밀외교, 이중동맹 외교의 압권이다. 최근 들어서는 호주가 미·영과 AUKUS 협약을 맺으면서 프랑스와 잠수함 건조계약을 파기한 것은 전광석화처럼 진행된 전격외교의 사례에 해당한다. 1차 대전 직전은 지금도 회자되는 유명한 마타하리와 조르게라는 거물 스파이 외에 많은 이중 스파이들이 상대국의 숨겨진 의도와 동향을 파악하기 위해 암약하던 시기였다. 키신저 박사의 말처럼 지금 정세가 1차 대전 이전과 유사하다면 다른 국가들은 이미 이런 물밑외교와 첩보전쟁에 돌입했을지도 모른다. 우리만 순진하게 양자외교, 일편단심 외교에만 몰두하기에 어려운 상황이 닥쳐오고 있다. 역사는 그대로 반복되지는 않지만 변주된다.

시급한 캠프 데이비드 후속조치

2022.12.28.

　지난 달 캠프 데이비드에서 한미일 3국 정상이 만나 한미일 3국 간 안보협력을 제도화, 정례화하겠다는 합의를 하고 이를 캠프 데이비드 정신이라고 문건에 담았다. 중국의 시진핑 대통령의 말처럼 지금 '백 년 만에 오는 대변화의 시대'를 맞고 있기에 캠프 데이비드 합의는 이런 변화에 필요한 대응임은 틀림없다. 그런데 이런 한미일 남방 3각의 안보협력이 강화되면 당연히 북중러 북방 3각의 안보협력도 강화된다고 예상해야 한다. 국제정치학에서도 물리학의 운동법칙인 '작용-반작용'이 적용되기에 한쪽의 협력강화는 다른 쪽의 대응을 불러오게 된다.

　특히 우크라이나 전쟁으로 곤경에 처해있는 러시아로서는 이런 북방 3각 안보협력을 원할 것이고 이런 맥락에서 북중러 3국 공동 군사훈련도 제안하고 지난 주 보스토치니 우주기지에서 북러 정상회담도 가졌다. 이 회담에서 북러가 군사기술협력을 강화한 것으로 보이는데 이는 국제안보 질서를 더욱 위태롭게 할 것이다. 만약 북한이 간절히 바라는 3가지 기술을 이번 회담을 통하여 확보하기로 했다면 이는 국제안보 질서에 게임체인저가 될 것이다. 북한은 군사정찰 위성 발사에 2번 실패하였기에 위성 궤도진입

기술을 절실히 필요로 하고 있다. 이것을 확보하면 북한의 정밀정찰 및 타격능력이 향상되기 때문에 심각한 안보위협이 된다. 그리고 북한은 아직 확보하지 못한 ICBM의 재진입 기술을 손에 넣으려 할 것이다. 이 기술을 확보하면 미국 대도시에 대한 핵무기 공격이 현실화되는 셈이다. 그리고 북한은 얼마 전 진수한 핵공격 잠수함의 실제운용에 필요한 기술을 습득하려 할 것이다. 이 3가지 기술이 북한의 손에 들어가면 북한의 기존 핵능력에 화룡점정이 되어 가공할 핵전력이 완성되게 된다.

이런 상황은 우리 안보를 더욱 취약하게 하므로 우리도 특단의 대응책을 마련해야만 한다. 즉 캠프 데이비드에서 합의한 원칙, 정신에서 한 걸음 더 나아가 한미 간에 우리의 자위력 강화를 위한 구체적 합의를 끌어내야 한다. 특히 내년 미국 대선에서 트럼프가 당선될 가능성을 감안하면 이런 추가적 보장장치 마련을 서둘러야 한다. 윤 대통령의 이번 유엔 총회 참석 계기에 이런 시도를 해볼 필요가 있다.

첫째 우리도 일본과 같이 핵임계국가가 되어야 한다. 일본은 미국과 원자력 협상을 통하여 일본이 자국 원자로에 필요한 원료를 자체 농축하여 사용할 수 있고 그 외 나머지 핵폐기물을 상당한 수준으로 농축·보관하는 권리를 확보하였다. 그래서 일본은 마음만 먹으면 단기간 내 핵무장을 할 수 있는 잠재력을 가지고 있다. 우리도 미국과 한시바삐 한미원자력협정 개정협상을 시작하여 이 같은 농축 권리를 확보하여 핵잠재력을 가져야 한다.

둘째 우리도 호주가 한 것처럼 미국과 협력하여 핵잠수함을 보유하여야 한다. 호주는 미국과 AUKUS 안보협의체를 만드는 대가로 이런 권리를 확보하였는데 우리도 이에 못지않게 한미일 안보협의체를 구성하는데 큰 역할을 했으니 이 정도는 미국에 요구해서 받아내어야 한다. 날로 강화되는 북한의 잠수함 전력에 대응하기 위해 우리도 핵잠수함이 필요하고 이것은 미국의 안보에도 도움이 된다. 또한 우리의 잠수함, 군함 건조기술은 미국이 필요하기도 하다.

셋째 워싱턴 선언에 포함된 '한반도 비핵화'라는 표현을 철회해야 한다. 그래서 한반도 일원에 미국의 전술핵이 필요시 배치될 수 있도록 해야 한다. 북한의 비핵화가 요원해진 상황에서 우리의 손을 묶을 뿐 아니라 미국의 전술핵도 배치 못 하게 하는 이런 표현을 계속 사용할 필요가 없다. 이번 캠프 데이비드에서 처음으로 북한 비핵화란 표현을 사용한 기조가 계속 유지되도록 해야 한다. 북한이 핵무력을 완성한 후, 작년부터 우리를 대한민국이라 호칭하는 이유는 우리를 같은 민족으로 보지 않고 제3국으로 간주하여 핵공격을 임의로 할 수 있다는 생각을 드러낸 것이다. 이런 상황에서 우리는 이전과 같은 재래식 무기로 절대무기를 대응하려 해서는 안 된다. 지금은 이전과 전혀 다른 접근법이 필요한 때이다. 박정희 전 대통령은 당시 닉슨의 미군 철수론만 듣고도 놀라 핵무기 개발에 착수하였는데 지금의 안보상황은 그때보다 더 심각하다.

격랑이 거세지는 대만해협

2021.7.9

대만을 둘러싼 미·중 간의 신경전이 날로 거세어지면서 대만해협에서 군사적 긴장도 날로 높아지고 있다. 중국의 항모전단이 대만해협에서 자주 무력시위를 하고 최근 G-7 정상회의 이후 중국 공군기 28대가 대만영공을 침범하는 일도 발생했다. 이에 맞서 미국도 지난 4월 두 대의 항모전단이 대만해협을 통과하도록 하여 중국에 경고를 보냈다. 이런 상황 속에 지난 5월 발표된 한미정상회담 공동성명에는 "대만해협의 평화와 안정유지의 중요성을 강조한다."라는 문구가 처음으로 포함되어 시선을 끌었다.

대만해협에 긴장이 높아지는 이유는 대만이 가지는 지정학적 중요성과 대만독립이 가지는 정치적 상징성이 크기 때문이다. 중국에게 대만은 언젠가는 통일해야 할 미수복 영토이자 본토 턱밑을 겨냥한 칼날이다. 반면 미국에게는 대만은 코앞에서 중국을 견제할 수 있는 천혜의 군사요충지이며 섬 자체가 불침의 항공모함과 같다. 중국이 대만을 확보하게 되면 중국은 미해군을 제1도련선 밖으로 밀어내고 그 동쪽해역을 중국의 내해로 만들 수 있게 된다. 그러면 자연히 남중국해도 중국의 내해로 변하여 중국 연안에서 미 해군이 작전을 할 수 없게 되고 중국의 팽창을 견제할 수 없게 된다. 반면 미국이 대만을 지켜낼 수 있다면 중국해군의 태평양 진출을 차단하여 동아시아에서 미국의 군사적 우위를 계속 유지할 수 있게 된다. 게다가 미국이 대만의 독립을 지원하게 되면 중국으로서는 하나의 중국원칙이 허물어지게 되고 신장, 티벳 등 다른 소수민족 자치구에서 분리운동을 촉발할 가능성이 있기에 대만독립을 용납할 수 없다.

중국이 홍콩에 약속했던 일국양제 제도가 작년 중국의 강압정책에 의해 무너지자 대만도 중국에 흡수합병될 수 있다는 경계감이 대만 주민들 사이에 커지면서 미국과 군사협력을 더욱 강화하고 있다. 미국도 미·중 수교시 합의한 '하나의 중국원칙'을 포기하려는 움직임을 보이면서 중국에 강한 경고를 보내고 있다. 반면 중국의 시진핑 주석은 공산당 창건 100주년 기념연설에서 대만통일이 공산당의 역사적 책무이며 중국이 하는 일을 외부세력이 방해할 경우 '머리에 피를 흘릴 것'이라는 섬뜩한 말을 할 정도이다. 그가 3연임에 성공한다면 인민해방군 건군 100주년인 2027년에 이를 행동에 옮길 것이라는 관측이 우세하다. 만약 중국이 대만을 무력침공한다면 미국으로서도 불가피하게 대만을 도와 중국과 전쟁을 할 수밖에 없을 것이다. 중국은 미국이 대만의 독립을 지원한다면 이는 개전사유가 된다는 입장을 밝히고 있다.

대만을 둘러싼 미·중 간의 대결 양상은 1세기 전 유럽에서 영국과 독일 간의 갈등 양상과 닮은 모습을 보인다. 당시 히틀러 통치 하 나치독일은 제국의 영광을 달성하기 위하여 군비확장을 통한 팽창주의 정책을 취해나갔다. 히틀러는 1차 대전 후 상실했던 영토인 라인란트 회복을 위해 이 지역에 군대를 진주시켰다. 당시 영국과 프랑스는 독일과 전쟁을 피하고자 이를 묵인하는 유화정책을 취하였다. 이는 독일의 모험주의를 더욱 부추겨 독일이 계속해서 체코슬로바키아를 병합하고 마침내 폴란드를 침공하게 했다. 그러자 영국은 독일에 대해 선전포고를 하여 2차 대전이 발발하게 된다. 중국은 남중국해의 많은 산호섬을 군사기지화하고 자국 군대를 주둔시키기 시작했다. 미국은 이를 무력으로 저지하지 않고 단지 남중국해의 자유항행만 확보하려는 작전을 펼치고 있다. 중국이 미국을 시험하려고 센카쿠 열도를 침공한다면 미국은 미·일 동맹에 의거 개입할 것을 천명하고 있지만 실행여부는 확언할 수 없다. 그러나 중국이 대만을 침공한다면 나치의 폴란드 침공 시 영국이 했던 것처럼 미국은 개전을 할 것이고 이것은 3차 대전으로 이어질 가능성이 크다.

대만이 중국 일부가 된다면 동아시아 전체에서 중국의 지역 패권이 확립됨을 의미한다. 이 경우 우리 선박들이 중국의 제해권 속에서 운항해야 하기에 우리는 중국에 저항하기 힘들게 될 것이다. 3차 대전도 피하고 우리가 중국의 제해권에 순종하는 길을 피하는 방안을 무엇일까? 답은 대만을 둘러싼 미·중 간 군사충돌이 발생하지 않도록 막는 것이다. 독일이 폴란드를 침공할 때 세계대전이 발생하고 자국이 결국 패배할 것을 알았더라면 그런 모험을 하지 않았을 것이다. 지금 대만해협에서 미·중 간 충돌을 가상한 모의 전쟁게임에서 승률은 중국에 유리하게 나오고 있다. 따라서 전쟁을 방지하기 위해서는 이 승률이 중국에 유리하지 않도록 만들 필요가 있다. 즉 미국 혼자가 아니라 한국, 일본, 호주 등 동맹국들이 대만을 같이 지킨다는 것을 중국이 깨닫게 되면 모험을 벌이지 않을 것이다. 이런 의미에서 최근 미·일 정상회담과 한미정상회담은 지역안정을 위해 큰 의미가 있다.

홀연 반중전선 선두에 선 우리?

2023.11.27.

바이든 전 행정부는 이전 트럼프 행정부의 대중 봉쇄전략의 내용을 대체로 승계하였지만 형식상으로 미국 홀로 중국을 상대하는 것이 아니라 동맹·우방국들과 연합전선을 구축하여 중국의 봉쇄를 더 촘촘히 한다는 점에서 차이가 났다. 그래서 바이든 행정부는 미·영·호주 3국이 참여하는 AUKUS를 작년 출범시켰고 한미일 3각 안보협력도 올해 더 강화하고 인도와 베트남을 이 대열에 참여시키기 위하여 그간 많은 공을 들여왔다. 미국의 동맹인 우리는 미국의 세계 대전략에 어느 정도 동조할 필요가 있기에 한미정상회담 공동성명에서 현 정부는 이전 정부보다 남중국해와 대만 문제에 대해 한 걸음 더 나간 표현을 사용하여 중국을 다소 자극하였다.

자유진영과 권위주의진영 간의 분열이 불가피해지면 우리는 자유민주국가로서 당연히 자유진영의 편에 서야 하고 따라서 권위주의진영과 대립각이 생기는 것은 어쩔 수 없다. 우리 국가의 정체성은 이런 정책방향에 정당성을 부여하고 있다. 중국의 공세적 대외정책이 계속되고 우리의 생명선이나 다름없는 남중국해에서 중국이 배타적 영향력을 행사한다면 우리의 국익이 심각히 손상되기에 이에 대해 우리가 목소리를 내는 것은 당연하다. 그리고 중국이 지향하는 세계질서, 중화적 세계관과 중국몽이 반영된 국제체제는 우리가 지향하는 가치와도 충돌할 것으로 전망되므로 이 점에 대해서도 우리는 경계의 눈초리를 늦추지 말아야 한다. 중국이 내정문제로 간주하는 대만문제에 대해서 우리가 조금 더 유의해야 하는 점을 빼고는 현 정부의 대중 정책방향에 잘못은 없다. 단지 현 정부가 중국이 보기에는 이전 정부와 달리 좀 반중적이고 훨씬 친일적으로 보일 뿐 아니라 미국의 대중봉쇄에 적극 가담하듯 보인 것을 제외하고는 말이다. 그런데 자유진영의 대중견제 전선이 잘 유지되고 더 강화된다면 우리의 이런 대중 정책방향이 문제가 될 일은 없다. 그러나 이런 대중 견제전선이 약화되거나 개별국가들이 중국과 화해무드로 돌아서면 우리만 난감해진다. 사실 우리의 의도가 꼭 그렇지는 않더라도 우리의 정책방향은 그런 인상을 남기고 "가까운 이웃의 말이 더 아프다."라는 자국 속담을 떠올리며 중국은 한국을 홀대할 가능성이 커진다.

그런데 최근 미국을 비롯한 몇몇 나라들의 대중 견제전선에 이상기류가 감지되고 있다. 우선 견제전선을 설계하고 앞장서 이끌던 미국이 중국에 대해서 유화적인 태도를 보이고 있다. 올해 4월 들어서 미국은 EU를 뒤따라 중국과 '분리decoupling 정책'을 포기하고 첨단기술 분야가 군사목적으로 전용되는 것을 막기 위한 최소한의 '위험감소derisking 정책'으로 대중 정책의 방향을 전환하였다. 그 이후 미국의 고위급 인사들이 중국을 연거푸 방문하면서 중국 고위급과 대화채널을 열고 시진핑의 방미를 거듭 요청하였다. 그럼에도 중국은 미국이 관계개선을 위한 실질적 조치, 즉 5불 정책을 취할 것을 요구하며 시진핑의 방미와 미·중 정상회담에 대한 확답을 회피했다. 올 10월 중반이 되어서야 시주석과 미국 CEO 3백명과의 회동 계획이 알려지면서 그의 방미는 기정사실화되었다. 그러나 미국의 거듭된 요청에도 중국은 정상회담에 대해 답을 하지 않고 미국의 제제해제를 요구하며 시간을 끌었다. 결국 미·중 재무장관의 회동이 있고 난 후, 정상회담 개최 불과 나흘 앞두고 이를 확인하였다. 이것은 보통국가들 사이는 물론 강대국 간 외교 관행에서 볼 때 대단히 이례적인 일이다. 어렵사리 성사된 미·중 정상회담에서 양국은 큰 돌파구는 마련하지 못했지만 양국 간 긴장, 대결 국면을 화해, 조정 국면으로 전환하는 데는 뜻을 같이하였다.

이렇게 미국이 공들여 중국과 화해의 물꼬를 트기 전 호주 총리도 11월 초 중국을 방문하여 지난 7년간 긴장, 갈등을 지속하던 양국 간 관계를 해빙무드로 돌려놓았다. 이전 자유당 정부 하에서 호주는 자국의 정체성에 입각하여 중국에 대항하는 원칙주의적 외교를 전개하였다. 그리고 미국이 주도하는 AUKUS에 가입하여 대중봉쇄의 선봉에 서는 것을 마다하지 않았다. 그로 인해 중국이 가한 강압적 경제보복 조치를 호주는 몇 년간 꿋꿋이 버텨냈다. 작년 5월 알바니즈 총리가 이끄는 노동당이 집권한 초기에 호주 신정부는 전 정부의 정책을 계승해 초당파적인 대중외교를 하겠다고 천명하였다. 그런데 지난 1년 반 중국의 화해공세에 화답하며 호주는 최근 대중 관계개선 방향으로 정책을 선회하였다.

미국이 대중전선에 합류시키기 위하여 바이든이 지난 9월 방문까지 하며 공을 들인 베트남이 11월 하순 다른 아세안 4개국과 함께 중국 본토에서 합동군사훈련을 하였다. 베트남은 중국과 남중국해 영유권 문제를 두고 오랜 기간 충돌을 거듭하면서 미국, 호주와 전략적 연대를 맺는 것을 당연한 정책 선택으로 여겼다. 베트남은 그래서 이 두 국가와 전략적 협력

동반자 관계를 맺었고 이들과 힘을 합쳐 남중국해에서 중국 영향력을 축소하는데 기여할 것으로 보였다. 그런데 그런 베트남이 갑자기 중국과 합동군사훈련을 한다는 것은 상당한 정책방향 선회인데 이를 가능케 한 베트남의 복합외교술이 놀랍다.

일본 기시다 수상도 APEC 정상회의에서 시진핑 주석과 정상회담을 가졌다. 일본은 정상회담을 성사시켰을 뿐만 아니라 후쿠시마 수산물 수입 재개를 중국에 당당히 요청하는 공세적 외교를 펴서 주위를 놀라게 했다. 일본도 중국 견제목적의 인·태 전략을 처음으로 발표하고 자국의 다이아몬드 전략과 유사한 미국의 QUAD 협력체에 바로 가입하여 대중견제 전선의 최일선에 서 있는 것처럼 보였다. 그래서 일본이 친미적이고 중국과는 표면적으로는 상당히 관계가 경색된 것처럼 보였으나 일본도 물밑으로는 중국과 관계개선을 위한 끈을 놓지 않았던 것으로 보인다.

미국을 비롯한 대중 견제전선에 우리와 같이 서 있던 나라들이 이제 중국과의 관계개선을 도모하는 방향으로 정책선회를 하고 있다. 그러다 보니 우리만 견제전선에 홀로 남아 마치 우리가 그 전선의 선두에 서 있는 것처럼 보이는 형국이 되었다. 그러니 중국이 우리와 관계개선을 하려 하기보다는 우리를 오히려 길들이기 할 가능성이 높다. 그런 배경 하에 이번 APEC 정상회의에서 우리가 정상회담을 성사시키려 백방 노력했음에도 무위로 돌아간 것은 어쩌면 예견된 일이었다.

앞에 예를 든 4개국이 중국과의 관계개선에 나선 이유는 각기 다 달라 보이고 우리가 그 속을 다 알 수도 없다. 다만 전체적으로 공통적인 이유를 분석한다면 각국이 중국을 봉쇄하는 것이 현실적으로 불가능하고 중국과의 대결자세를 유지하는 것이 자국 국익에 도움이 되지 않는다는 실용주의적 판단을 했을 수 있다. 그래서 원칙적인 부분을 양보하지는 않더라도 중국과 관계개선을 위하여 상징적인 부분에서 중국의 체면을 세워주는 조치들을 취하며 타협을 모색했을 수 있다.

우리도 앞으로 중국과의 관계를 이들 나라처럼 국익기반 실용외교 기조로 운영해 나가야 한다. 중국과의 관계를 우리 국익적 관점에서 냉정히 판단해야지 다른 나라의 구상이나 이념을 그냥 쫓아가면 안 된다. 그리고 중국과는 철저히 실질적으로 상호 이익이 되는 카드를 찾아 물밑 거래를 해야 한다. 그냥 상식적 논리로 중국을 설득하거나 중국의 선의를 구걸해서도 안 된다. 그리고 우리가 양보할 수 없는 우리의 정체성과 가치는 분명히 밝혀두어 중국이 우리에게 부당한 기대를 하지 말게도 만들어야 한다. 우리와 비슷한 처지에 있는 호주와 베트남도 사실 이러한 노선을 분명히 지켰기에 오히려 중국이 관계개선을 먼저 시도하고 나선 것으로 보인다.

이런 상황을 종합적으로 고려하며 우리는 중국과의 관계를 어떤 방식으로 풀어나가야 할까 진지하게 고민해야 할 때이다.

엑스포 유치전 예정된 실패

2023.11.28.

우리 국민 모두가 가슴 부푼 기대감을 가지고 부산이 2030 엑스포를 유치할 수 있기를 지난 1년 반 기다려왔다. 그리고 11월말 투표를 앞두고 우리가 경쟁국인 사우디를 바짝 추격하여 2차 투표로 가면 뒤집기가 가능하다는 낙관적인 전망이 우리 언론을 도배하였다. 그런데 막상 뚜껑을 열어보니 우리가 득표한 수는 고작 29표로 사우디의 119표의 1/4에도 못 미치는 초라한 성적이었다. 국민들의 높았던 기대감은 깊은 실망감으로 바뀌었고 우리 여론은 이 실패의 책임을 묻자는 매파와 다음을 기약하자는 비둘기파로 나뉘어졌다. 많은 국민이 반신반의했지만 윤석열 대통령부터 영업사원 1호를 자칭하며 유치전의 최전선을 누비고 다녔기에 기대가 커졌다. 또한 재벌 총수들을 비롯한 유치단도 지구 400여 바퀴를 도는 기나긴 대장정을 했다고들 하니 지더라도 최소한 '졌잘싸'를 기대하고 있었다. 즉 사우디와 근소한 표차로 패배하게 되면 사우디의 막강한 오일머니 앞에 일부 개도국들이 유혹당한 탓이라 치부하고 넘어갈 수 있었다. 그러나 예상과 달리 이런 큰 표차로 대패했기 때문에 그 원인을 제대로 규명해 볼 필요가 있다.

그렇게 전 세계를 누볐음에도 이렇게 대패한 것은 우리가 국제정세의 흐름을 제대로 읽지 못하고 보고 싶은 것만 보고, 믿고 싶은 대로 믿은 결과이기 때문이다. 우리는 GDP의 거의 80%를 무역에 의존하는 개방형 통상국가인데 이 정도로 국제정세를 오독한다면 이의 반복은 우리 국가운명에 부정적 영향을 미칠 것이기에 그 원인을 제대로 분석하고 바로 잡을 것은 바로 잡아야 한다.

먼저 우리는 엑스포 유치에 올인하기 전에 이번 엑스포 유치전의 대결구도를 구조적으로 분석해 보았어야 한다. 이 구조적 상황을 제대로 파악하였다면 우리는 승률을 가늠할 수 있었을 것이고 우리가 유치전에서 국가자산을 그렇게 집중투자하지 않았을 수도 있었다. 사실 이번 경쟁은 처음부터 구조적으로 이기기 힘든 싸움이었고 이를 뒤집을 수 있다면 거의 기적에 가까운 일이라고 할 수 있는데 그 이유를 분석하면 다음과 같다.

첫째 이번 대결은 지역 간 선거전에서 국제사회에 널리 통용되는 지역 간 균배원칙에서 사우디에 유리한 판이었다. 오사카가 2025년 박람회를 이미 유치하였고 2035년에는 중국이 유치를 신청했다는 것이 이미 알려져 있었다. 그 가운데 부산이 2030년 엑스포를 유치한다면 동아시아가 15년 연속 엑스포를 독식하게 되는데 이는 다른 지역 국가들이 수용하기 어렵다. 아무리 동아시아 3국의 경제력이 남다르다 하더라도 다른 지역의 기회를 다 뺏아 독점할 수는 없는 일이다.

둘째 한국과 사우디 간의 경쟁은 국가 간 경쟁이라기보다는 세계 발전사에서 다른 서사 간의 대결이라고도 할 수 있다. 즉 한국은 1960년 이후 1990년까지 자유주의적 국제질서, 개방형 통상체제의 혜택을 입고 급성장한 나라이며 따라서 자유주의적 국제질서의 총아이자 그 시대 발전모델의 대표라고 할 수 있었다. 이런 한국은 다른 나라들이 보기에 미국이 주도하는 국제질서의 모범생이며 따라서 미국의 소프트 파워가 왕성하였고 한국이 한참 경제성장의 고도기를 구가하던 때에는 한국 모델이 호소력이 있었다. 그래서 우리가 1988년 올림픽과 2002년 월드컵 개최에 성공한 것은 그런 시대적 흐름을 잘 탄 결과였다. 그런데 지금은 미국이 주도하던 자유주의적 질서가 약화되고 있고 이에 대한 대안으로 국가주도 자본주의, 권위주의적 정치체제의 서사가 개도국들에게 새로운 발전모델로 제시되고 있다. 그리고 사우디는 이런 새로운 시대의 흐름을 대변하는 모델로 자신을 자리매김하고 2030-35년 간 이를 전 세계에 보여주겠다는 미래 비전을 제시하고 있다. 그리고 국제사회에서는 중동의 맹주 사우디가 이런 새로운 발전모델로 성공하여 개방적이고 풍요로운 나라로 변신하는 것을 기대하고 성원하는 분위기가 존재한다. 이런 시대적 흐름에서 우리는 사우디에 불리한 위치에 있는데도 이번 유치전에서 양국이 사용한 홍보영상을 보면 한국은 과거 회고적 서사를, 사우디는 미래지향적 비전을 보여줬으니 그 호소력의 차이는 분명하다.

셋째 사우디는 실권자인 빈 살만 왕세자가 국가개조에 가까운 개혁 프로젝트를 가동하면서 그 결과물로서 현대국가로 변모한 사우디를 2030-35년간에 전 세계에 보여주려고 한다. 이를 위해 30년 엑스포와 35년 월드컵을 연이어 개최하고 또 네옴시티를 건설하여 전 세계 이목을 사우디에 계속 묶어 두겠다는 야심을 가지고 있다. 그리고 이를 통해 왕세자가 왕으로 등극하는 발판도 위엄있게 만들 수 있으니 사우디로서는 엑스포 유치는 그런 국가계획 실현을 위해 놓칠 수 없는 목표이다. 그러니 사우디는 국가운명 차원에서 유치전에서 올인했고 한 도시 부산을 내세우는 우리가 겨루기 힘든 상대였다.

넷째 이것은 주지의 사실이지만 사우디는 왕정국가이니 왕의 뜻만 있으면 풍부한 오일머니를 아무런 법적 제약 없이 무제한 뿌릴 수 있는 나라이다. 이런 나라를 상대로 온갖 법적, 예산적 제약에 묶인 공적원조만을 조금 더 늘려주겠다는 약속을 할 수밖에 없는 우리에게 표를 던져 줄 개도국 대표가 많을 리 없다.

다섯째 현재 미·중, 미·러 간의 대립이 가팔라지고 있는 상황에서 소위 Global South가 중·러를 중심으로 한 권위주의진영으로 점차 경사되고 있는데 중·러와 관계가 좋은 사우디와 그렇지 못한 한국은 사우디에 비해 개도국의 지지를 받아오기 힘든 구조이다.

문제는 처음부터 중첩적으로 구조적인 열세를 무릅써야 하는 싸움이란 것을 알고서 우리는 이 게임에 올인하는 전략적 결단을 내렸는지 하는 점이다. 국가자원을 거의 총동원하다시피 할 이런 결정은 모든 상황을 면밀히 검토한 이후 최종 결정을 내려야 하는데 우리는 피상적인 상황파악만 하고 단순하게 결정을 내리지 않았는지 반성할 필요가 있다.

우리는 국제적 유치경쟁에서 우리가 성공한 사례가 많으므로 과거 성공사례를 믿고 우리가 열심히만 뛰면 성공을 재현할 수 있으리라 생각하는 경향이 있는데 이것은 근거 없는 자신감일 수 있다. 한국이 제시한 과거형 성공 서사는 더 이상 국제사회의 눈길을 끄는 매력 포인트가 될 수 없다. 우리도 국제사회가 공감하고 같이 누릴 수 있는 새로운 미래 비전을 제시할 수 있어야 성공한다.

우리의 서사와 시각이 너무 서방위주로 형성되어 있지 않은지도 반성해야 한다. 지금도 G-7은 GDP 총액과 인구 양 측면에서 BRICS에 못 미치고 있으며 지난 10월 6개국이 BRICS 정상회의에 추가로 가입하였으니 그 격차는 더욱 커질 것이다. 서방에 비해 Global South의 비중이 더 높아지고 이들이 바라는 국제질서와 서사는 서방의 자유주의와는 다르다. 그러니 우리도 국제사회 다수의 의견을 경청하는 자세를 가질 필요가 있다. 그리고 우리가 G-9으로 가입을 한다면 우리의 발전모델을 자랑만 할 것이 아니라 그에 걸맞게 우리의 ODA도 대폭 증액하여 개도국들의 마음을 얻는 노력을 더 해야 할 것이다.

무엇보다도 이번 엑스포를 유치 못 한 것은 부산으로서는 아쉽겠지만 국가적으로 크게 손해 볼 일은 없다고 본다. 국가적으로는 체면이 좀 손상된 것 말고 실질적인 피해는 거의 없다. 경제효과는 실제 투입된 비용과 거둔 이득 간 차이를 사후에 계산해 보아야 할 일이기에 지금으로서는 잘 알 수 없다. 그러나 우리가 정말 걱정해야 할 것은 이번 유치경쟁에서 드러난 우리의 정세판단 능력과 의사결정 방식의 문제점이다. 행사유치가 문제가 아니라 외교안보상 중요한 전략적 결정도 이런 식으로 내려진다면 우리는 돌이킬 수 없는 치명상을 입을 수 있는 심각한 안보상황 속에 매일 살아간다는 점을 잊어서는 안 된다. 외교안보상 잘못된 판단과 결정은 우리의 체면이 아니고 수백 만의 목숨이 걸린 일이기 때문이다.

AUKUS와 격자동맹: 호주가 던지는 기회

2023.12.18.

AUKUS가 발족한 지 3년이 경과하고 있는 가운데 지난 4월 초 AUKUS
원 멤버인 미국·영국·호주 3국 국방장관이 공동성명을 발표하였는데 3국
의 안보협력을 기존 군사협력 이외 기술협력 분야로 확대할 것을 발표하
였다. 즉 군사협력 분야인 첫째 축^{Pillar 1}은 기존 AUKUS 3국에 국한하더
라도 기술협력 분야인 둘째 축^{Pillar 2}에는 한국, 일본, 캐나다, 뉴질랜드 등
을 포함시킬 것을 검토한다고 했다. 연이어 개최된 미·일 정상회담에서 미
국은 일본이 이 둘째 축에 참여할 것을 권고하고 일본은 이에 긍정적으로
화답하였다. 이 둘째 축은 양자 컴퓨팅, 사이버 안보, 극초음속과 같은 첨
단기술 분야 협력에 그 초점이 맞추어져 있다. 미국은 중국과의 힘겨운 첨
단기술 분야 경쟁에서 혼자 힘으로 대응하기보다 서방국가들과 연대하여
중국으로 기술이전은 막고 협업을 통해 기술발전 속도는 높이려는 것이
다. 이러한 미국의 의도에 중국은 당연히 반발하고 특히 일본이 AUKUS
의 둘째 축에 참여하려는 계획을 비난하였다. 이제 한국에게도 언젠가는
이 둘째 축에 참여하라는 권유가 있을 수 있고 아니면 우리가 선제적으로
참여하겠다는 의사를 표명할 수도 있기에 이 참여 여부에 대한 득실을 따

저볼 때가 되었다.

AUKUS는 처음 발족할 때부터 3각동맹이자 가장 유대감이 강한 앵글로 색슨 3국 간 군사동맹이라는 측면에서 눈길을 끌었다. 이 AUKUS의 출범은 미국이 2차 대전 이후 유지해왔던 동맹의 기본구조, 즉 '중심축과 바큇살 체제Hub & Spoke System'를 변경하려는 신호탄으로 주목을 받았다. 이 동맹 기본구도는 미국이 강력한 패권국으로 군림하던 2차 대전 이후 70년간은 잘 작동하였다. 최근 미국의 국력이 예전과 같이 않게 되자 모든 동맹국들을 미국이 중심이 되어 1:1로 지켜주고 관리해 주는 '중심축과 바큇살 체제'는 더 지탱해 나가기가 힘들어졌다. 그래서 미국의 전략가들이 대안으로 고안해낸 것이 '격자구조lattice structure형' 동맹구조이고 미국은 최근 이 개념을 미 CSIS 연구소 토론을 통해 공론화하였다. 격자구조는 미국이 여전히 중심이 되지만 많은 나라들이 미국의 군사력에 의지하는 체제가 아니라 3-4개국이 미국을 중심으로 뭉치는 체제를 말한다. 그리고 미국은 앞으로 이런 격자를 QUAD, AUKUS 외에도 3-4개 안보협력국들을 묶은 격자동맹 구조를 더 만들어 격자들을 서로 연결하려 할 것이다. 구조학적 측면에서 본다면 이러한 '연쇄 격자동맹 그물망'이 '중심축과 바큇살' 구조보다는 당연히 더 견고할 것이다. 한미동맹을 보면 현재 중심축인 미국에 한국은 바큇살 끝에 붙어있는 모양의 1:1 동맹이다. 이런 바큇살 동맹은 한미 양국 간 동맹의 조건이 변동한다면 바큇살이 손상되거나 아니면 다른 외부요인에 의해 바큇살이 단절될 취약요인을 안고 있다. 반대로 한미동맹이 다른 서너 개의 동맹국이나 안보협력국들과 격자 형태로 엮어지면 미국과 양자관계가 좀 순탄치 못해도 동맹구조 자체는 안전할 수 있다. 미국도 자신이 중심축이 되어 수많은 나라들을 1:1로 관리할 필요가 없으니 당연히 격자구조 동맹을 선호할 것이다. 또한 바큇살 구조는 동맹국 보호에 중점을 두었다면 격자형 구조는 합동전력 투사에 중점을 두고 있다. 그러니 미국의 미래형 동맹구조는 격자형으로 갈 개연성이 높으므로 우리도 이에 대비해 나가야 한다.

이런 상황을 감안하면 우리도 미국이 중심이 된 한미일 안보협력에도 더 적극적으로 참여해야 하고 또 우리가 중심이 되어 다른 소다자 안보협력체를 만들어나가는 방안을 강구해야 할 때이다. 그리고 미국이 펼쳐놓은 AUKUS Pillar 2에 참여도 적극적으로 검토할 필요가 있다. 물론 우리의 첨단기술 수준과 정치상황이 AUKUS가 협업대상으로 선호할 정도인지 여부는 불확실하지만 우리의 의지는 미리 밝힐 필요가 있다. 물론 중국이 일본에 대해 이미 비난 성명을 발표하였듯이 우리의 참여 행보에도 부정적 반응을 보일 것은 불문가지다. 그렇지만 격자동맹의 구조가 우리 안보에 주는 견고한 보장력에다 Pillar 2에 참여함으로써 우리가 첨단기술 분야에서 협업을 통해 얻을 수 있는 기술적 진보를 감안할 때 특정국의 불만이 있다고 하여 그만둘 수 없는 일이다. 더 나아가 이런 기술협력으로 무기를 공동개발, 생산할 수 있다면 한국의 방산업계에도 큰 기회가 될 것이다. 최근 개최된 한·호 2+2 회의에서 호주가 우리의 참여에 대한 기대를 표명한 것은 고무적인 일이다.

북한이 핵을 선제사용 한다면?

2022. 7. 26.

1930년대 아인슈타인 박사가 미국 프린스턴대 교수 시절에 양자역학 과목 기말고사 시험문제를 전년과 똑같이 출제하여 대학 내에서 물의가 빚어졌다. 학장이 달려와 무성의를 질책하자 아인슈타인 박사는 "문제는 같아도 학생들의 답안은 달라야 한다. 양자역학이 매년 발전하고 있으니 작년 답이 올해 정답이 될 수 없다."라고 답했다 한다. 학문도 매년 발전하지만 요즘 국제정세는 더욱 급변하고 있어 늘 있던 문제이지만 똑같은 정책으로 대응해서는 효과를 볼 수 없을 지경이다. 그만큼 국제정세는 살아있는 생물과 같아서 계속 변화를 주시하며 이 생물을 잡을 새 궁리를 내놓아야 한다. 그런데 우리 외교·안보의 최대 위협인 북핵문제에 대해서는 우리의 대응과 인식은 과거의 수준에 머물러 있는 게 아닌가 하는 우려가 있다.

2017년 북한은 중,장거리 미사일을 연거푸 발사하면서 새로 개발한 12,000km 사거리의 화성 14가 미국 서부를 사정권 안에 넣었음을 보여주었다. 그런데 올해 들어 또 북한은 각종 미사일을 연거푸 쏘아 올렸는데 그중에는 미국의 동부지역, 즉 뉴욕과 워싱턴까지 타격이 가능한 화성-15

와 17도 포함되었다. 그리고 조만간 예고된 핵실험을 하게 되면 북한의 핵 능력은 한층 강화될 것이다.

이처럼 북한이 연속적으로 다양한 종류의 미사일을 발사하는 데 필요한 비용만 최소 년 6억 불은 될 것이라는 것이 국제연구소의 추정이다. 북한이 사상 최강의 제재에다 코로나로 인한 국경봉쇄로 중국과의 교역도 단절된 상태에서 이런 막대한 비용이 드는 핵과 미사일 불꽃놀이를 계속하는 재원은 어디서 나오며 그 의도는 무엇인지 의아한 일이다. 북한이 온 국력을 집중하여 이런 무력 과시와 실험에 집중하는 이유를 따져보면 다음과 같은 추론이 가능하다.

첫째 북한은 바이든 미 행정부와 윤석열 정부에 대한 심리적 압박을 통해 향후 있을 협상 국면에서 우위를 점하려고 포석을 두는 것으로 보인다. 북한은 핵과 미사일 개발을 완료했으므로 협상을 지체할 이유는 없으나 단지 몸값을 올린 다음 상대가 다급한 상황에서 협상에 임하고 싶기에 이런 행보를 보이는 것이다.

둘째 북한은 핵무기를 더욱 소형화, 다품종화할 뿐 아니라 투발수단도 다량화하기 위해 필요한 실험은 어느 정도 더 진행할 필요가 있다고 보인다. 핵무기와 투발수단의 다량화가 이루어진다면 북한이 2차 보복타격 능력을 확보할 수 있기 때문이다.

셋째 북한은 핵과 미사일의 소형화, 다품종화 과정을 거쳐 이제 마지막 단계인 실전배치 단계로 향해 나아가고 있는 것으로 보인다. 북한은 전술, 전략 핵무기를 남한과 미국을 향해 실전배치 하려고 마지막 점검을 하는 것으로 보인다.

정말 우려스러운 것은 김정은 국무위원장이 밝힌 '핵 선제사용 독트린'

이다. 지난 4.10 창군 90주년 기념 열병식에서 김정은은 "북한의 근본이익이 침탈될 때 핵을 선제사용할 수 있다."라고 천명했다. 지난 30년간 북한이 핵을 개발하면서 처음에는 핵이 협상용이라고 하며 자기들의 요구조건이 받아들여지면 핵개발을 포기할 수 있는 것처럼 포장했다. 그 이후 북한은 핵을 미국의 침략위협에 대한 자위용이라고 둘러댔다. 그래서 우리 사회 일각에서는 평화협정을 통해 북한의 안보불안이 해소되면 북한의 완전한 비핵화가 가능할 것이라고 믿는 사람들이 있었다. 그러나 '핵 선제사용 독트린' 발표로 인해 드디어 북한 핵무기는 공격용으로 돌변하였고 우리의 안보는 이제 최악의 악몽에 직면하게 되었다.

그러나 우리 사회는 그간 북한의 온갖 위협적 언사를 겪다 보니 북한의 핵 엄포에도 둔감하다. 아직도 '핵은 민족공동 자산'이라거나 "동족에게 사용할 생각이 없다."라는 북한의 선전·선동에 현혹되는 분위기가 있어 우려스럽다. 북한의 핵 선제사용 독트린은 매우 엄중하게 받아들여야 한다. 가장 큰 이유는 북한이 미국의 핵우산을 저지할 수단을 가졌기 때문이다. 북한이 재래식 무기로 공격하거나 전술핵을 사용한 협박을 할 때 한국이 버틸 수 있으려면 미국의 핵우산에 의존해야 한다. 그런데 미국 본토 타격이 가능한 북한의 ICBM으로 인해 미국의 핵우산 신뢰성에 근본적인 의문이 제기된다. 미국의 핵우산이 잘 작동하기를 믿고 싶지만 한미 간에는 핵우산의 작동방식을 구체화하는 작업이 아직도 마무리되지 않고 있다. 이 문제는 지난 5월 한미정상회담에서 합의한 '한미 간의 확장억제 고위급협의회' 가동을 통해서 풀어나가야 할 숙제로 여전히 남아있다. 그런데 북한은 ICBM 다량생산을 통해 2차 타격능력까지 갖춘 것으로 보인다. 이런 상황에서 미국이 과연 '워싱턴과 뉴욕이 보복 핵공격을 받을 가능성을 감수하고 한국을 도와줄 것인가?'라는 근본적인 질문이 제기된다. 프랑스는 드골 대통령 때 이 질문에 대한 확신이 없자 독자적인 핵무장의 길로 나갔다.

일각에는 설마 북한이 선제타격을 하면 한미의 보복공격으로 자국이 궤멸할 것을 알면서 이를 감행하겠느냐는 낙관론도 있다. 그러나 김정은이 "잔인할 만큼 냉정하고 합리적이라면 비대칭적 확전의 논리를 채택하여 핵을 제한적으로 선제사용할 수 있다."라는 주장도 있다. 위기 시 한미가 북한을 선제타격하려 한다면 북한은 이를 막기 위하여 핵을 선제사용하는 것이 유리하다는 계산이다. 즉 핵 교범에서 나오는 '쓰거나 지키거나 use-it or lose-it'라는 딜레마를 벗어나는 것이다. 예컨대 북한이 한미의 선제타격에 직면한다면 우선 핵우산 작동부터 막기 위해서 미국의 전략자산과 증원군이 발진할 괌 기지를 먼저 타격할 것이다. 그리고 미국의 보복공격에 직면하면 미국 동부 대도시를 ICBM으로 공격하겠다는 상호확증파괴 MAD 협박을 들고 나올 것이다. 이런 경우 핵공격에 대한 방어시설이 잘되어 있는 평양 시민들이 뉴욕이나 워싱턴 시민보다 훨씬 생존확률이 높을 것이다. 이런 계산 하에 미국 대통령이 이 도박에 판돈을 걸 수 없다는 것을 미리 점치고 핵 선제사용 위협을 가할 가능성이 있다.

미국이 이런 도박에서 한 발 물러선다고 보면 북한이 핵위협을 통해 남한으로부터 얻을 승리의 대가가 크기에 유혹적일 것이다. 설사 핵으로 괌기지까지 타격하지 않더라도 전술핵 사용의 위험을 가하면서 서해 5도에 대한 기습도발을 가할 때 미국이 핵우산을 펼쳐주지 않으면 우리의 대응방안은 거의 없다고 봐야 한다. 한반도 긴장이 고조되어 선제타격을 누가 먼저 하느냐 하는 사활적인 순간이 오면 북한이 선제타격을 할 가능성이 크다는 것이 국제정치학의 합리적 비대칭적 게임이론의 결론이다. 우리 신 정부는 이러한 가능성까지 염두에 두고 그냥 북한의 협박에 대해 수사적 인 대응으로 그칠 것이 아니라 실질적인 대응조치를 심각히 마련해 나가 야 할 것이다. 그 길은 아주 험난할 것이지만 북한의 선제 핵사용 독트린 앞에서 나라와 국민을 지키는 길에 드는 비용과 노력은 아무리 비싸도 기 꺼이 지불해야 한다. 이런 각오를 하고 우리의 갈 길을 가야 할 것이다.

트럼프 집권 2기 정신 차려 대비해야

2024.11.8.

지난 9월 TV 토론 이후 미 주류 언론들이 해리스의 승리를 예측하였으나 이번 대선 결과는 트럼프의 승리로 끝이 났다. 사실 트럼프의 승리는 바닥 민심을 잘 살펴보면 예측할 수 있었는데도 미 언론들과 기득권층들은 자신들이 원치 않는 미래를 직시하기 싫었던 것이다. 트럼프의 집권 2기는 1기와는 또 다를 것이라고 트럼프는 물론 그의 참모 그룹들도 다들 공언하였기에 우리는 그의 집권 2기에 어떤 일이 벌어질 것이고 어떻게 대비해야 할지를 따져봐야 한다.

트럼프 2기는 1기 때보다 트럼프의 개인적 소신이 훨씬 강하게 미국 정책에 반영되어 나타날 것이다. 그는 1기 내각에서 자신과 뜻을 같이하는 인사들을 많이 포진시키지 못하여 그들과 이견으로 정책 혼선을 빚기도 했다. 소위 당시에 트럼프를 억제하는 '어른들의 축axis of elders'이 있어 그의 과도한 편향성을 억제하는데 나름 큰 역할을 했다. 그런데 2기에서는 그런 인사들은 등용될 리가 없고 트럼프는 자신과 세계관을 같이 하는 충복들로 이미 행정부를 구성할 준비를 마친 상태이다. 그러니 2기 집권 기간에 미국의 대외정책은 1기 때보다 훨씬 강경하고 롤러코스터를 타듯 더 급격히 요동칠 가능성이 높다.

우선 그의 세계관과 미국관을 보면 그의 대외정책 노선의 큰 그림이 보인다. 그는 민주당, 또는 이전 미국 행정부가 2차 대전 이후 지속했던 패권국의 역할, 즉 세계경찰의 역할을 하는 것이 잘못되었다고 생각한다. 또한 미국 패권 하의 질서인 자유주의적 국제질서가 미국을 쇠락하게 만든 요인이라고 생각한다. 그는 미국이 쇠락한 원인을 미국 내부에서 찾기보다는 외국이 미국을 편취하였기 때문이라고 보고 그 책임을 외국에서 찾는다. 예를 들면 그는 "한국이 미국의 자동차 산업을 훔쳐갔다."라는 표현을 쓴다. 그래서 한국은 미국 덕에 '돈을 만드는 기계money machine'가 되었으니 미국에 많은 돈을 되돌려주어야 한다고 생각하고 있다.

그는 미군이 해외에 나가서 활동하는 것 자체에 거부감을 가지고 있다. 그의 이런 사고는 동떨어진 것이 아니라 사실 미국 공화당의 전통 사상과 맞대어 있다. 미국 공화당의 원조인 3대 대통령인 토마스 제퍼슨은 "미국은 외국과 동맹을 맺어서는 안 된다."는 고립주의를 일찌감치 표방했다. 그리고 키신저도 "미군이 한국에 오래 묶여 있을 필요가 없으며 주한미군은 미국 외교의 영구적 특징이 아니다."라는 말을 남겼다. 이것이 미국의 건국이념인 미국 예외주의와 고립주의를 대변하는 생각이다. 미국은 이런 건국이념을 바탕으로 2차 대전까지만 해도 해외 전쟁에 개입하는 것을 상당히 꺼린 나라였다. 즉 미국의 기본 국가전략은 '역외 균형자off-shore balancer'로 남아있는 것이다. 이는 미국이 해외 분쟁에 섣불리 개입하지 않고 마지막까지 판세를 보다가 판세가 미국에 불리하게 돌아가면 그때 개입하여 판세를 미국에 유리하게 돌려놓는다는 기본입장을 가지고 있다. 그래서 미국은 1차 대전과 2차 대전 때도 영국의 애걸에도 불구하고 전쟁 후반기에 거우 참전을 결정하였다.

트럼프는 이런 미국의 기본 전략을 되살리려 하고 있고 그의 참모들도 미국이 2차 대전 후 패권국 역할을 하다 보니 너무 과도하게 해외 분쟁에 개입하였고 이것이 미국의 쇠락을 재촉하였다는 시각을 가지고 있다. 또한 미국의 동맹국들이 안보는 전부 미국에 부담시키는 무임승차 행태를 보이면서 각국은 경제발전에만 집중하여 미국의 경제를 멍들게 했다고 보고 있다. 그러니 트럼프 2기에서는 미국의 동맹국들은 안보부담을 더 많이 나눠지고 또 동맹의 역할을 충실히 할 것을 요구할 것이다. 특히 트럼프는 닉슨 대통령을 개인적으로 존경하며 교우를 하였는데 그가 닉슨의 발자취를 따른다면 '아시아의 방어는 아시아인의 손에'라는 닉슨 철학을 '트럼프 독트린'이라는 형태로 되풀이할 수도 있을 것이다.

트럼프 신행정부의 이런 성향을 알게 되면 신행정부가 펼칠 대외정책에 대한 예측이 가능하고 그 정책이 한국에 어떻게 적용될지도 가늠해 볼 수 있으므로 이에 대한 대비책을 궁구해야 할 때이다.

트럼프 2기 정부는 다자주의와 가치외교를 기피할 것이다. 따라서 우리도 이에 맞춰 국익기반 실용외교를 양자 차원에서 전개해야 한다. 또한 신행정부는 동맹의 역할과 의무이행을 강조할 것이 분명하다. 한국에게는 한미 상호방위 조약상의 동맹의 의무를 다하라고 요구할 것이다. 이는 미국이 관할하는 태평양 지역 영토에 대한 공격이 발생한다면 우리가 미국을 도와 참전할 수 있는지 물을 것이다. 그 이전에 남중국해와 대만 문제에 대해 한국이 더 적극적인 입장을 표명하라고 주문할 것이다. 이에 대한 우리의 대답이 시원찮으면 트럼프는 미국의 한국에 대한 방위의무도 다하지 않을 것이라고 압박할 것이다.

또 미국이 한국을 방위하기 위해 드는 비용을 전부 한국이 부담하라고 요구할 가능성도 있다. 기존의 방위분담금 협정SMA에 따르면 우리가 부담해야 할 비용이 최대 2조원을 넘지 않는다. 그런데 유세기간 중 그가 한국이 100억 불을 내야 한다고 말한 것은 방위분담금 협정 밖의 비용을 말하는 것이다. 즉 그는 한국이 주한 미군의 인건비와 부대운영 비용까지 내라고 할 수 있다. 게다가 미국은 한국에 핵확장억제를 제공하기 위하여 미국의 전략자산인 전략폭격기, 항모전단, 핵잠수함들을 더 자주 한반도 인근에 배치하고 있다. 이런 전략자산 전개비용은 엄청나게 비싼데 트럼프는 이것도 한국을 위한 것이므로 한국이 부담해야 한다고 말할 수 있다. 그러면 그 총액이 년간 100억불에 달할 수 있다. 그런데 그 비용계산은 미국이 일방적으로 하고 우리는 검증할 수도 없이 그냥 지불해야 하므로 국내적 반발이 만만찮을 것이라는 점이 문제다. 미군 인건비를 우리가 부담하지 않으려고 하면 주한 미군 2사단마저 철수하겠다고 으름장을 놓을 가능성이 있다.

트럼프 신행정부는 북한과 핵협상을 다시 타결지으려 할 수도 있다. 북한이 핵을 더 이상 고도화시키지 않고 따라서 미국 안보에 더 위협이 되지 않게끔 하는 선에서 협상이 타결될 수도 있다. 그리고 한국은 방산에서도 미국과 경쟁할 정도로 강한 나라이므로 북한에 홀로 대응하라고 할 수도 있다. 그러면 우리는 핵무장국인 북한을 우리의 재래식 무기로 감당해야 하는 처지에 빠질 것이다. 전작권 전환도 별 유보 없이 우리에게 넘겨주려 할 것이다. 이러면 우리는 정말 여태까지 미국에 기대는 자세에서 벗어나 자주국방의 각오를 새롭게 다져야 할 것이다. 그 연장선상에서 자연히 우리의 핵자강 필요성이 더 부각될 것이고 이를 위해 미국과 협상에 돌입해야 할 것이다.

경제안보 관점에서 미 신행정부는 중국과의 첨단기술 분야에서 첨예한 대결을 전개할 것이다. 그러니 우리 반도체 기술이 중국에 이전되는 것을 원천 차단하려 할 것이다. 그리고 공급망도 중국을 더 분리decoupling 시키는 방향으로 재편하고 공고히 하려 할 것이다. 우리는 이에 대비해서 우리가 버릴 것은 버리고 새로 취할 수 있는 것은 취하는 방향으로 노력을 해야 한다. 미국이 중국을 막아서면서 생기는 빈 공간을 우리가 메울 수 있어야 한다. 기후변화 관련 정책이 바뀌면서 우리의 자동차, 배터리 산업이 타격을 받을 것이고 미국의 파리협정 탈퇴도 점쳐진다. 그러면 우리 기업들의 ESG 경영도 이에 맞추어 변해야 할 것이다.

미 신행정부와 협상에서는 변화하는 국제정세와 트럼프의 속내를 읽는 예리한 눈과 대담한 지략과 배짱이 필요할 것이다.

미 신행정부가 일으킬 거센 파도를 우리가 잘 타고 넘어서면 우리에게 이익이고 그렇지 못하면 우리는 익사할 수도 있다. 파도를 타는 기술은 우리에게 달려있다. 위기는 위험과 기회를 동시에 데리고 온다. 그리고 기회의 신은 앞모습은 없고 뒷모습만 있다고 한다. 미리 대비하지 않으면 그 기회가 온 줄도 모르고 놓치고 만다. 그 다음에는 위험의 신이 문을 두드릴 것이다.

호주를 통해 본 한국 외교의 현 주소

2024.12.26.

12월 초 중국은 호주에 대한 마지막 경제보복 조치인 쇠고기 수입금지를 해제하였다. 지난 2018년 말 호주가 사실상 중국을 겨냥한 '외국간섭 금지법'을 공표하면서부터 시작된 약 6년 간 지속된 양국 간 외교갈등이 마침내 해소된 셈이다. 사실 처음에는 호주의 자유당 정부가 중국에 대해 날선 공세를 취하면서 양국관계가 경색된 것은 사실이다. 호주는 다른 어느 나라보다 먼저 중국 화웨이 제품의 판매를 금지시켰고 중국 기업들의 인프라 사업 참여도 금지시켰다. 그리고 중국 우한에 국제조사단을 파견하여 코로나 원인 규명을 해야 한다고 호주 정부가 주장하여 중국의 격분을 샀다. 중국은 그 대가로 호주산 철광석, 가스 등 원자재에서부터 쇠고기와 와인 등 농수산품까지 수입을 막는 경제보복 조치를 단행하였다. 그럼에도 이런 보복 조치에 대해 호주의 피해업체들은 비명을 지르지 않고 의연하게 대처해 왔다. 중국은 자국의 보복조치로 인해 호주 내부 여론 균열이 생기며 정책변화가 있을 것으로 기대하였으나 이것이 가능하지 않다는 점을 얼마 지나지 않아 알게 되었다.

2022년 5월 호주에 과거 친중국 성향이 있던 노동당이 집권하자 중국

정부는 호주의 대중국 정책에 변화가 있을 줄 알았는데 그 기대가 빗나갔다. 노동당 정부는 중국에 대한 언사레토릭는 완화하지만 전 정부의 정책기조를 변경하지 않겠다고 천명한 것이다. 정권교체에도 불구하고 호주가 정책 일관성을 유지하자 오히려 화해의 손을 먼저 내민 것은 중국이었다. 그후 중국은 고위급 회담을 먼저 재개하고 경제보복 조치를 하나씩 해제하다가 이제 마지막 빗장까지 풀어준 것이다. 결국 호주의 뱃심 있는 외교에 중국이 꼬리를 내린 셈이다. 그런데 우리는 2016년 주한미군이 방어용으로 도입한 사드 포대로 인해 중국은 우리에게 심한 경제보복 조치를 가했다. 그 후 우리 기업이 중국에서 무수히 퇴출되고 다양한 우리 제품이 중국에서 외면받았다. 최근에 중국이 국제정세의 변화를 감안하여 전랑외교를 좀 완화하는 조치를 보이고 있으나 이는 우리에게만 국한된 것은 아니었다. 한류의 대표적 문화예술 상품이 중국에 못 들어오도록 우리에게는 여전히 빗장을 걸고 있다. 우리는 8년의 세월 동안 정권도 두 번이나 바뀌었고 민주당 집권 시에는 상당히 친중 정책을 폈음에도 왜 이런 푸대접을 받는지 자문해 보아야 한다.

또한 호주 정부는 최근 자국의 호위함 건조사업 입찰에 참여한 국가들을 대상으로 심사결과를 발표하였다. 우리 2개 기업은 탈락하고 일본과 독일 기업만 복수 후보로 선정되었다. 우리는 지난 수년간 호주에 K-9 자주포에 이어 K-21 전투용 장갑차까지 수출하는 성과를 올렸다. 그 결과 이번 수주전에도 우리는 상당히 낙관적이었으나 고배를 마셨다. 호주는 미·영·호 3국 안보협력체인 AUKUS와 기술협력을 할 대상인 Pillar 2에 한국·일본이 참여할 것을 제안한 바 있다. 그런데 최근 한국은 제외되고 일본만 이에 초대를 받았다. 이런 흐름을 보면 한국은 서방의 핵심 안보 협력체에도 아직 발을 못 들이고 있는 셈이다. 그런데 일본은 서방 안보협력체의 핵심국가이며 반중국 견제전선이라 할 수 있는 QUAD도 먼저 제안한 국가이다. 그리고 대만·남중국해 문제에서도 미국을 도와 적극적으로 해군협력을 강화하고 있다. 그럼에도 일본은 중국과 나쁘지 않은 관계를 유지하고 최근 양국은 국가안보 보좌관 전략대화도 가졌다. 윤석열 정부는 친미·친일 정책을 일방적으로 취했음에도 그에 상응하는 대우나 상호조치를 서방 핵심국으로부터 받지 못하고 있다. 이 지점에서도 우리는 왜 그런지 자문해 보아야 한다.

우리는 국가의 장기 생존전략에 대한 국민 공감대가 없을 뿐 아니라 전문가들도 객관적 국익에 봉사하기보다는 본인이 선호하는 이념에 복무하는 경우가 많아서 그렇다. 즉 타국의 눈에 한국은 장기적인 국가전략이 없고 즉흥적으로 당시 지도자의 입맛에 따라 정책을 변경하는 나라로 간주된다. 그러니 우리의 정책에 신뢰성을 줄 수 없고 우리를 잘 대우해 줄 리가 없다. 이번 계엄사태는 이런 상황을 더욱 악화시켰다. 어느 중국 전문가가 쓴 보고서에 "한국은 장래에도 장기전인 국가전략을 수립할 능력이 없어 보이니 중국의 대외정책에서 한국은 큰 고려 요소로 여길 필요가 없다."라고 했다. 참 분한 말이지만 객관적으로 틀린 말도 아니다. 그리고 우리는 외교를 참 단선적으로 한다. 정부가 바뀌면 5년마다 주변국에 대한 선호가 확 바뀐다. 그리고 이를 대놓고 표현한다. 일본과 같은 나라는 아주 복선적이고 다층적인 외교를 전개한다. 그 차이가 이런 결과를 가져오는데도 이를 알고 고치지 못하면 우리의 앞날은 어두울 수밖에 없다.

방위비 증액 압력을 조선협력으로 막기

2024.12.19.

지난달 트럼프 당선인과 윤석열 대통령 간 첫 전화 통화에서 트럼프 당선인이 한국 조선산업의 우수성을 언급하고 한미 간의 조선협력을 제안하였다는 사실이 알려지면서 세간의 관심을 끌고 있다. 미 대통령 당선인이 우리 정상과 첫 통화에서 제기한 문제는 미국의 중요 관심 사안임에 틀림없다. 따라서 이 문제를 우리는 잘 검토해서 미국의 요청을 받아들이면서 동시에 우리 국익을 증진시킬 방안을 모색해야 할 것이다.

미국이 정상 차원에서 제기한 것은 처음이지만 이 문제를 심각하게 여기기 시작한 지는 이미 오래되었다. 역사적으로 보면 세계 패권국의 지위가 변경되는 데 가장 중요한 선행지표는 해군력의 쇠퇴를 꼽을 수 있다. 한때 세계를 제패했던 포르투갈, 스페인, 네덜란드, 영국은 모두 강력한 해군력을 가진 국가였다. 이들은 자국의 해군력을 바탕으로 세계 무역로를 장악하면서 세계 최고국가의 지위를 유지한 적이 있었다. 한때 패권국이었지만 이들 국가의 해군력이 쇠퇴하면서 이에 도전하는 국가와 해전이 벌어지고 이 전쟁에서 지면 그 패권국은 결정적으로 쇠락하였다. 그 전쟁에서 이긴 국가가 새로운 패권국으로 등장하는 과정이 역사적으로 반복되었다.

　지금의 패권국인 미국도 1925년 '워싱턴 군축회의'라는 당시 열강들의 해군력을 조정하는 협상에서 주도권을 잡고 세계 최고의 해군국으로 올라섰다. 이런 해군력은 2차 대전 후 미국이 주도하는 세계질서를 만들고 미국을 세계 최강국으로 자리매김하는 발판이 되었다. 그 후 지난 백여 년 미국은 11개의 항모전단을 필두로 6개 함대로 전 세계 해양을 사실상 지배하였다. 물론 태평양 지역은 7함대가 관할하면서 막강한 해상 전력으로 이 지역을 안정적으로 관리해 왔다.

　그런데 최근 중국이 경제적으로 부상하면서 축적한 경제력을 바탕으로 자국 조선산업을 세계 최대규모로 키우는 데 성공했다. 이런 조선산업을 바탕으로 중국은 10개 조선소에서 최근 한 해 수백 척의 크고 작은 해군 함정을 거푸집에서 찍어내듯 생산해 내고 있다. 반면 미국은 항공모함이나 핵잠수함을 제외한 일반 전투함을 건조할 수 있는 조선소가 이제 겨우 서너 군데 남아있는 실정이다. 그나마 이 조선소에서 연간 건조할 수 있는 함정 수가 최대 7척에 지나지 않는다.

　그 결과 미국이 보유한 전투함 수와 중국이 보유한 전투함 수는 점차 그 격차가 벌어지고 있다. 현재 미국이 보유한 전투함은 285척 정도인데 중국이 보유한 전투함은 340척에 달한다. 지금도 많이 벌어진 전투함 수 격차는 앞으로도 가속도가 붙어 더욱 벌어질 것으로 전망된다. 물론 미국이 항모전단에서는 중국에 비해 외견상 압도적인 우세를 보이고 있지만 중국도 조만간 6개 항모전단을 배치할 계획을 가지고 이를 추진 중이다. 그나마 있는 미국의 항모전단도 노후화가 진행되어 자주 수리를 받아야 되는 형편이라 실제 동원 가능한 항모는 제한된다. 게다가 중국의 해군은 중국

연안을 따라 집중 배치되어 있지만, 미국 해군은 전 세계에 분산 배치되어 있다. 남중국해나 대만해협에서 양국 해군간 무력충돌이 발생한다면 미국의 우위를 전혀 장담할 수 없는 실정이다.

사실 미국의 해군대학 등은 몇 년 전부터 남중국해에서 미국과 중국 해군 간에 해전이 벌어졌을 경우를 가정한 전쟁 시뮬레이션을 여러 차례 실시해 오고 있다. 미 해군대학이 행한 시뮬레이션은 미국 해군이 중국 해군에 패배하는 것으로 자주 결론이 났다. 미 국방부가 미국 정책연구소인 CSIS 등과 합동으로 한 중국의 대만 침공을 전제로 한 전쟁 결과 예측연구인 '다음 전쟁의 첫 번째 전투'가 있다. 이 연구에서도 미국과 일본이 중국의 대만 침공을 간신히 막아내긴 하지만 미군의 피해도 막심한 것으로 추정하였다. 이런 시뮬레이션 결과는 미국 해군의 양적인 열세에다 중국의 미사일 공격능력의 우위를 반영하였기 때문이다.

더 벌어지는 미·중 간 해군력 격차를 알고도 미국이 이를 자체적으로 해결할 수 있는 길이 별로 없다는 데 문제의 심각성이 있다. 사실 미국의 조선업은 그 생태계가 무너져 지금 이를 재건하기가 매우 어려운 실정이다. 그나마 남아있는 조선소들도 그 설비와 시설들이 노후화되어 생산성을 발휘하기가 힘들다. 함정 건조에 필요한 기자재와 부품을 공급할 공급망도 많이 약화되었다고 한다. 겨우 존재하는 협력업체에서 기자재와 부품을 조달한다 해도 그 제품의 품질이 낮고 그 가격도 우리 조선업계에 비해 5배나 비싸다고 한다. 근로자들의 기술 숙련도와 공정 자동화율이 낮아 공정 진척이 매우 느려 같은 함정을 만드는 데 우리의 모듈화된 건조 방식보다 기간이 4배 정도는 더 걸린다고 한다. 이러니 한정된 국방예산을 가지고 미국 내 군함을 건조한다면 중국과 경쟁에서 필패할 수밖에 없다는 것이 부인할 수 없는 사실이 되었다.

이러한 미 해군력의 약화는 미·중 간 패권경쟁에서 가장 중요한 관건이 될 뿐 아니라 미국의 심각한 안보위협으로 대두하게 되었다. 그래서 트럼프 당선자도 이를 제일 급한 일로 생각하고 우리에게 협력을 요청한 것이다. 트럼프 당선자가 이를 요청하기 전에 이미 그의 장남을 비롯한 미 국방성 관리들과 해군 장성들이 최근 우리 조선소를 둘러보고 우리 군함의 우수성을 직접 확인한 바 있다. 이런 실사 결과를 바탕으로 건의가 올라갔고 트럼프 당선자가 이를 토대로 윤석열 대통령에게 협조를 요청한 것이었다. 이제 우리는 이러한 미국의 요청을 어떻게 받아들여 우리 국익에 도움이 되도록 해야 할지 고민할 때이다.

우리의 동맹이자 안보의 보장자인 미국이 자국 안보와 지역 안정을 위해 이런 요청을 해왔다면 동맹으로서 우리는 미국을 도울 의무가 있다. 그리고 미 해군력의 약화를 방지하는 것이 우리의 국익에도 도움이 된다. 그리고 미국의 군함을 우리가 건조하게 되면 우리의 경제에도 도움이 될 뿐 아니라 미국에 대한 우리의 전략적 가치가 높아지게 된다. 조선협력은 우리 외교에 써먹을 지렛대가 생기는 셈이기에 우리는 미국 요청을 적극 수용해야 한다. 우리의 조선 능력을 감안하면 한 해 10척 안팎의 중형 전투함을 건조하여 미국에 인도할 수 있고 또한 미 해군함정의 유지·수리·개조MRO사업도 우리가 맡아 할 수 있을 것이다. 그리고 여력이 있다면 우리가 필리핀, 베트남과 같이 남중국해 자유항해를 중요시하는 국가들의 해군력 증강을 도와줄 수 있다면 미국 입장에서는 더욱 고마울 것이다.

우리가 미국과 해군 재건사업에 협력하게 된다면 이를 미국이 우리에게 요구하는 방위비 증액 요구에 대해서도 활용할 여지가 생기게 된다. 트럼프 당선자는 방위비 명목으로 우리에게 100억 불을 받아야 한다고 주장하니 올해 우리 정부가 바이든 행정부와 타결한 '방위 분담금 협정'을 인정하지 않을 것이 자명하다. 그렇다고 우리가 그의 주장대로 방위비를 대폭 증액하려 해도 현 방위 분담금 협정의 테두리 안에서 몇 배를 증액해서 줄 수도 없는 제약이 존재한다. 현재 방위 분담금 협정SMA에 따르면 우리가 지불하는 항목이 군사 건설비, 한국인 근무자 인건비, 군수 지원비 3가지 항목으로 정해져 있다. 이 항목에 따라 우리가 거의 전액을 다 부담한다 해도 그 총액은 2조를 넘어서지 않는 수준이다. 현재 1조 5천억 정도를 우리가 부담하고 있으니 증액 한도는 5천억 정도가 될 것이다.

그러니 트럼프 2기 행정부는 우리에게 대폭 증액된 방위비를 받아내기 위해서는 주한미군 운용비나 전략자산 전개비용을 청구하는 별도 협정을 만들어야 할 것이다. 그런데 이 비용은 우리가 그 내역을 잘 알 수도 없어 미국이 청구하는대로 지불해야 하는 난점이 있다. 미국이 청구하는 대로 다 지불하면 국내 여론이 비등해지면서 한미간의 갈등 요인이 될 가능성이 높다. 그러므로 우리가 미 해군 함정을 건조해 납품한다면 이 건조 비용을 미국이 요청하는 방위비와 상계하는 방안을 검토할 필요가 있다. 미국이 미국 방식으로 전략자산 전개 비용을 계산하면 우리도 미국 내 건조 군함 가격으로 우리 군함 가격을 매겨서 미국에 납품하면서 상계를 요구하면 양국 간 마찰 소지도 미리 방지할 수 있을 것이다. 또한 당연히 우리의 현금지불 방위비용도 상당히 감액될 것이다.

트럼프 2기 행정부는 미 국내 정치뿐만 아니라 동맹국 관계에서도 많은 변혁을 추구할 것이다. 미국 우선주의에 입각한 변혁의 파고는 거셀 것이고 요구는 강할 것이다. 이에 우리가 슬기롭게 대처하지 못하면 한미동맹에 파열음이 생기고 우리 안보에도 좋지 않을 것이다. 반면 이를 슬기롭게 잘 풀어나가면 한미동맹에도 좋고 우리 국익에도 도움이 될 것이다. 그 분야가 바로 양국간 조선협력 사업이 될 수 있다. 트럼프가 내민 손을 우리는 꽉 붙잡아야 할 것이다.

세 번째 을사년과 한국 외교

2025.1.22.

2025년 을사년이 돌아왔다. 1905년 이후 두 번의 을사년은 우리 역사에 중요한 분기점을 만들었다. 을사년은 매번 일본과의 관계에서 결정적인 변곡점을 만들어 내면서 국가운명을 바꿨다. 세 번째 을사년인 올해도 일본과 수교 60주년을 기념하는 해이자 작년부터 제도화되기 시작한 한·미·일 안보협력이 뿌리를 내릴지 가늠할 수 있는 한 해가 될 것이다. 게다가 탄핵정국으로 국제신인도가 추락하는 와중에 우리가 위기를 뚫고 재도약할지 아니면 이류국가로 전락할지를 결정짓는 한 해가 될 것이다.

1905년에는 을사조약으로 인해 우리가 일본의 보호국으로 전락하였다. 대한제국 말기 우리는 국제정세에 무지한 데다 무능한 군주가 나라를 이끄는 바람에 나라를 잃는 불운을 자초했다. 게다가 나라의 진로에 대해 국론이 분열되어 서로 증오하고 공격하는 내분의 소용돌이 속에 있었다. 국론을 결집하고 단결하여 외부의 적에 대항하기는커녕 집안싸움에 밤낮을 지새우다 국권을 상실하는 바보짓을 했다. 우리는 역사책에서 이러한 선조들의 못난 행위를 보고 부끄러워했는데 지금 국내정치를 보면 선조들을 비난할 염치가 없다. 지금 우리의 정치는 120년 전과 비교해 별반 다름이 없을 정도로 양 시대 상황이 겹쳐 보인다. 당시는 그래도 한민족이 하나였으나 지금은 남·북한 간 대결도 험악한데 국론분열은 더 가열되니 상황이 더 심각하다 해도 과언이 아니다.

두 번째 을사년인 1965년 박정희 정부는 '한일 기본조약'을 체결하면서 일본과 국교 정상화를 이루었다. 일제 식민통치를 36년간 받은 우리 국민은 진정한 사과 없는 일본과 수교를 받아들이기 어려웠다. 거의 전 국민이 조약체결을 반대하는 가운데 당시 박대통령은 역사적 결단을 내렸다. 미래에 결과로 증명하겠다는 일념으로 "내 무덤에 침을 뱉어라."라는 말을 남기며 조약체결을 강행했다. 이 조약체결로 우리는 경제발전에 필요한 일본 자본과 기술을 도입할 수 있었으며 이는 경제발전의 원동력이 되었다. 박대통령은 임기 말년의 독재로 인하여 민주주의의 적으로 인식되고 있다. 단, 경제발전 없이는 지금 우리가 누리는 민주주의 수준은 불가능하기에 그의 을사년 결단은 재평가되어야 한다. 그 당시 일본과 손잡으면 우리가 다시 일본의 속국이 된다는 비관론은 60년 만에 우리가 일본의 일인당 국민소득을 추월한 사실에서 기우였음이 증명되었다.

일본과의 수교 60주년을 기념해야 할 세 번째 을사년이 돌아왔다. 이전 두 번의 을사년과 마찬가지로 올해도 우리 앞에는 역사의 격랑이 휘몰아치고 있다. 역사의 격랑이 흐르는 방향에 따라 수교 60주년에 대한 해석, 그리고 한·일 관계의 미래도 영향을 받을 것이다. 우리가 120년 전처럼 국제정세의 흐름을 읽지 못하고 국론이 분열된 상태에서 감정이나 두려움에 사로잡혀 잘못된 결정을 한다면 또 다른 국난이 닥칠 수 있다. 일본과 과거사 문제는 아직 정리되지 않았고 우리 관점에서 일본이 진정성을 보여주지 못하고 있는 것도 사실이다. 그렇지만 과거에 그리고 감정에 치우쳐서 미래를 보지 못하면 역사적 실수를 답습할 것이다. 우리가 일본과 과거사를 다투는 이유는 우리의 감정을 풀기 위한 것이 아니다. 일본이 과거사를 반성하지 않는다면 일본이 다시 옛날의 침략을 되풀이할 가능성이 있기 때문이다.

그러나 지금 국제정세를 둘러보면 우리가 일본의 침략을 걱정하기보다는 북·중·러 3국으로부터 오는 안보위협을 훨씬 더 경계해야 할 때이다. 게다가 일본의 우경화 추세와 보통국가를 지향하는 흐름은 막을 수 없는 대세이다. 이런 상황에서 일본에게 과거사 정리 없이 안보협력이 아예 불가능하다고 주장하면 사과를 받기도 힘들뿐더러 우리 안보에 대한 자충수가 될 것이다. 지금은 북방 3각에 맞서 한·미·일 남방 3각의 협력을 강화하는 것이 맞는 방향이다. 물론 북방 3국과 무작정 대결은 피해야 하지만 남방 3각 안보구도는 공고히 해두어야 한다. 단, 무조건적 관계개선은 지양해야 한다. 이 점을 부인하는 자들은 안보 이외 다른 목적이 있다고 볼 수밖에 없다. 정치에 외교가 무시당하면 무너지는 것은 안보이다.

4장

미국·중국
바로 읽기

미·중 간 거시경제 분야 협력 가능성

태평양에 공존할 고래 두 마리?

2023.8.29

2017 트럼프가 미국 대통령에 취임하면서 미국은 '미국 우선주의America First' 정책, 즉 미국의 국가이익을 최우선시하는 대외정책을 추진하기 시작했다. 그 정책의 초점은 미국을 위협하는 중국에 대한 견제와 포위에 집중되어 있었다. 민주당 바이든 대통령이 당선되어서도 '대중국 압박정책'은 계속되었다. 그리하여 미·중 간에는 경제적 분리, 즉 디커플링decoupling 현상이 적어도 최첨단 기술분야에서는 불가피할 것으로 보였다.

그러나 지난 3월 EU의 폰덴 라이어 위원장이 중국과의 경제 관계는 분리할 수는 없고 안보적 위협요인만 줄이는 방향으로 재설정, 즉 디리스킹 derisking해야 한다는 주장을 내놓았다. 뒤이어 미국의 옐런 재무장관과 설리번 안보보좌관은 4월 정책연설에서 미국도 디리스킹 방향으로 정책을 변경한다는 화답을 보냈다. 이 연설을 하고 난 이후 미국의 고위급들이 연이어 중국을 방문하게 되는데, 먼저 블링컨 국무장관이 가고 그 다음은 옐런 재무장관이, 이어서 켈리 기후변화 특사가 그 뒤를 따랐다. 이로써 그간 서로 대결 국면으로 치닫던 미·중 관계는 일단 숨을 고르게 되었고 양측 고위급 대화채널이 가동되기 시작하였다. 미·중 양국이 강대강 대치상황을 지속하다가 유화국면으로 전환하는 것처럼 보이는 것은 국제정세 안정을 위하여 환영할 만한 일이다. 단, "코끼리가 싸우거나 아니면 사랑을 나누어도 숲은 망가지기 마련이다."라는 아프리카 속담이 암시하듯 양 강대국의 행보는 어느 방향으로 변하든 주변국들은 촉각을 곤두세워야만 한다.

유럽은 중국과 직접 패권경쟁 상대가 아니기에 디리스킹 정책을 취하는 것이 이상할 일이 아니나 왜 미국이 갑자기 EU의 정책에 맞장구를 치고 나오는지 우리는 잘 살펴보아야 한다. 왜냐하면 우리 정부는 미국의 대중국 정책에 동조하여 가치외교를 표방하면서 중국과 날을 세웠고 우리 기업들은 미국의 요구에 맞춰 대중국 수출 및 투자 재검토를 진행해 왔기 때문이다. 더 나아가 미국의 러몬드 상무장관도 8월 말 중국을 방문할 예정이라 고위급의 줄지은 방중은 의전관례상 중국에 대한 저자세를 보이는 것처럼 보이기도 한다. 물론 이에 대해 미국이 중국과 격화되는 긴장을 완화시키고 양국 관계를 관리모드로 가져가면서 곧 시작될 대선국면을 헤쳐나가려는 의도가 있다는 분석도 있다. 그러나 중국의 고위급은 미국을 방문하지 않고 있는 상태에서 이런 미국의 행보에 담긴 속내를 잘 읽지 못할 경우 우리 기업들만 미·중 간에 안팎 곱사등이 될 가능성이 높다.

미국은 방향전환 이유로 양국 간 디커플링은 상호 경제적 재앙이 될 것이므로 디리스킹을 통해 양국 간 건전한 경쟁을 추구하겠다는 점을 내건다. 일리 있는 말이나 이것을 모르고 미국이 지난 6년 간 대중국 압박정책을 전개했을 리 만무하니 왜 이 시점에서 태도 변화를 보이는지 그 배경을 짚어보아야 한다.

그 실마리를 찾기 위해 우리는 옐런과 설리번의 연설문과 옐런 방중시

발언을 주의 깊게 살펴봐야 한다. 지난 4월 있었던 옐런의 연설에서 그녀는 중국과의 범세계적 협력 분야로 과거에 언급하던 기후변화, 팬데믹, 원조 외에 처음으로 '거시경제 분야 소통'을 언급하였다. 그리고 최근 북경 방문 시 환율과 통화 등을 중국과 협의하였다고 하고 "세계는 양국을 같이 품을 만큼 충분히 넓다."라는 발언도 했다. 사실 이 발언은 10여 년 전 중국이 미국에 대해 '신형 대국관계'를 설정하자고 제안할 당시 한 말인 "태평양은 충분히 넓어 두 마리 고래를 품을 수 있다."라는 말과 꼭 닮았다. 당시 미국의 조야는 중국이 미국과 대등한 지위가 되겠다는 이런 G-2 구상을 일고의 가치도 없다고 코웃음을 쳤다. 그런데 이제 미국이 중국이 과거에 했던 말을 되풀이해서 전하고 있다. 그것도 동맹, 우방국들까지 독려하며 대중국 압박 전선을 한창 구축하던 도중에 미국이 이렇게 유화적 발언을 한 이유가 궁금하다.

우리는 여기서 중국이 지난 1년 반 미국의 국채를 대량 매도하기 시작하여 국채보유량이 한 때 1조 3천억 달러에서 8천 5백억 달러 수준으로 하락하였다가 최근 매도를 멈추었다는 사실에 주목해야 한다. 이 시점은 미국 국내적으로 부채 한도액을 증액하기 위해 민주당과 공화당이 힘겨루기할 때이다. 한도액을 간신히 증액시킨 미 행정부는 국채를 발행해서 미국 정부를 정상 가동하는데 필요한 재원을 충당하려고 했다. 이에 따라 미 재무장관의 방중 이후 미 정부가 곧 1조 달러의 국채를 발행할 것이라는 발표를 한 바 있다. 이런 대규모 국채를 시장에 공급할 시점에 해외시장의 큰 손인 중국 정부가 국채를 계속 매도하면 채권가격 하락을 촉발하여 채권시장에 동요를 불러올 수 있다. 이런 연유로 중국이 미국 국채를 계속 매도하지 않도록 미국은 중국과 협의할 필요성이 있었다고 보인다. 물론 중국도 현재 자국의 심상찮은 경제위기 조짐으로 인해 미국이 제재를 완화해 주길 원하기에 러몬드 상무장관의 방중을 환영하는 분위기이다.

그리고 중국이 시도하는 위안화의 국제화 노력도 달러의 기축통화 지위를 계속해서 위협하게 되면 미국으로서는 불편한 일이 된다. 중국 시진핑 주석은 작년 12월 '중국·걸프국가 협력회의'에서 원유 및 천연가스 거래대금 결제에 위안화를 쓰자고 제안했다. 그 이후 중국은 UAE의 LNG 6.5만 톤을 구매하면서 위안화로 결제하였다. 최근 사우디도 중국은행으로부터 막대한 위안화 대출을 받았는데 중국은 이를 원유구입 대금으로 상계하려는 동향이 있다. 최근 아르헨티나까지도 IMF에 대한 채무를 달러로 갚지 않고 위안화로 갚기로 한다고 발표하여 국제결제 통화로서 위안화 지위 격상에 일조하고 있다. 남미지역에서는 브라질과 볼리비아도 국제거래에서 위안화를 사용하는 '위안화 무역 존'에 합류하기로 했다. 이로 인해 남미에서 중국 위안화의 영향력은 더욱 늘어날 것이다. 이런 국제적 동향으로 인해 올 초부터 '탈달러Dedollarization 현상'이라는 말이 유행하고 있다. 물론 당분간은 위안화가 국제결제 통화로서 점유율을 현재 6% 정도에서 획기적으로 증가시키기는 쉽지 않을 것이다. 그렇지만 이런 탈달러 현상은 기축통화로서 달러의 지위에 불확실성을 제기하고 이런 시장의 신뢰약화는 미국의 대외정책상 중요한 도구인 달러의 유용성을 잠식한다. 그래서 미국은 거시경제 분야에서 중국의 협조가 필요하였고 그 대가로 중국이 원하는 유화발언과 경제제재를 일부 해제해 줄 것으로 보인다. 최근 일련의 유화발언으로 미국의 대중정책이 금방 크게 변하지는 않겠지만 미국의 이러한 유화정책이 향후 미·중 간 전략구도 변화의 시발점이 된다면 시간이 지난 후 큰 변화가 감지될 수 있을 것이다.

미·중 양국이 가파른 대치국면을 벗어나는 것은 우리 경제에도 좋은 일이지만 문제는 우리가 이러한 변화의 향방을 잘 읽고 우리의 정책기조도 이에 따라 변경해가며 유연하게 대응해야 한다는 점이다. 안 그러면 우리 기업들만 미·중 양국의 제재라는 십자 포화망에 걸려 안팎 곱사등이 되거나 한국만 급변하는 국제정세에서 '외톨이Odd man out'가 될 가능성이 커질 것이다. 미·중 간 관계의 표면적인 현상, 즉 물 위에 이는 파랑만 볼 것이 아니라 수면 아래 흐르는 저류의 방향을 읽어야 할 때이다.

중화적 세계관을 알면 중국이 보인다

2023. 1. 31.

중국이 우리의 방역조치에 대해 보복적 비자발급 중단조치를 취해 논란이 일고 있다. 중국은 이것을 상호주의적 조치라고 하지만 우리가 취한 조치보다 훨씬 포괄적인데다 양국의 방역상황을 비교하면 전혀 상호주의적이지 않다. 중국은 또한 우리가 비과학적, 비객관적인 근거를 가지고 불필요한 방역조치를 했다고 하나 이는 사실과 다름이 명백하다. 또한 우리가 격리조치에서 중국인을 차별했다고 중국 내 여론을 부추키나 모든 외국인에게 동일하게 적용했다는 사실조차 왜곡하고 있다. 중국이 2020년 코로나 확산 초기 우리 국민에게 했던 조치는 일방적이었으나 우리는 당시 국내상황이 심각함을 인정하고 상호주의 조치를 취하지 않았다. 우리는 당시 중국이 자국 방역을 위해 엄격한 입국제한 조치를 취할 수 있고 이는 중국의 주권적 사안으로 이해하였다. 그때와 반대되는 상황이 이번에 발생하자 중국은 오히려 우리에게 보복적인 조치를 취하여 국제사회를 놀라게 하였다. 이런 중국의 태도는 객관적 입장에서는 이해가 되지 않는 강압적이고 일방적인 조치이다. 그러나 우리는 중국이 왜 이런 비상식적인 행동을 하는지를 잘 알지 못한 채 우리가 인·태전략 발표 등으로 중국을 자극했다는 자학적인 해석을 내놓기도 한다.

중국이 이런 국제관행에 어긋나고 형평에 맞지 않는 보복조치를 하는 것은 우리에 귀책사유가 있다기보다는 다분히 중국의 잘못된 세계관, 즉 중화적 세계관에 기인한다고 봐야 한다. 중국은 기원전 3세기 서한시대 때부터 중화적 세계관을 발전시켜 왔다. 겉으로 중국은 현재 국제사회에서 보편적으로 인정되는 주권평등, 상호존중이라는 개념을 수용하는 것처럼 보이지만 내심으로는 이 개념을 인정하지 못하고 있다. 과거부터 중국은 자국이 세계의 중심이며 자국을 정점으로 주변국들을 제후국, 교린국, 야만국 순으로 서열화된 수직적인 관계에 있다고 간주했다. 중국의 천자가 하늘의 위임을 받아 천하를 다스리는 독점적 권한을 가지고 있으므로 그 밑에 천자에 복속하는 왕, 제후, 조공국의 왕 순으로 상하관계가 형성된다. 중국의 천자와 그 밖의 군주들은 군신관계이므로 그들이 천자를 섬기는 것을 당연하게 본다. 이러한 중화적 세계관에 따르면 중국의 주변국은 중국에 복속됨으로써 중국의 은혜를 입고 중국과 좋은 관계를 맺는다면 모두 평화롭게 사는 조화세계를 이룬다고 본다. 즉 각국은 자신의 위치에 맞게 중화 공동체에 기여하는 역할을 수행함으로써 여러 나라들이 어울려 살 수 있는 대동사회를 이룰 수 있다고 본다. 이런 세계관은 대국과 소국 간의 역할과 지위의 차이를 인정하는 것이며 특히 천자를 모신 중국이 모든 국제관계의 정점에 있고 다른 나라들은 중국을 섬기는 事大를 해야 하는 것이 당연하다고 여긴다. 작은 나라가 큰 나라를 섬기고 큰 나라는 작은 나라를 보살피는 以小事大가 국제질서의 근본이라고 본다. 그러니 중국의 외교 당국자들조차 "소국은 대국의 핵심이익을 존중해야 한다."라는 말을 거침없이 하게 되는 것이다.

이런 중국의 중화적 세계관에 비추어보면 소국인 한국이 대국인 중국인의 입·출국에 대한 제한을 하고 나서는 것은 소국이 대국의 자존심을 건드리는 일이고 따라서 이는 과학적, 객관적 근거가 있느냐 없느냐에 관계없이 보복을 받아야 할 사안이 되는 것이다. 역사적으로 중화적 세계관은 당시 중국이 아는 세계의 한계였던 동아시아에서 적용되었다. 중국인 관광객을 무조건 환영하는 동남아 국가들에 비해 중국 관점에서 보면 한국은 사대주의 기준에 맞지 않는 행동을 한 것으로 볼 수 있다. 그러니 한국은 보복의 대상이 되나 중화적 세계관의 지리적 적용범위 밖에 있는 미국이나 EU 등은 같은 조치를 취해도 보복대상에서 제외되는 것이다.

중국은 이러한 세계관을 공개적으로 내세우지는 않으나 중화 애국주의와 중국몽이라는 형태로 중국인들, 특히 젊은 세대에 주입시켜 이를 정치적으로 활용하고 있다. 특히 요즘 중국의 국내적 정치상황이 공산당에게 어려워지면 이런 중화 애국주의를 활용하여 공격의 표적을 내부에서 외부로 옮기려는 유혹을 받게 된다. 이런 관점에서 이번의 한국의 방역조치는 그 객관적 타당성과 관계없이 중국의 불만을 표출할 수 있는 표적이 된 것이다.

중국의 행위를 파악하고 분석할 때 중국을 보통국가의 하나로 보면 그 분석이 정확하지 않을 경우가 많다. 중국은 하나의 문명이자 56개 소수민족을 규합한 연합국가이며 이들은 중화주의 세계관으로 묶여있다. 중국은 자국의 애국주의를 자신들의 과거 영화를 되새기며 고취하는 것이 아니라 자신들이 당한 굴욕을 부각함으로써 고양시키는 특이한 방식을 취하고 있다. 즉 1860년 아편전쟁 이후 거의 2세기에 걸쳐 서양에 당한 '굴욕의 세기'를 내세우며 이를 극복하고 옛 영화, 즉 세계의 최강, 중심국가의 지위를 회복해야 하는 것을 국가목표로 삼고 있다. 그래서 중국은 지금의 국제질서, 즉 1648년 베스트팔렌 회의를 통해 성립된 근대국가 질서를 사실상 수용하지 않고 있다. 이 질서는 평등한 주권을 가진 국가들이 수평적으로 병렬하여 국제사회를 이룬 것으로 본다. 이는 중국의 수직적 세계관과 상치되며 중국은 이런 질서는 서양 제국주의에 의해 일방적으로 부과된 것으로 보기에 궁극적으로 이런 베스트팔렌 체제를 변경하려 하고 있다. 굴욕의 기억을 기반으로 하는 애국주의는 외부의 사소한 행위도 자국의 자존심을 건드린다고 보고 과민한 공격성향을 보이는 경향이 있다. 이것이 소위 중국이 '전랑戰狼외교'를 무리하게 벌이는 이유이다. 이러한 국민정서를 가지고 있고 중화적 세계관을 가진 중국이 우리의 이웃이자 제2의 강대국이 되었다. 이런 중국과 더불어 살아야 하는 일이 우리에게는 숙명이자 도전이다. 따라서 우리는 중국의 이러한 세계관의 심리기제를 잘 알고 이에 지혜롭게 대처해 나가야 할 것이다.

중국이 강압적으로 나올 때 우리가 무엇을 잘못하지 않았나 하며 우리의 잘못을 먼저 찾는 자기 귀책적 성향을 가질 필요가 없다. 독특한 세계관을 가진 중국에게 베스트팔렌 체제의 국제질서에 따른 행동, 즉 모든 국가는 평등하고 국력에 관계없이 서로 평등하고 상호 존중해야 한다는 점을 기대할 수 없다. 그렇다고 중국과의 관계를 원만히 유지하기 위하여 중국이 원하는 대로 사대주의에 입각한 저자세 외교를 해서도 안 된다. 이럴 경우 중국은 상호주의를 적용하는 것이 아니라 일방주의적 순종-보상, 불순종-보복의 기제를 계속 작동시키며 소국을 길들이려 할 것이다. 우리를 비롯한 자유주의 진영국가들, 즉 보편적 가치를 존중하는 국가들이 연대하여 중국에게 이러한 중국식 세계관에 입각한 국제질서가 잘못된 것이라는 점을 지적하고 이의 확장을 저지해야 할 것이다. 그리고 이로 인해 중국이 보복적 조치를 취할 경우 우리는 타협할 것은 타협해야 하지만 우리 국가의 정체성, 가치 등을 희생할 수는 없다는 점을 분명히 하고 버틸 것은 버텨야 한다. 중화적 세계관에 그냥 길들여져서는 안 된다.

국제사회에 재부상하는 트럼프 리스크

2023.9.27.

2016년 미국 대선이 진행될 당시 미국은 물론 전 세계 정치 전문가들은 대체로 트럼프가 미국 대통령에 당선될 가능성을 낮게 보았다. 그는 기성 정치권이나 전문가 집단의 관점에서 보면 별 자격요건을 갖추진 못한 이단아이자 정치 신인에 불과하였기 때문이다. 그러나 당시 미국 출장 갈 일이 있었던 필자는 뉴욕시에서 마주친 경찰, 택시 운전사, 식당 종업원들과 이야기를 나누어보니 민심 저변의 흐름은 상류계층의 관점과 다르다는 것을 느낄 수 있었다. 이 같은 경향은 2007년 오바마가 출마하였을 때도 마찬가지였다. 당시 워싱턴에 근무 중이었던 필자가 접촉하던 소위 전문가들은 한결같이 유색인종인 오바마가 대권을 잡기에는 시기상조라고 말하였다. 그런데도 오바마가 당선된 것을 보며 2016년 대선에서도 트럼프가 당선될 것으로 예견하였는데 그 예견은 맞아떨어졌다. 트럼프의 당선은 미국의 '기득권 집단establishment'과 미국 중산층 이하의 사람들, 특히 '중산층 이하 백인(소위 white trash)'들 사이에는 한 나라 국민이라고 할 수 없을 정도로 인식의 간격이 있다는 사실을 말해 주었다.

저소득 백인들의 불만을 등에 업고 당선된 트럼프 대통령은 재임 4년 동안 야당인 민주당은 물론 자신이 속한 공화당의 기본정책에도 반하는 일련의 독특한 공약들을 집행하면서 미국과 국제사회를 충격에 빠뜨리곤 했다. 트럼프는 세계 패권국으로서 지난 70여 년간 미국이 수행해왔던 국제질서 유지책임을 더 이상 부담하지 않으려 했다. 그에게는 미국의 국익이 우선하므로 국제질서 유지책임을 다른 선진국들이 분담하지 않으면 미국도 그 책임을 다하지 않겠다는 점을 명백히 밝혔다. 또한 그는 미국 국익을 추구하기 위하여 동맹국, 우방국을 가리지 않고 강압적인 조치를 서슴지 않고 동원하였다. 게다가 그는 국제기구와 국제규범을 무시하였고 NATO를 비롯한 집단안보 체제에 미국이 큰 책임을 지는 것에 대해서도 노골적인 거부감을 표하였다. 이런 그의 견해는 미국이 지난 70여 년간 유지해왔던 자유주의적 국제질서를 스스로 부정하는 꼴이 되어 전 세계 전문가, 지식인들로부터 심한 비판을 받았다. 이런 비판에 힘입어 4년 만에 정권을 재탈환한 바이든 대통령은 자유주의적 국제질서와 서방국과의 유대관계를 복원시킴으로써 국제사회의 우려를 어느 정도 불식시킬 수 있었다.

그러나 바이든 행정부의 자유주의적 세계관으로 인해 유발된 우크라이나 전쟁의 장기화는 오히려 바이든 대통령의 재선을 가로막는 장애물로 떠오르고 있다. 우선 미국의 저소득층들은 자신들의 실질임금이 삭감되고 있고 복지도 나빠지고 있는데도 현 행정부가 우크라이나 전쟁에 막대한 전비를 쏟아붓고 있는 데 대한 불만을 점차 드러내고 있다. 이들에게는 우크라이나의 자유보다는 자신들의 일자리와 임금이 더 중요한 것이다. 트럼프는 이런 불만을 잘 이용할 줄 아는 선동술을 가지고 있어 트럼프의 재선 가능성이 커지고 있다. 또한 현 민주당 정부 하에서 매년 미국의 부채규모가 정부예산의 절반에 해당하는 속도로 증가하고 있다. 현 행정부는 예산의 25%를 부채 이자를 갚는 데 쓰는 기막힌 현실에도 불구하고 우크라이나에 대한 군사지원을 계속하고 있다. 이에 대한 저소득층의 불만을 등에 업고 트럼프가 부상 중인데 그가 특이한 것이 아니라 그는 이런 민심의 대변자이자 미국 쇠퇴의 표면적 증상이라 할 수 있다.

이미 시작된 공화당 경선에서 그의 인기는 타의 추종을 불허하고 있다. 검찰에 출석하면서 그가 찍은 사진인 머그샷의 화난 얼굴 표정은 그의 지지자들에게는 수집대상이 되었고 이 머그샷을 인쇄한 머그잔만 수백만 불 어치 팔려나갔다 한다. 그의 화난 얼굴이 미국의 저소득층의 화난 심정을 잘 대변하고 있다고 보는 것이다. 그는 현재 공화당 경선에서 지지율이 선두이고 바이든과 지지율 격차도 9%로 벌리고 있어 그가 재선될 확률은 점점 커지고 있다. 문제는 그가 재선되면 그 날을 기점으로 세계는 또 한번 격변을 맞게 될 것이고 심하면 트럼프 2기의 세상은 이전과는 다른 세상이 될 것이라는 우려가 퍼지고 있다.

사실 2016년 선거 당시 트럼프가 당선될 가능성이 적다고 보았기에 그의 대선캠프에는 인재들이 모이지 않아 그는 집권 4년 동안 인물난을 겪었다. 또한 그가 등용한 인사들과의 불화도 끊이지 않아 그의 정치과제 수행에 차질을 빚었던 것도 사실이다. 그런데 이제 그의 재선 가능성이 커지자 그를 지지하는 강성 공화당원들이 모여 '미국 우선 정책 연구소America First Policy Institute'를 비롯한 여러 싱크 탱크를 설립하고 트럼프의 정치과제를 체계적으로 추진하기 위한 조직을 구축하고 있다. 이 연구소는 집권하면 바로 정부 요직에 포진시킬 강성 우파 인사들 3천여 명도 이미 선정해 놓았다고 한다. 그래서 집권만 하면 1기에 제대로 못했던 트럼프식 정책을 처음부터 강하게 밀어붙이려고 하는 것이다. 트럼프는 우선 자신과 지지자들이 불신하는 미국의 기성제도와 집단, 즉 국무부, 국방부, CIA 등을 무시하고 자기 방식대로의 대외정책을 밀어붙일 것이라고 예상된다. 그리고 대외정책을 자신의 국내정치적 목적을 위해 쉽게 희생시킬 것이라는 전망도 있다. 그럼에도 불구하고 1기에서는 있었던 매티스 장관과 같은 직언을 했던 원로그룹axis of adults도 존재하지 않는다. 그래서 일부 서방 고위 외교관들은 트럼프 2기 대외정책은 영화로 비유하면 터미네이터 2편에 나오는 주인공인 사이보그 암살자가 1편에 나오는 주인공인 사람보다 훨씬 더 두려운 존재라는 표현으로 그 위험성을 빗대어 말하고 있다.

이러면 미국 국내는 물론 국제사회도 다시 한번 요동을 칠 것이다. 트럼프식 대외정책이 다시 노골화되면 현 민주당 정부 하에서 민주당 행정부의 선의를 믿고 미국의 뜻에 맞춰 우리 정부가 협조를 해준 정책의 구조들이 한순간에 백지화될 가능성이 있다. 한미일 안보협력 체제도 그렇고 우크라이나 전쟁에 대한 우리의 지원도 효과를 보기는커녕 역효과를 낼지도 모른다. 내년에 우리나라에서 개최하기로 알려진 '민주주의 정상회의'의 장래도 불투명해지게 될 것이다. 무엇보다도 '워싱턴 선언'을 통해 우리가 받았다고 여기는 미국의 확실한 핵 확장 억제정책의 실효성도 바로 의문시될 수 있을 것이다. 그리고 미군 주둔에 대한 비용도 우리가 훨씬 많이 부담해야 할 것이고 주한미군이 대중국 견제작전에 투입되는 것을 막지 못하게 될 것이다. 다만 한가지 기대할 것이 있다면 트럼프가 1기 때 시도했다가 마무리하지 못한 김정은과의 핵담판을 마무리 지으려 할지 모른다는 것이다. 그러나 그 결과가 꼭 우리에게 좋으리라는 보장도 없다. 하여튼 20여 년 전 민주당 클린턴 행정부에서 공화당 부시 행정부로 넘어갈 때 우리는 부시 행정부의 강성 대외정책의 개요도 파악하지 못해 곤욕을 치렀다. 우리는 당시 기존 국제 사회 분위기를 반영하여 러시아와 정상회담 문서를 만들었다가 미국으로부터 호된 견제구를 받아야 했다. 앞으로 1년간 미국 대선과정을 잘 지켜보면서 그 당시 했던 실수를 되풀이하지 말아야 할 것이다. 그러기 위해서는 지금부터 공화당과 트럼프측 싱크 탱크와 접촉을 늘려나가며 급격한 정책노선 변경에 대비해야 할 것이다.

미국 대선 향방은 밑바닥 민심에 달려있다

2024.9.27.

이제 40일 앞으로 다가 온 미국의 대선의 향방에 대해 전 세계가 촉각을 곤두세우고 있다. 각국 정부들, 민간 기관 그리고 언론들이 이번 대선의 결과를 예측해 보기 위해 안간힘을 쓰고 있지만 이번 선거만큼 예측하기 힘든 박빙의 선거는 드물었다. 지난 6월 바이든과의 TV토론과 그 이후 피격 사건으로 트럼프 대세론이 자리를 잡았다. 그런데 민주당 후보가 바이든에서 해리스로 변경되면서 트럼프 우세론이 힘을 잃었다. 그 뒤 TV 토론에서 해리스가 의외로 선전하면서 해리스의 지지율이 상승세를 타고 있다. 그러나 지금 지지율을 보고 해리스의 승리를 속단하는 것은 섣부르다. 지지율은 강물의 표면에 일어나는 잔물결이기에 바람에 따라 변하지만 강의 흐름을 결정짓는 것은 밑바닥 민심의 흐름이다.

지지율은 두 후보 개인에 대한 대중들의 선호에 따라 변하지만 미 대선은 두 후보 개인 간 대결이 아니라 그 후보를 밀어주는 두 세력 간의 대결로 보아야 한다. 그래서 두 후보의 지지집단 성향에 대한 분석이 중요하고 언론에 잘 드러나지 않은 저변의 민심을 파악하는 것이 긴요하다. CNN 등 미국 다수 언론들은 친민주당적인 성향을 가지고 있으므로 이들이 전하는 분석이 미국 민심을 제대로 대변한다고 판단하면 오산이다. 그런데도 우리 언론들은 대체로 미 주류 언론들의 논조를 반영하여 보도하는데 익숙해져 있다. 특히 지난 TV 토론 직후 8개의 주요 언론사 인터넷판 1면 제목이 '트럼프가 해리스가 던진 미끼를 물었다'였다. 이는 CNN이 내건 제목을 그대로 베낀 것인데 한둘도 아니고 8개 언론사가 이를 그대로 차용하였다는 것은 우리의 CNN 의존도가 얼마나 심한지를 단적으로 보여준다. 이런 자세를 견지할 경우 우리는 미국 대선을 오독할 가능성이 높고 따라서 대선 이후 우리의 대응방안에도 허술해 질 수밖에 없다. 미국 대선을 잘 읽기 위해서는 큰 흐름을 보는 눈이 필요하다는 뜻에서 큰 흐름을 짚어본다.

먼저 이번 미국 대선에 대해 전 세계가 관심을 집중하는 이유는 무엇일까? 미 대선은 항상 중요하지만 이번 선거만큼 그 결과에 따라 국제사회의 모습이 많이 바뀔 경우도 흔치 않을 것이기 때문이다. 우선 해리스가 당선되면 대외적으로 자유 국제질서를 옹호하는 미국의 현재 정책기조가 유지될 것이다. 그러나 트럼프가 당선되면 미국 제일주의가 강조되어 세계는 큰 변화에 직면하게 될 것이다. 또 미국 주도 현 국제질서가 쇠퇴하고 이미 시작된 다극화 체제로 이동이 가속화 될 것이다. 그리고 현재 진행 중인 2개 전쟁도 해리스가 당선되면 더 길어지겠지만 트럼프가 당선되면 속히 마무리될 것이다. 그리고 트럼프 2기 대외정책은 더욱 강경하고 롤러코스터를 타듯 변동이 심할 것이다. 그래서 각국은 트럼프의 당선에 대비해 충격을 막을 방파제를 미리 쌓으려고 예의주시 중인 것이다.

또 누가 당선되느냐에 따라 미국 패권의 향방에도 큰 영향을 미칠 것이다. 트럼프는 현재 미국이 쇠퇴 중이라는 점을 직시하고 토론 서두에 이를 밝혔다. 그는 쇠퇴하는 미국을 다시 강하게 만들겠다는 목표를 분명히 한다. 해리스는 미국이 여태 해왔던 정책, 즉 미국이 지도적 위치에서 국제문제에 계속 개입하여 미국 주도질서를 지키려 한다. 즉 트럼프는 미국의 국력회복을 위해 심폐소생술을 하겠다는 견해인 반면 해리스는 별 문제 없으니 영양제 정도만 맞으면 된다는 생각이다. 이런 상반된 자가진단의 차이에 대해 미국 유권자들이 어느 쪽이 맞는지 판단할 것이다. 그리고 미국 유권자들이 지도력은 있으나 어디로 튈지 모르는 후보와 방향성은 예측되지만 지도력과 비전이 확실치 않은 후보 간에 누구를 선호할지가 관건이 될 것이다. 이는 미국 유권자들이 미국의 현 상황을 정상으로 또는 비정상적으로 보는지 여부에 따라 그 선택이 달라질 것이란 말이다. 최근 미 정부는 금리를 인하하고 경제지표 향상을 선전하지만 미국의 중산층 이하 사람들이 어떻게 느끼는지가 중요하다. 그들이 현 경제상황을 힘들다고 피부로 느끼면 트럼프를 지지할 것이고 그렇지 않다면 해리스를 지지할 것이다.

민주당에서는 물론 공화당 일부에서도 트럼프를 '이상한weird 사람'으로 몰지만 그를 지지하는 사람들은 지극히 정상적인 미국인들이다. 그들은 미국의 쇠퇴 책임을 외국과 미 기득권층에 있다고 보는 사람들이다. 이들은 미국 민심의 바닥을 형성하고 있으며 트럼프는 이들의 대변자라 봐야 한다. 그는 쇠퇴기 미국의 증상을 반영하는 인물이지 그가 미국을 이상하게 바꾸려는 인물은 아니다. 그래서 교육받은 중산층 이상에서는 해리스를 지지하고 중산층 이하는 트럼프를 지지한다. 그러므로 언론, 여론조사 등에서는 해리스의 지지가 높게 나오는 것이 당연하다.

그리고 두 후보는 미국 정치사상사에서 대립되는 두 흐름을 대변하고 있다. 트럼프는 공화당의 현실주의 사상을 대변하고 해리스는 민주당의 이상주의 계보를 대변한다. 미국은 건국 초기부터 미국 고립주의를 주창하는 정치가들이 많았으며 3대 대통령 토마스 제퍼슨도 "미국은 영구적이고 구속적인 동맹을 맺어서는 안 된다."라는 소신을 가지고 있었다. 반면 벤자민 프랭클린은 그때부터 세계 연방체제를 염두에 두고 외국과 연대를 주장했다. 미국의 이 같은 다른 세계관은 미국의 국력 부침에 따라 전면에 부상하는 시기가 달랐다. 미국이 강성할 때는 국제연대주의가, 미국이 약할 때는 미국 우선주의가 더 세력을 얻게 마련이다. 미국 유권자들이 지금 미국의 국력이 어떤 지점에 있다고 판단하는지에 따라 그들의 선택이 달라질 것이다.

이러한 두 후보의 정치사상적 배경과 그들을 지지하는 세력에 대해서 알아봤으니 이들 중 누가 되면 우리에게 유리하고 우리는 어떻게 대비해야 하느냐는 질문이 남게 된다.

우선 다른 나라들이 우려하는 것처럼 우리나라도 트럼프가 되면 주의해야 한다. 그의 정책이 롤러코스터를 타는 것처럼 변할 가능성이 있으므로 안전띠를 단단히 매어야 할 것이다. 트럼프는 현상을 타개하려는 생각은 강하므로 북한 문제를 비롯해 진행 중인 2개 전쟁에 대해서도 무엇인가 매듭을 지으려 할 것이다. 북한에 대해 전략적 인내를 계속하며 아무 시도도 하지 않을 해리스보다는 오히려 우리에게 기회가 될 수도 있다. 그러나 그가 어떤 방식으로 문제를 매듭지을지 우리가 이를 알고 대비를 잘하지 않는다면 우리에게 위기로 다가올 수도 있다. 그리고 그는 우리에게 대중국 관련해서 동맹의 역할을 확대하라고 요구할 것이다. 트럼프가 집권한 뒤 우리 외교가 창의성과 담대성을 발휘한다면 우리에게 득이 될 것이고 아니면 해가 될 가능성이 있다. 즉 트럼프 정책보다는 이에 대한 우리의 대책이 관건이 된다는 말이다. 트럼프는 중국과의 관계에서도 더 강경한 대중정책을 취할 가능성이 높다. 해리스는 중국과 분리decoupling하지 못하고 위험저감derisking 조치를 계속할 것이다. 이에 반해 트럼프가 취할 분리 정책은 우리 기업들에 단기적으로 힘들지만 장기적으로는 오히려 득이 될 수 있다. 그리고 트럼프의 정책이 미국의 국력을 회복시키는데 도움이 되면 오히려 국제정세는 다시 미국이 주도권을 잡고 안정을 유지해 나갈 수 있을 것이다. 안정된 국제질서는 우리에게 유리할 것이다. 미·중 간 갈등이 길게 가면서 불확실성이 계속 커지는 상황보다는 오히려 단기간 내 미래방향이 가시화되는 것이 국제사회에 나을지도 모른다. 북한의 깜짝 도발 가능성까지 감안하면 앞으로 40일은 우리에게 잠 못드는 밤이 될 수 있다.

제 발등 찍을 트럼프 관세

2025.2.25.

예상했던 대로 트럼프 대통령은 취임 후 한 달 만에 65개의 행정명령을 쏟아내었다. 이 행정명령들은 대통령에게 특수 상황에서만 발동할 수 있도록 한 국내법에 근거를 두고 있다. 그런데 이 법에 따르더라도 지금 트럼프 행정부가 남발하는 행정명령은 발동요건에 제대로 부합되지 않을 뿐만 아니라 기존 법률과 상충한다는 법원의 판결이 속속 나오고 있다.

트럼프의 행정명령은 이 같은 국내법적 모순 외에도 국제법과 규범도 아예 무시하고 있다. 자국과 자유무역협정FTA을 체결한 나라에 대해 보편적 관세를 부과한다는 것은 어불성설이다. FTA는 관세를 최소화한 상태에서 양국이 교역할 것을 약속한 협정인데 이에 반해서 관세를 부과하면 안 된다. 한미 FTA로 인하여 현재 양국 교역의 98%는 무관세로 이루어지고 있다. 그럼에도 미국은 철강, 알루미늄과 같은 일부 품목에 대해서는 25% 관세를 부과하기 시작했다. 우리나라에 대해서는 아직 보편적 관세를 부과하지 않았지만 조만간 자동차, 반도체를 겨냥한 표적 관세가 부과될 가능성이 높다.

트럼프 대통령이 관세를 전가의 보도처럼 휘두르고는 있지만, 이 정책이 실제로 얼마나 갈지 의문시되고 있다. 관세를 부과하게 되면 미국으로 수입되는 모든 상품 가격이 관세만큼 상승하고 이는 소비자 물가를 끌어올린다. 트럼프 취임 이후 벌써 물가가 3% 상승했다는 통계가 나왔다. 지난 4년 간 심한 인플레에 화가 난 유권자들이 트럼프 후보를 당선시켰는데 물가가 상승한다면 이들을 배신하는 셈이 된다. 트럼프 대통령은 관세부과를 다른 정치적 목적을 위한 협상용으로 사용하기도 하지만 궁극적으로 외국기업이 미국 내 공장을 건설하도록 압박하기 위해 사용하고 있다. 미국내 제조업 기반을 되살리고 그를 통해 일자리를 창출하겠다는 구상이 관세정책의 밑바탕에 깔려있다. 관세정책은 보호할 자국 제조업이 있는 경우에 유효한 수단이 된다. 그러나 미국에는 자동차, 항공 이외 보호할 제조업이 별 없는 형편이다. 그런데 여기에 보편적 관세를 부과하면 제조업을 되살리기보다는 미국 경제에 자폭 수류탄과 같은 효과를 낼 것이다.

트럼프는 무역적자와 재정적자를 메우기 위하여 관세를 부과하는 측면도 있는데 과거 통계를 보면 10~20% 관세부과로는 미국 무역적자는 해소되지 않고 계속 확대되었다. 그런데 관세부과로 인한 인플레가 지속되면 미국 물가관리를 위해서 금리를 인하할 수 없게 된다. 미국 연준도 경기가 호전되어 금리를 인하하려다 닥쳐올 인플레 압력을 걱정해 인하조치를 최근 유보하였다. 고금리로 미국의 성장이 위축되고 인플레 우려까지 더해지면 장기적으로 미국의 달러 약세가 불가피해진다. 이러면 트럼프가 내세우던 고성장과 강달러 실현 공약과 상반되는 일이 발생하게 된다.

그러니 경제적 관점에서 볼 때 다른 공약과 상충하는 부작용을 내는 관세정책을 장기간 끌고 갈 수 없게 될 것이다. 관세를 오래 보편적으로 부과한다면 인플레로 인해 소비자들의 반감을 불러일으켜서 자기 발등을 찍는 도끼가 될 것이다. 그리고 미국 제조원가를 상승시켜 제조업의 경쟁력에도 결국 도움이 되지 못할 것이다. 사실 철강 관세로 강판 가격이 상승하자 미국 자동차 회사도 이를 반대하고 있다. 따라서 그의 관세정책은 길어도 2년, 즉 중간선거까지도 못 갈 것이다.

많은 기업이 당장 관세 소나기를 피하려고 미국 내 공장 이전을 검토하고 있지만 실제 이를 집행할지는 미지수다. 공장건설에 장기간이 소요되는 데다 미국 제조업 기반이 무너진 상태라 공장건설을 한 후 부품 조달 등 공장 운영에 많은 애로사항이 발생할 것이다

따라서 우리 기업들도 바로 공장을 미국에 옮겨야 한다는 강박감에 사로잡히기보다는 좀 더 긴 호흡으로 사태 추이를 본 후 결정할 필요가 있다. 문제는 당장 우리 기업에 대한 관세부과가 가능한 한 최소한의 선에서 그칠 수 있도록 정부가 나서서 적극 미측을 설득해야 하는데 지금 국내 상황이 그렇지 못하다는 것이다. 그럼에도 관세정책의 이런 모순적인 측면과 우리가 미국 경제를 도울 수 있는 카드를 내밀면서 미측을 적극 설득해 고비를 잘 넘겨야 할 것이다.

5장

—

주변국 외교에서 얻는 교훈

미얀마 민선 2기 정부 출범을 앞두고

2020.11.23.

황금의 나라, 기회의 땅으로 알려진 미얀마의 두 번째 자유 총선거가 지난 11.8일 막을 내렸고 총선에서 아웅산 수찌 여사가 이끄는 민주국민연대NLD가 압승을 거두었다. 60여 년간의 군부통치를 종식시키고 2016년 5월 전 세계의 관심과 축하 속에서 민선 1기 정부가 출범하였다. 아웅산 수찌 여사가 이끄는 NLD는 은둔의 국가 미얀마를 전 세계를 향해 활짝 열어젖힐 것이라는 기대를 한 몸에 받았다. 투명하고 책임성 있는 국정운영과 개혁개방을 가속화 하는 법 제정을 통하여 미얀마가 크게 변화할 것이라는 기대 속에 미얀마는 일약 떠오르는 투자유망국이 되었다. 소위 지구상 '최후의 엘도라도'가 될 것이라는 기대 속에 세계 각국 기업인들의 미얀마 러시가 이어졌다.

그러나 지난 5년간 미얀마에서 일어난 일들을 보면 그런 기대에 훨씬 못 미치고 따라서 외국 투자자들의 관심도 이제는 많이 시들어 버렸다. 그 결과 미얀마는 무시 못할 경제발전 잠재력을 가지고 있음에도 불구하고 지난 5년간 이렇다 할 경제적 성과를 달성하지 못하였다. 경제성장율도 5% 정도에 불과하고 올해 외국인 투자액은 5년 전의 1/4인 10억 불에 불과하

244

여 당초 예상에 훨씬 못 미치며 아직 제조업이 GDP의 7%만 점유할 뿐이다. 이렇게 경제적 지표가 5년간 하락한 것은 대체로 두 가지 요인에 기인하는 것으로 보이며 성격상 내부적 요인과 외부적 요인으로 구분된다. 내부적 요인은 수찌 여사의 국정운영 방식에 대부분 기인하는데 그녀는 민주투사로서는 전설적인 명성을 지니고 있지만 지도력에서는 실망스런 행태를 보여주었기 때문이다. 그녀는 모든 국사를 직접 챙기며 장관들에게 잘 위임을 하지 않아 주요정책의 의사결정이 굉장히 지연되는 비효율을 자초하였다. 그리고 국가인재를 널리 찾아서 적재적소에 배치해야 하는데 오직 당에 대한 충성심 하나의 잣대로만 고위직을 뽑아 쓰는 모습을 보였다. 그런 바람에 전문성이 떨어질 수밖에 없는 내각이 자신 있고 효율적인 국정운영을 할 수가 없었다. 그리고 국내에 비판적인 언론인에 대한 탄압도 가해지면서 언론의 자유가 침해되는 사례도 더러 발생했는데 민주화 투사로서 노벨 평화상을 수상한 수찌 여사 정부 하에서 일어나서는 안 될 일이었다.

설상가상으로 소수인종인 로힝야 난민들에 대한 미얀마 군부의 탄압과 이를 두둔하는 수찌 정부의 태도는 국제사회, 특히 인권 관련 단체들의 큰 반발을 초래하였다. 그래서 미국 등 서방국가들이 민선 1기 정부 출범 당시 부여했던 일반특혜관세GSP가 중단되고 미얀마에 여러 제재가 부과되면서 미얀마 수출이 큰 타격을 입게 되었다. 이러한 외부적 요인으로 인해 미얀마는 민선 1기 5년간 도약을 향한 큰 기회를 놓쳐버리고 말았다. 결국 수찌 여사는 민주화 투쟁의 영웅이었지만 국가를 효율적으로 이끄는 지도자로서는 부족한 역량을 보였다.

이러한 잃어버린 5년에도 불구하고 미얀마 국민들은 열흘 전 총선에서 수찌 여사가 이끄는 NLD를 압도적으로 지지하여 내년 5월 초 2기 민선 정부가 출범할 예정이다. 이번 총선에서 미얀마 국민들은 경제적 발전보다는 군부의 공포정치로부터 자유를 더 중요하게 여긴 결과로 보인다. 미국의 루즈벨트 대통령은 인간에게 필요한 4가지 자유 중에 '공포로부터의 자유' 만큼 '결핍으로부터 자유'도 중요하다고 지적했다. 두 번의 총선을 거쳐 미얀마에서 군부가 재집권할 가능성은 낮은 것으로 판명되었으니 민선 2기 정부는 국민들이 빈곤으로부터 벗어날 수 있도록 노력을 집중해야 할 것으로 보인다.

국가발전의 성공여부는 지도자의 현명한 리더십에 좌우된다는 점을 미얀마 민선 1기 5년이 잘 증명해주고 있다. 민선 2기 정부는 1기의 시행착오를 거울로 삼아 앞으로 5년 동안 기회의 땅 미얀마의 잠재력을 현실화시킬 책무를 이번 총선을 통해 부여받았다고 보아야 한다. 보다 투명하고 신속한 의사결정 구조를 만들고 로힝야 문제에 대해서는 국제사회에 보다 적극적으로 설명할 것은 하면서 또한 국내적으로 필요한 조치도 취하면 국제사회의 관심이 다시 미얀마로 쏠리게 되어있다. 넓은 영토, 풍부한 천연자원, 양질의 노동력과 좋은 지정학적 위치 등을 갖춘 미얀마는 정부가 국민을 올바른 방향으로만 이끌면 발 빠르게 성장할 수 있는 잠재력을 가지고 있다. 게다가 작금의 국제정세도 많은 외국기업과 투자가들이 미얀마로 눈을 다시 돌리도록 돕고 있다. 민선 2기 정부가 이런 여건을 잘 활용하여 개혁개방 정책을 가속화 함으로써 미얀마가 발전하고 한국과 미얀마 양국 간 경제협력도 대폭 증대되기를 기대해 본다.

역사의 기로에 선 미얀마

2021.2.8.

작년 11월 총선 결과를 바탕으로 앞으로 5년 미얀마를 이끌 지도자를 선출하는 미얀마 의회가 2월 1일 개원될 예정이었다. 바로 그 날 미얀마에서 불길한 소식이 전해져왔다. 미얀마 군부가 국가지도자 아웅산 수찌 여사를 비롯한 현 집권당인 민주민족동맹NLD 소속 의원 등 민간인 400여 명을 구금하는 쿠데타를 일으킨 것이다. 오는 5월 출범할 수찌 여사의 2기 정부 싹을 아예 잘라버린 것이다. 군부들은 이것이 쿠데타가 아니고 국가통합이 위협받는 비상시에 군부가 권력을 장악할 수 있다는 헌법상의 권리를 행사한 것이라고 한다. 헌정 중단은 아니지만 민간정부의 권력을 군부가 찬탈한 것이므로 성격상 쿠데타로 보는 것이 옳다.

이제 미얀마는 개혁개방의 길로 계속 나아갈 수 있을지 아니면 과거처럼 경제제재에 발 묶인 국제미아의 신세로 되돌아갈지를 가름 짓는 역사적인 기로에 서 있다. 지난 2011년 미얀마에는 50년 군부독재가 종식되고 처음 선거를 통한 유사 민간정부가 들어섰다. 그 후 개혁개방 정책을 채택하면서 미얀마는 최후의 유망 투자처로 국제사회의 각광을 받았었다. 많은 나라의 정상들이 방문하고 투자자들의 발길이 이어지면서 경제적 수도

인 양곤의 부동산 가격은 천정부지로 치솟았다. 미얀마는 풍부한 천연자원과 광활한 영토, 그리고 질 좋은 노동력이 있어 발전 잠재력이 아주 큰 나라로 평가되었다. 미얀마는 좋은 정치 지도자를 만나서 발전 방향만 잘 설정하면 급속히 빈곤의 함정에서 탈출할 수 있는 나라로 여겨졌다.

5년간의 유사 민간정부가 이루어놓은 개혁개방정책의 성과를 바탕으로 수찌 여사가 이끄는 명실상부한 민간정부가 2016년 집권하면서 미얀마의 발전은 더 가속도가 붙을 것으로 예상되었다. 그러나 지난 5년 민주화 투쟁의 상징이었던 수찌 정부는 국가를 효율적으로 통치하는 모습을 보여주지 못하였다. 물론 권력을 분점한 군부의 견제가 있기도 하였지만 정부의 의사결정 구조가 비능률적이어서 중요한 정책들이 표류하기 일쑤였다. 그러는 중에 외국 기업인들의 발걸음은 줄어들었고 외국인 투자도 급감하기 시작하였다. 미얀마는 소위 경제발전의 황금기를 잃어버리고 만 셈이다. 민간정부가 삶의 질을 개선해줄 것이라는 국민의 기대에 부응하지 못한 것이고 이것이 군부가 나설 빌미를 준 것이라 볼 수 있다.

미얀마 국민은 암울했던 군부독재 시절을 아직 기억하고 있고 그런 상황으로 돌아가기를 당연히 원치 않고 있다. 그렇지만 88년 소위 '샤프란 시위'로 4천 명의 민간인이 살상되는 끔찍한 기억으로 인해 선뜻 나서기도 주저하고 있다. 시민들이 나선다면 유혈사태는 불가피할 것이고 그러면 미얀마는 또 국제사회로부터 철저히 고립될 것이다. 이번 쿠데타로 인해 미얀마는 영영 세계 발전대열에서 낙오될지도 모르는 위기를 맞고 있다. 이 시점에 미얀마 군부는 자신들의 권력욕을 채우기 위해서 국가와 국민의 장래를 내팽개치는 우를 범해서는 안 된다. 70년 초반까지 아시아에서 일본 다음으로 잘 살았던 미얀마 국민이 80년 이후 다른 나라에 나가

저임금 노동자로 혹사당하기 시작했다. 이것을 목도한 장군들이 정치체제 때문에 이런 민족적 굴욕을 감수해서는 안 된다는 인식을 하게 되고 결국 2011년 개혁개방 정책으로 선회하게 된다. 미얀마 군부가 이런 인식을 되찾아서 나라를 다시는 국제제재의 나락으로 떨어뜨리지 않기를 바란다.

미얀마에는 약 420여 개의 우리 사업체들이 있고 앞으로 한국산업단지가 완공되면 더 많은 우리 기업들이 진출하게 될 것이다. 그리고 일본, 중국 등 다른 나라들도 산업단지를 건설하여 자국 기업들의 진출을 독려하고 있다. 만약 미얀마에서 유혈사태가 발생하면 이런 외국기업들의 진출 행보가 탈출행렬로 바뀔 것이다. 또 미얀마 화폐 짯의 가치는 폭락할 것이고 미얀마에서 제조된 물품은 서방국가로 수출이 통제될 것이다. 공장이 폐쇄되면 일자리를 못 구하는 미얀마 국민은 다시 해외로 떠돌게 될 것이다. 이런 일이 발생하지 않도록 군부와 국제사회는 대화를 해야 한다. 군부는 국제사회의 요구를 수용하여 민간에게 권력을 적절한 방식으로 조속히 이양해야 할 것이다. 국제사회도 미얀마에 성급히 일반 경제제재를 가하기보다는 군부 지도자들만 겨냥한 제재를 해서 군부가 권력이양 계획을 속히 내놓도록 유도해야 할 것이다.

지난 50년간 국가발전의 궤적을 비교해 보면 한국과 미얀마는 반대의 길을 걸어왔다. 아무리 발전 잠재력이 높다고 하여도 나쁜 지도자 밑에서 비효율적인 정치체제를 가진 국가는 발전 대신 퇴보한다는 것을 역사는 보여주었다. 그 과정에서 국민만 최대 피해자가 되는 것이다. 미얀마가 역사의 기로에서 그런 실수를 다시 범하지 않기를 간절히 바란다.

미얀마 사태의 원인과 전망

2021. 3. 16.

지난 2월 1일 미얀마 군부가 향후 5년간 재집권을 목전에 둔 수찌 여사가 이끄는 민족민주동맹NLD의 지도자들과 의원들을 체포하고 민선 정부를 무너뜨렸다. 이런 군부의 쿠데타에 반발하는 미얀마 시민들이 봉기하여 전국적인 시위를 벌이자 군부는 민간인들에게 실탄사격을 함으로써 현재 약 200여 명의 사망자를 발생시켜 국제사회의 비난을 받고 있다. 군부의 무자비한 진압에 맨손으로 저항하기 벅찬 시민들은 국제사회의 개입을 호소하는 한편 자신들도 소수민족 무장반군과 손을 잡고 무장저항을 벌이려 하고 있다. 미얀마 사태는 미얀마 국군의 날인 3월 27일 전후로 중대한 고비를 맞이할 것으로 전망된다.

미얀마 군부는 작년 11월 8일 실시 된 총선이 부정선거라는 명분으로 군사행동을 개시하였다. 그들은 약 8백여만 명의 선거인 명부가 조작되었다고 주장하고 이에 대한 수찌 정부의 해명을 요구하였으나 응답이 없었다는 점을 빌미로 쿠데타를 일으켰다. 또한 군부는 자신들의 행동은 헌법상의 권리를 행사한 것이므로 쿠데타가 아니라고 주장하고 있다. 사실 군부가 유사 민선 정부를 출범시키기 전인 2008년에 개정한 헌법에는 "국가의 통합과 단결이 위험에 처할 때 대통령은 군총사령관에게 권력을 이양하고 군부는 국가비상사태를 선포할 수 있다."라고 되어 있다. 그들은 선거부정으로 국가통합이 위태로워졌기에 군부가 나서는 것이라 주장하고 있다.

그리고 군부들이 평가하기에는 지난 5년 간 수찌 정부의 국정운영 결과가 그 이전 5년간 군 출신 대통령인 떼인 세인 정부보다 못하다고 본다. 따라서 자신들이 집권할 경우 나라를 훨씬 더 잘 발전시킬 것이라 믿고 거사를 감행한 것으로 보인다. 사실 지난 5년 간 미얀마의 경제 성장률은 평균 5% 정도여서 예상되었던 고도성장을 이루지 못하였고 외국인 직접투자 FDI도 과거 대비 1/4 수준으로 급감하였다. 떼인 세인 정부 당시 세계 제일의 유망투자처로서 주목받던 미얀마의 명성이 퇴색된 것은 사실이다.

게다가 군부가 2017년에 소수민족인 로힝야족을 탄압할 때도 이를 못막은 수찌 여사가 국제적인 비난을 한몸에 받았다. 그녀에 대한 국제적 지지도 사라지고 국내적인 인기도 떨어져서 군부는 이번 선거에서 NLD 당에 대한 지지율이 하락할 것으로 보았다. 그렇다면 군부가 헌법상 보장된 의회 내 고정의석 25%에다 친군부적인 '연방단결발전당USDP'이 20% 득표를 하고 소수민족 정당 일부와 연대를 하면 USDP가 집권할 수 있을 것으로 기대했는데 이 전망이 빗나간 것이다. NLD당이 재집권하게 되어 수찌 여사가 헌법개정을 추진하면 군부의 권력기반 자체가 사라질 위험에 처한다는 위기의식도 군부의 행동을 재촉하였다.

이제 미얀마는 역사의 갈림길에 서 있다. 시민들이 승리하여 성숙한 민주사회로 나아갈 것이냐 무자비한 진압으로 군부가 승리는 하지만 국제사회의 제재를 받아 다시 암흑의 시대로 돌아갈 것이냐 두 갈래 길이 놓여 있다. 시민들이 맨손으로 승리하기는 불가능하니 국제사회의 개입을 갈망하고 있으나 국제사회가 규탄성명과 제재 이외 무력개입을 할 수 있는 상황은 아니다. 그래서 시민들이 소수민족 반군과 손잡고 무장저항을 할 경우에도 압도적 무력을 독점한 군부를 이길 승산은 적다. 미얀마의 군부는 단순한 군대가 아니라 하나의 이익공동체이자, 생활공동체이기에 내부결속력이 강하다. 반군들이 시민들에게 무기를 공급하면 대규모 유혈사태가 벌어지고 사태가 장기화되면서 미얀마는 내전 상태, 더 나아가 국가분열 상태로 들어갈 수도 있다. 따라서 국제사회가 실효적인 타협안을 가지고 양측을 중재시키는 일이 시급하다.

미얀마 시민들은 중국이 군부를 지원해주고 있다고 믿고 중국인과 중국 공장 등에 공격을 가하고 있다. 중국은 미얀마가 자국의 일대일로 전략에 있어 중요한 요충지이기에 미얀마가 서방세력의 영향력 하에 들어가는 것을 싫어하여서 현 상황에 대해 적극적인 목소리를 내지 않고 있다. 중국도 미얀마 군부가 중국에 대한 강한 경계심을 가지고 있다는 것을 알기에 조심하는 것이다. 따라서 UN, 미국, EU 등이 협력하여 군부의 아킬레스건을 건드리는 보다 실효적인 제재로 압력을 가하는 동시 중재안을 마련하여 군부와 NLD 정부간 타협을 촉진해야 한다. 그래야 대규모 유혈사태도 회피하고 미얀마가 중국으로 기울어지는 것도 막을 수 있다.

미얀마 군부와 군부 직영기업과 군부와 결탁한 재벌들이 자금 도피처로 사용하는 나라들이 3개 정도 있다. 미국, EU 등이 이 나라들을 설득하여 이 자금들을 동결하고 이를 이용하여 군부를 압박하면 효과가 있을 것이다. 이런 중재안을 내지 못하고 민주주의를 지킨다는 명분 하에 시민항쟁을 구두로 지지하기만 하면 미얀마와 그 국민을 역사의 나락으로 빠뜨리는 결과만 초래할 수도 있다. 우리나라도 미얀마의 이러한 복잡한 정세를 감안하지 않고 시민항쟁을 지지하는 외교부 성명, 국회결의, 대통령 메시지에다 독자적인 제재까지 연이어 발표하였다. 홍콩사태에서 침묵하였던 우리 정부가 미얀마 사태에서는 이처럼 강한 입장을 표명한 것은 선택적 정의라는 비판을 받을 수 있다. 그리고 이런 강경한 정부 입장 발표에 현지 진출 사업자들과 기업들은 그 부작용에 대해 벌써 걱정들을 하고 있다.

동맹 방기 또는 연루의 위험: 호주 사례

2021.4.16.

동맹은 어떤 두 나라가 공동의 적에 대항하기 위하여 맺는데 그 동맹을 유지하는 데는 비용도 든다. 또한 어떤 동맹도 영속적이지는 않아 국제정세가 변하면 그 운명도 변한다. 동맹을 유지하는 데 비용이 드는 이유는 동맹이 두 국가 모두에게 혜택을 주는 상호적인 성격을 가져야 하기 때문이다. 동맹은 보통 안전보장을 제공해주는 후견국과 이를 받는 피후견국 간에 이루어진다. 후견국이 보통 동맹의 유지비용을 대부분 부담하지만 보호를 받는 피후견국도 후견국이 원하는 비용을 적절히 분담해주어야 동맹이 잘 유지된다. 동맹이 위기에 봉착하는 가장 큰 이유는 국제정세가 변하여 양 국가가 생각하는 공동의 적 개념이 변하는 경우이다. 두 번째로 국력의 변화가 생겨서 후견국이 피후견국에게 더 이상 안전보장을 충분히 제공해줄 수 있는 능력이 부족해지는 경우이다. 세 번째로 후견국과 피후견국 간 동맹의 비용 분담에 대한 이견으로 후견국이 피후견국을 방기하는 경우이다. 네 번째는 후견국의 행태가 이전과 달라져서 동맹을 유지할 경우 후견국이 일으키는 분쟁에 피후견국이 연루될 우려가 있어 피후견국이 동맹을 탈퇴하는 경우이다.

호주는 영국으로부터 독립 이후 모국인 영국의 자연적 동맹국이 되어 영국에 자국의 안보를 전적으로 의지하였다. 영국이 제공하는 안전보장에 대한 대가로 호주는 영국이 관여하는 전쟁에 다 참전하면서 영국을 도왔다. 남아공 보어전쟁, 1차 세계대전, 2차 세계대전 모두를 영국 편에 서서 싸웠다. 그러나 2차 세계대전 이후 영국의 국력이 쇠퇴하면서 영국에 안보를 전적으로 의지하는 것에 대한 불안감을 호주는 느끼기 시작하였다. 그러다 1956년 이집트가 수에즈 운하를 국유화하자 영국과 프랑스는 이를 저지하기 위한 무력개입을 시도한다. 그러나 미국이 식민지 잔재를 청산하는 것이 신국제질서에 부합한다 보고 영국에게 운하에서 철군하라고 압력을 넣는다. 이 압력에 영국이 굴복하여 수에즈 운하 동쪽에 있는 모든 해외주둔 영국군을 철수하자 호주는 영국으로부터 방기될 수 있다는 우려를 하기 시작했다. 쇠락하는 영국이 더 이상 지구 반대편에 있는 호주를 구하러 달려와 줄 여력이 없다는 점을 깨닫기 시작한 것이다. 그래서 호주는 새로운 강자인 미국과 동맹을 체결하고 그 이후에는 미국이 관여하는 모든 전쟁, 즉 한국전, 베트남전, 이라크전, 아프간전 등에 참전을 한다. 호주는 후견국인 미국이 필요로 하는 곳에 파병하는 것이 호주가 위험에 처했을 경우 미국이 호주를 구하기 위하여 군대를 파견하게 만드는 보험금으로 여기고 이 같은 참전 결정을 하였다. 즉 동맹을 유지하기 위해서는 일정 비용을 분담하는 것이 필요하고 아니면 미국으로부터 버림을 받을지도 모른다는 생각을 한 것이다.

국제정세가 대변환을 하는 이 시점에 호주의 고민은 다시 시작되고 있다. 호주는 미국의 국력이 쇠락하고 있어 이전처럼 자국의 안보를 전적으로 미국에 맡길 수 있을지 의구심을 갖기 시작했다. 그래서 새로 부상하는 중국과 전략적 협력을 강화하는 것이 맞는지를 고민할 수밖에 없었다. 몇 년간의 검토 끝에 호주는 전략적 결단을 내린 것으로 보인다. 미국이 쇠락하기에 미국 혼자서 안전보장을 다 제공할 수 없다면 미국을 도와서 함께 국제질서를 유지하는 것이 자국에 유리하다는 판단을 한 것이다. 미국과 중국과 전략적 경쟁이 치열해질수록 동맹인 미국을 도우면 호주가 미, 중 분쟁에 연루될 위험성도 있다는 점도 잘 인식하고 있다. 그러나 미국 혼자 경쟁을 감당하도록 두는 것보다는 동맹국들이 미국을 도울 때 분쟁이 발생할 확률이 줄어들어 자국 국익에 부합한다는 결론에 도달한 것이다. 변화하는 중국의 모습을 보면서 중국과는 안보협력이 가능하지 않다는 점과 미국을 도우면 중국으로부터 보복을 당할 것이라는 점도 잘 예견하고 있었다. 중국의 경제보복도 자국의 주권을 수호하고 동맹을 유지하기 위한 비용으로 간주하였다.

호주는 동맹에 있어 무임승차는 없다는 사실을 잘 알기에 동맹의 비용을 감당하고 있다. 그리고 동맹국으로부터 방기될 위험성이 엿보이면 이를 대체할 다른 대안을 모색하는 데 게으르지 않았다. 또한 미국이 미국 우선주의로 나갈 때는 이를 비판도 하고 이에 대한 대비도 해나가고 있다. 호주는 이러한 동맹관계의 생리를 잘 알기에 동맹 방기와 연루의 위험성 사이를 조심스럽게 걸어왔고 필요할 경우 동맹 대상국을 변경하기도 했다. 막연하게 강대국 사이에서 줄타기를 계속할 수 있다는 안이한 판단을 하지 않고 늘 전략적 사고를 하기에 호주는 이런 행보가 가능했다. 호주의 전략적 행보를 우리도 눈여겨보고 우리 안보를 위해 필요한 조치를 실기하지 말고 취해야 한다.

호주, 베트남과 한국

2024.7.18.

한국, 호주, 베트남 이 세 나라는 국제사회에서 많은 공통점을 가진 나라들이다. 이 세 나라는 우선 중국의 영향력이 미치는 아시아 지역에 있으며 중국과 깊은 경제 의존성을 가지고 있다. 게다가 이들 세 나라 중 한국, 호주는 미국의 동맹국이고 베트남은 미국의 안보협력국으로서 자국의 안보를 미국에 많이 의존하고 있다. 게다가 한국과 호주는 이미 중견국으로 국제사회의 인정을 받고 있으며 베트남도 경제수준은 아직 그에 못 미치지만 영토, 인구 크기와 영향력 측면에서 중견국이라 불려도 무방한 공통점을 가지고 있다.

이러한 공통점으로 인하여 이 세 나라의 대외정책도 대체로 비슷한 방향으로 전개될 수밖에 없고 특히 지금과 같이 미·중 간 전략적 경쟁이 심화되고 있는 상황에서는 동병상련을 같이해야 하는 나라들이다. 그러나 최근 세 나라의 대외정책 행보를 보면 호주, 베트남 두 나라에서는 공통점을 발견할 수 있지만, 한국의 행보는 이들 나라와는 좀 다르게 나타나고 있는 점이 눈길을 끈다.

호주와 베트남은 중국의 시진핑 주석 집권 이후인 2012년부터 중국이 공세적인 대외정책을 펴기 시작하자 이에 대한 경계심을 높이기 시작했다. 그 결과 중국에서 오는 위험을 줄이기 위한 역균형counter-balancing과 역거래hedging 정책을 취하기 시작하였다. 호주와 베트남은 서방국가들과의 관계를 다양하게 강화하기 시작하였을 뿐 아니라 양국 간의 관계도 단계적으로 격상시켜 왔다. 호주와 베트남은 2015년 양국관계를 '격상된 포괄적 동반자'로 한 단계 올려세웠다. 그리고 2017년 양국 정상회담에서 이 관계를 '전략적 동반자'로 격상하기로 합의하고 2018년 호주·아세안 정상회의가 시드니에서 개최되었을 때 양국은 '전략적 동반자'로 양국관계를 정식 격상하였다. 그리고 양국 간 국방안보 대화도 정례적으로 개최하기로 하고 양국 간 합동군사훈련도 하기로 하였다. 2020년에는 두 나라는 '전략적 동반자' 관계를 더욱 구체화하고 향후 양국관계를 창조적으로 발전시켜 나가기 위한 행동계획Action Plan에 서명하였다. 그리고 이 두 나라는 미국 트럼프 대통령이 환태평양 경제동반자협정TPP에서 발을 뺐을 때에도 TPP의 대안으로 CPTTP를 만들어 그 골격을 지키는 데 힘을 보탰다. 그리고 양국은 남중국해가 중국의 영해가 아니라 많은 지역국가들이 자유롭게 이용할 수 있는 해역이 되어야 한다는 신념 아래 남중국해에서 해군훈련을 같이 하고 있다.

사실 호주 외교부가 2017년 말 발간한 호주 외교백서는 호주가 향후 아시아 지역 내에서 전략적 협력을 강화해야 할 네 나라로 한국, 일본, 인도네시아, 인도를 규정하였다. 호주는 네 나라 중 한국을 제외한 나머지 세 나라와는 다방면으로 관계를 강화하고 있다. 반면 한국과는 20년도 더 전에 맺은 '발전하는 동반자' 관계를 아직 격상하지 못하고 있다. 그에 대한 대안으로 호주는 전략적 인식을 같이하는 베트남과 관계를 전략적 동반자로 격상하기로 한 것이고 베트남이 이에 호응을 한 것이다. 같은 대외여건 속에 있는 두 나라는 변화하는 대외환경에 맞추어 자국의 전략적 자세를 계속해서 조정해 나가면서 자국의 주권과 안보를 지키기 위해 부단히 노력하고 있는 것을 알 수 있다. 이에 비해 우리는 전략적 협력대상국들과 양국관계도 격상하지 않고, 남중국해에 대해서도 극히 조심스러운 태도를 보이고 있으며 경제동반자 협정에 대해서도 계속 검토만 하고 있을 뿐 아직 방침을 정하지 못하고 있다.

호주와 베트남이 이처럼 끊임없이 자국의 대외자세를 재조정하는 과정에서 중국으로부터 압력을 받을 것이라는 점을 모를 리 없다. 이미 호주와 베트남도 중국으로부터 경제적 보복과 군사적 압력까지도 겪어야 했다. 호주는 지난해부터 중국이 석탄, 쇠고기, 와인 등의 수입을 제한함으로써 이 분야 산업들이 피해를 보고 있다. 그러나 철광석 가격상승으로 작년 호주의 대중국 수출총액을 오히려 더 늘어났다. 베트남도 2014년 남중국해 영유권 문제로 양국 간 해상충돌이 있고 난 뒤 양국 경제관계가 급격히 위축된 적이 있었다. 그러나 그 이후 베트남과 중국 간 정상회담과 방문이 8회나 될 정도로 관계가 오히려 돈독해졌다. 중국이 베트남의 변화하는 대외정책 기조로 인해 베트남의 전략적 가치를 더 높이 평가하기 시작한 것의 반증이라 할 수 있다. 베트남은 '대나무 외교'라고 하여 정세의 변화에 따라 입장을 유연하게 조정은 하지만 방향은 비틀리지 않고 국익과 원칙에 굳게 뿌리를 두는 외교를 하고 있다. 우리도 호주와 베트남의 이 같은 행보를 타산지석으로 삼아 어려운 시대를 헤쳐나가야 한다.

미·중 전략경쟁 속 호주의 운신법

AUKUS 출범이 가지는 함의

2021.10.22

미·영·호주 3국 정상들은 지난 9월 화상정상회의를 개최하고 그 회의 말미에 3국 간 군사동맹인 AUKUS를 출범시킨다고 발표하였다. 이 발표는 중국은 물론 프랑스를 비롯한 많은 서방국가들도 놀라게 할 정도로 방식은 전격적이었고 내용은 충격적이었다. AUKUS 출범은 앞으로 세계질서와 동맹 관계의 변화가 더 가속화될 수 있음을 시사한다. 그러한 질서변화는 우리에게도 영향을 미칠 것이기 때문에 우리도 그 의미를 곱씹고 우리의 진로 설정에 참고해야 할 것이다. 이 동맹이 어느 국가를 겨냥하는지는 불문가지다. 호주가 왜 이런 전격적인 행보를 하였는지 알기 위해 시계를 되돌려 볼 필요가 있다.

호주와 중국 간의 갈등은 최근 들어 더 격화되고 있지만, 그 전조는 이미 2017년 말 호주가 '외국간섭 금지법'을 입법할 때 시작되었다. 이 법은 중국의 영향력이 자국 내 커지는 것을 차단할 목적이었다. 이후 2018년 5월 호주 정부가 중국 화웨이 5G 통신장비를 자국 네트워크에 사용하지 못하도록 하는 결정을 내리면서 양국관계는 심하게 틀어지게 되었다. 연이어 호주 정부는 중국계 기업이 호주 내에서 추진 중인 10여 개의 인프라

관련 프로젝트와 기타 투자를 국가안보상의 이유로 사업승인을 취소하면서 양국 간 관계는 더욱 경색되어 갔다.

더 나아가 호주 정부는 코로나 19의 근원지 조사에 대한 독립조사위원회를 구성하자는 제안을 국제사회에 공식 제기하였다. 이러한 호주 정부의 조치에 대해서 호주 내에서도 정부가 좀 너무 나간 것 아니냐는 이견도 존재하였다. 그러나 호주 정부는 코로나가 전 세계에 미치는 악영향을 고려할 때 그 근원을 철저히 조사하여 재발을 방지하는 것이 국제사회의 의무라고 주장했다.

호주가 이처럼 최근 미·중 간의 전략적 경쟁 속에서 미국으로 기우는 선택을 한 배경을 이해하기 위해서는 호주의 전략적 사고 속에 뿌리 박힌 '동맹의 방기Fear of Abandonment'에 대한 두려움을 알아야 한다. 호주는 2차 대전 이전까지 영국을 가장 믿을만한 동맹국으로 믿고 영국과 결속을 굳건히 하였다. 그러나 영국이 2차 대전 후 쇠락하면서 영국으로부터 버림받을 가능성, 즉 방기의 위험을 심각히 고민하였다. 그래서 2차 대전 후 최강국으로 부상한 미국을 택하여 동맹국으로 삼았다.

그렇지만 호주는 트럼프 시절 미국이 자국 우선주의로 나갈 때는 이를 비판도 하고 이에 대한 대비도 아울러 해나가고 있었다. 호주는 미국이나 중국 등 강대국이 자국 국익을 위해 일방적으로 국제규범을 무시하는 행위를 할 때 이를 비판하고 '규범에 입각한 국제질서rule based order'를 지켜나가기 위해 목소리를 높여왔다. 현 국제질서 하에서 평화와 번영을 누려온 호주로서는 현 질서를 변경하려는 세력들의 의도를 차단하는 것이 국익에 부합한다고 보기 때문이다. 그리고 호주는 이런 현 질서유지 노력을 혼자서 해나가는 것보다 다른 중견국들과 연대하여 전개하는 것이 바람직하다고 보았다. 그래서 힘을 합칠 대상국으로 일본, 한국, 인도, 인도네시아 4개국을 2017년 외교백서에 적시하였다. 그 이후 한국과의 협력이 기대에 못 미쳐서 그런지 호주는 베트남을 전략적 협력대상국으로 추가하고 베트남과 관계를 강화하고 있다.

호주와 베트남은 중국의 시진핑 주석 집권 이후인 2012년부터 중국이 공세적인 대외정책을 펴기 시작하자 이에 대한 경계심을 높이기 시작했다. 그 결과 중국에서 오는 위험을 줄이기 위한 '역균형counter-balancing정책'을 각자 취하기 시작하였다. 호주와 베트남은 역내국가들과의 관계를 다양하게 강화하고 있을 뿐 아니라 양국 간의 관계도 단계적으로 격상시켜 왔다. 호주와 베트남은 2015년 양국관계를 '격상된 포괄적 동반자'로 한 단계 올려세웠다, 그리고 2017년 이 관계를 '전략적 동반자'로 격상하기로 합의하고 2018년 양국 정상회의에서 정식 격상하였다. 그 뒤로 양국은 남중국해가 중국의 영해가 아니라 많은 지역국가들이 자유롭게 이용할 수 있는 해역이 되어야 한다는 신념 아래 남중국해에서 해군훈련도 같이하고 있다.

호주의 중국에 대한 경제의존도가 선진국 중에서는 제일 높기에 중국은 서방국 중에서 호주를 제일 약한 고리로 여기고 한때 여러모로 공을 들였다. 그러니 최근 뜻밖의 호주의 반중국적인 외교행보가 중국의 눈에는 가시처럼 보일 수밖에 없었고 경제보복은 당연히 예상된 수순이었다. 지난해부터 중국이 석탄, 쇠고기, 와인 등의 수입을 제한함으로써 이 분야 호주 산업들이 피해를 보고 있다. 그러나 역설적으로 국제 철광석 가격상승으로 작년 호주의 대중국 수출총액은 오히려 더 늘어났다. 게다가 석탄부족으로 인한 전력난으로 중국은 최근 호주산 석탄수입을 결국 허용하였다. 중국이 자기 발등을 스스로 찍은 셈이 되었다. 호주는 중국이 필요로 하는 원자재를 가지고 있기에 버틸 여유가 더 있어 다행이었다.

　이런 상황 속에서 호주는 최근 미·영과 AUKUS 동맹을 체결함으로써 중국에 일격을 다시 날렸다. 이 동맹은 2차 대전 이후 팍스 아메리카나 시절의 미국동맹 체제 형태인 '중심축과 바큇살Hub & Spokes System'에서는 잘 볼 수 없던 3국동맹이 불쑥 출현했다는 점에서 눈길을 끈다. 외교사를 되돌아보면 3국동맹이 등장할 시점에는 국제정세가 불안하고 전쟁의 그림자가 어른거렸다는 점에서 우려스럽다. 그리고 이 동맹에 참여한 3국은 모두 앵글로색슨 국가들이며 해양국가들이다. 정체성이 거의 같은 세 나라가 뭉친다는 것은 진정으로 믿을 수 있는 나라끼리 손을 잡는 것이 향후 우선시 될 것을 예고한다. 그리고 이번 동맹이 체결되는 과정에서 프랑스의 외무장관이 "3국이 프랑스 등 뒤에 비수를 꼽았다."라는 표현을 쓸 정도로 협상이 비밀리에 진행되었음을 알 수 있다. 과거 국제정세가 출렁일 때 이러한 비밀외교가 횡행하였는데 AUKUS로 인해 향후 이런 비밀외교가 더 빈번해 질 수 있다는 불길한 예감이 든다. 또한 국가 간의 관계에 규범과 신의가 중요하지 않게 될 수도 있는 냉혹한 현실주의 시대가 다가온다는 점을 이 동맹의 출현은 예고하고 있다. 이 동맹 출범으로 프랑스는 약 74조 원에 달하는 잠수함 사업에서 손을 떼어야 하게 되었다. 호주와 계약을 믿고 있던 프랑스는 큰 낭패를 본 셈이다. 미국도 핵 비확산을 불가침의 원칙처럼 내세우다 자국 국익 앞에서는 이를 가볍게 저버렸다. 자국의 국익을 위해서는 새로운 동맹에 과감히 참여하고 우호국과 신의도 저버리는 냉엄한 현실주의 노선을 호주는 택한 셈이다.

　"정치의 어려움은 자신이 보고 싶지 않은 곳을 끈질기게 바라보는 데 있다."라고 프랑스 정치사상가 삐에르 마낭트는 말했다. 자신이 보고 싶은 것만 보고 그대로 이루어지길 기대하는 것은 국제정세의 대변환기에는 순진하다 못해 위험하다. 현실을 직시하고 다른 나라가 취하는 행보도 눈여겨보아야 우리의 갈 길을 개척할 수 있다.

미얀마 사태로 본 ASEAN의 한계

2021.5.21.

석 달째 지속 중인 미얀마에서 유혈사태를 막기 위한 목적으로 지난 4.25 일 인도네시아 주도로 아세안 특별정상회의가 자카르타에서 개최되었다. 이번 정상회의는 아세안이 아세안 회원국의 국내문제를 해결하기 위하여 회의를 개최한 최초의 사례로서 개최 사실 자체가 국제적 이목을 끌었다. 아세안은 전통적으로 국내문제 불간섭 원칙을 견지했기에 이번 정상회의 개최는 기존 전통에 반하는 일로 평가된다. 아세안 10개 회원국은 각국의 정치체제도 상이하며 각국의 정치발전 수준도 다 다르다. 반 이상의 회원 국이 권위주의적 정부형태를 가지고 있어 다른 회원국의 국내문제에 대해 의견일치를 보기가 어려운 구조를 지니고 있다. 지난 2월 초 미얀마 쿠데 타가 발생했을 당시 이 군부 쿠데타에 대해 비난성명을 발표한 나라는 싱 가포르 등 불과 3개국에 불과했다는 것이 이런 아세안의 특성을 잘 보여 준다.

이런 구조적 한계를 지닌 아세안이 이번 특별정상회의를 개최한 것은 유엔이나 미국, EU 등 다른 서방 선진국이 사태해결을 위해 중재에 나서 지 않는 상황 속에서 지역안정을 위해 아세안이 무엇인가를 하지 않을 수 없다는 고육지책에서 나온 것으로 보인다. 앞에서 언급한 아세안의 내재적, 구조적 한계에도 불구하고 아세안이 이번 특별정상회의를 개최한 배경에는 국제사회가 미얀마 사태 해결을 위해 직접 개입할 의사없이 문제 해결을 아세안에 미룬 탓이 크다. 그리고 의장국인 인도네시아의 조코위 대통령이 회원국의 문제를 아세안이 다루어야 한다는 당위론적 관점에서 다른 정상들을 설득한 덕분에 회의는 개최될 수 있었다.

개최사실 자체가 의미는 있으나 미얀마에 대한 제재수단과 의지가 없는 아세안이 회의에서 어떤 구체적 성과를 거둘 것인지 의문시되었다. 정상회의 5개 합의사항의 내용과 회의의 형식을 들여다보면 미얀마에 민주정부 체제를 복귀시키기보다는 현 군부의 집권을 인정하는 모양새가 되어 회의 개최 의미가 상당히 퇴색되어 버렸다. 먼저 회의 형식부터 보면 미얀마 군부 총사령관인 민 아웅 흘라잉 장군이 정상회의에 초청되어 다른 정상들과 얼굴을 맞대었는데 이는 총사령관에게 국가정상 자격을 인정해준 것과 마찬가지다. 아세안이 보다 중립적인 입장을 지키려 했다면 미얀마 임시정부NUG 대표의 참석요청도 수락해야 했지만 이를 거부함으로써 군부의 집권을 기정사실화 한 셈이다. 그로 인해 미얀마 시민들은 정상회의 결과 발표를 보고 이에 분노하여 다시 거리로 나와 시위를 벌이고 피를 흘리고 있다.

그리고 5개 합의사항은 폭력사용의 즉각 중단, 건설적 대화 시작, 중재노력 개시, 인도적 지원 제공, 아세안 특사 파견을 규정하고 있다. 이 합의사항에서도 군부의 무력사용을 비난하지 않고 군부와 시민 양측 모두 폭력사용을 멈출 것을 촉구하였다. 또한 모든 정치범을 조속히 석방하라는 요구도 하지 않아 지난 3월 초 아세안 외무장관 회의에서 채택된 성명 내용보다 더 후퇴한 모양새가 되었다.

정상회의 후 미얀마 군 총사령관이 귀국하자마자 미얀마 군부는 시민들이 먼저 시위를 재개하니 이를 진압한다는 명목으로 다시 발포하기 시작했다. 정상회의 첫째 합의사항인 '폭력사용 중지'가 이틀도 못가서 휴지조각난 셈이다. 따라서 현 미얀마 임시정부 수반이 "정상회담 합의가 죽지 않고 숨만 쉬고 있다."라고 표현한 것은 미얀마 시민들의 큰 좌절과 실낱같은 희망을 동시에 대변하고 있다. 이제 기대할 것은 아세안이 특사를 선정하여 미얀마에 파견한 후 각 이해 당사자들의 의견을 듣고 중재안을 내는 방안만 남았다. 그러나 특사파견마저 미얀마 군부가 받아들일 준비가 안되었다고 미루고 있다. 통상 아세안은 이런 사안을 서둘러 추진하지 않는 전통이 있지만 이번 합의사항에도 아무런 시간계획표가 없다. 따라서 신속한 조치 없이 시간이 흘러가면 군부의 집권만 공고해질 것이다. 이런 전망이 현실화된다면 이번 정상회의 결과를 환영한다는 우리 외교부의 성명은 앞서 발표한 군부 쿠데타 규탄성명과 상호모순적이라는 평가를 받을 수도 있다.

현재 미얀마 상황은 점점 더 심각한 상황으로 내달리고 있다. 시민세력과 군부세력 간 대결에서 이제는 무장반군 세력까지 가세함으로써 미얀마 정국은 더 예측불가한 방향으로 나가고 있다. 역설적으로 미얀마 군부가 통제력을 발휘하지 못하면 미얀마는 내전위기를 거쳐 국가가 분열되는 '실패국가' 양상을 보일 수도 있다. 이러면 최대의 피해자는 민주화를 위해 일어섰던 용감한 미얀마 시민이 될 것이기에 참으로 안타깝다. 지금 미얀마에서 최선의 결과를 찾기보다는 최악의 상황을 방지하는데 국제사회는 중지를 모아야 할 것이다.

잊혀지는 미얀마와 민생파탄

2022.6.10.

미얀마에서 군사 쿠데타가 발생한 지 벌써 1년 반이 되어가고 있다. 작년 미얀마에 대해 쏠리던 국제사회의 관심이 올해는 온통 우크라이나 전쟁에 집중되고 있다. 이로 인해 이제 미얀마는 잊혀지는 나라가 되었다. 그간 미얀마에서는 군부정권에 반대하는 시민 불복종 운동도 거의 1년 정도 지속되었고 반군 장악지역으로 흘러 들어간 시민군들이 반군과 연대하여 정부군과 교전을 벌인다는 소식도 들렸으나 시민군들이 할 수 있는 것은 지방의 군부정권 협조자들을 암살하는 정도에 그치고 있다. 미얀마 주요 도시들의 정세는 안정을 되찾고 시민들은 일상생활로 복귀한 것으로 알려졌다. 미얀마의 민주화 상징으로 여겨졌던 아웅산 수찌 여사는 군부에 의해 3개 혐의를 합쳐 15년형을 선고받아 사면조치가 없으면 감옥에서 생을 마치게 될 비극적 운명의 주인공이 되게 생겼다. 미얀마의 민주민족동맹NLD은 이미 형해화되어 버렸고 이를 대체한다던 임시정부 성격인 국민통합정부NUG도 활동이 유명무실해졌다. 그리고 새로운 대안 정치세력인 소위 88년 민주화 항쟁을 주도한 젊은 세대였던 '88그룹'도 정당 조직화를 이루어 내지 못하고 있다. 이런 상황에서 미얀마에 군부를 대체할 정치세력은 존재하지 않는다는 것이 현실적인 진단이다. 그런데도 국제사회는 미얀마 민주화 세력이 승리할 것을 아직도 기대하고 지지를 보내고 있다.

한편 미얀마의 경제상황은 날로 악화되고 있다. 국내 내전 발생 이후 미얀마의 작년 GDP 실질 생산률은 18%까지 하락하여 10년 전 개방한 이후 매년 7~8%의 경제성장을 이루던 것에 비하면 충격적인 하락세를 보이고 있다. 따라서 미얀마 화폐인 짯의 달러화 환율은 쿠데타 발생 이전에 비하여 41% 상승하여 국민들의 실질 임금은 거의 반토막이 난 상태가 되었다. 이는 미얀마에 대한 서방국들의 제재로 인하여 외국인 투자와 공적 개발원조가 들어오지 않게 되어 달러화 부족현상이 발생했기 때문이다. 이로 인해 많은 공산품을 수입에 의존하는 미얀마의 물가는 살인적으로 상승하여 국민들의 생활고가 가중되고 있다. 외국인 투자와 공적 개발원조가 장기간 중단되면 안 그래도 낙후된 미얀마의 인프라는 더욱 열악해져서 미얀마의 경제발전 잠재력이 심각한 타격을 입을 것이다. 그러면 미얀마 경제는 헤어나기 힘든 나락으로 떨어질 것이고 장기간 회복이 불가능한 최빈국이 될 것이다. 한때 풍부한 자원과 양질의 노동력으로 마지막 남은 황금투자처 '엘도라도'로 불리었던 미얀마가 국내정치 불안으로 인해 발전유망국은커녕 국제사회에서 낙오자로 전락하게 되었다. 그리고 그 피해는 군부가 아니고 고스란히 미얀마 국민에게 돌아가게 생겼다.

이 모든 비극적 사태의 책임은 물론 미얀마 군부에게 있다. 미얀마 군부가 권력이양 로드맵을 만들고 이를 바탕으로 국제사회를 설득하는 노력을 기울여야 한다. 그리고 상황을 더 악화시키는 반민주, 반인권 조치를 중단해야 한다. 그래서 서방국으로부터 정부승인을 받아내어 국제사회의 제재를 풀고 정상적인 외교관계를 복원해야 한다. 하지만 국제사회는 이런 미얀마 사태에 대해 아무 책임은 없는 것일까? 미얀마 군부 이외 정치적 대안세력이 없고 군부가 잡은 권력을 쉽게 내놓기도 만무한 상황에서 미얀마를 이렇게 방치하는 것이 해법일까? 이런 방치로 미얀마 국민의 민생을 파탄시키고 미얀마를 국제사회에서 고립시키는 것이 정말 서방국들이 원하는 것인가? 미국은 이번 '인·태 경제협력체IPEF' 출범에서 아세안 10개국 중 미얀마를 친중국가인 캄보디아, 라오스와 함께 묶어 배제해버렸다. 미얀마를 고립시킬수록 미얀마 군부는 당연히 중국과 러시아로부터 필요한 경제적 지원과 무기공급을 받을 것이고 따라서 권위주의진영에 합류할 것이다. 2011년에 힘들여 미얀마를 자유주의진영 쪽으로 이끌어 낸 미국의 외교성과를 수포로 돌리는 셈인데 이것은 새로운 생산기지가 필요한 미국과 서방국에게도 전략적인 손실이 아닐 수 없다. 몇 년 전 사우디 왕세자가 반정부 언론인 암살 지시를 한 일로 미국이 사우디에 대해 제재를 가하자 사우디는 중국과 러시아 쪽으로 편향하는 자세를 보이고 있다. 미국은 최근 유가가 급상승하자 다급한 마음에 CIA 국장까지 보내 사우디를 달래고 있다. 그리고 역시 제재대상국이지만 산유국인 베네주엘라와 이란까지도 미국은 회유를 하는 중이다. 산유국들에 대해서는 미국이 급하니까 가치외교의 기준을 도외시하고 접근하면서 미얀마를 방치하는 것은 이중적이고 위선적이다. 미얀마 국민들은 경제적 고통이 장기화되고 일자리가 사라지게 되면 또 다시 동남아 등 각국을 떠돌게 되고 많은 인도주의적 비극이 발생할 것이다. 이런 비극을 막기 위해서는 미얀마 군부와 국제사회가 현실적인 타협의 틀을 마련해야 할 것이다. 이를 더 이상 방치하면 미얀마의 미래 세대가 교육도 받지 못하고 또 전 국민이 발전의 혜택에서 제외되는 암흑시대를 겪게 될 것이다. 실현될 가능성이 희박한 가치에 너무 많은 것을 거는 것은 외교적 도박과 같다. 아프간에서 겪은 20년 교훈이 미국에는 충분치 않은가?

호주와 중국 간 밀당외교

2022.8.15.

모든 거래와 흥정에는 사고파는 사람 간에 밀고 당기는 눈치싸움 과 절충 과정이 있기 마련이다. 외교와 협상에서도 마찬가지로 두 당사자 간에 서로 상대를 떠보고 구슬리거나 압박을 가하는 다양한 방식의 밀당이 전개 된다. 지금 호주와 중국 사이에 그런 밀당외교가 전개되고 있어 관심을 끌고 있다. 호주에서 지난 5월 총선을 통해 알바니즈 총리가 이끄는 노동당 정부가 집권하자 중국 정부는 2018년 이후 경색되었던 양국 관계를 풀어 보려고 호주측에 유화적 제스처를 보냈다. 중국은 호주에 새로 부임한 대사가 시드니 대학에서 행한 강연에서 중국이 호주에 가한 교역제한은 중국 정부의 조치가 아니고 소비자들이 구매거부를 한 결과라고 변명하였다. 그리고 올해 수교 50주년을 기념하여 양국이 협력할 것을 제안했다. 게다가 지난 2020년 주호주 중국대사관이 발표한 14개 항의 불만사안 목록이 양국 관계 개선을 위한 장애가 되지 않는다고 선언했다. 이것은 그동안 양국 관계를 악화시킨 것은 호주 정부측이니 관계 개선을 위해서는 호주 정부가 행동 변화를 보여야 한다고 주장해온 중국의 입장을 상당히 완화한 것이다.

호주 장관들이 중국을 방문하려 해도 중국이 입국을 거부해 지난 3년간 양국 고위급 접촉이 단절되었다. 그런데 7월 인도네시아에서 열린 G20 회의에서 양국 외교장관 회담을 하는데 중국이 동의하였다. 중국이 이 같은 태도 변화를 보인 데에는 몇 가지 이유가 있는 것으로 보인다. 첫째는 호주가 중국의 경제적 보복조치에도 불구하고 태도변화를 보일 조짐은 없다는 점이다. 둘째 호주 철광석, 석탄 수입제한 조치가 중국 경제를 오히려 힘들게 했다는 점이다. 셋째는 호주의 새로운 노동당 정부는 이전의 자유당 정부와 달리 어느 정도 친중적일 수 있다고 판단하고 관계악화 책임을 자유당 정부에 돌리면서 호주 내 여론분열을 획책하는 것이 유리하다고 판단했을 수 있다. 넷째 호주가 미국과 더 밀착하도록 방치하는 것은 중국의 전략적 이익에 배치된다는 점이다.

호주에 대한 중국의 이러한 태도 변화에서 한·중 관계에 응용할 시사점을 끌어낼 수 있다. 첫째 중국과 마찰로 인해 경제보복을 받더라도 이를 잘 견디고 정권교체가 있더라도 정책의 일관성을 유지하면 중국이 스스로 입장을 변경할 수 있다는 점이다. 둘째 경제보복이 중국 경제에도 피해를 주는 전략적 자산을 우리가 가지고 있어야 한다는 점이다. 이런 점에서 반도체에서 초격차 기술을 유지하고 이것을 전략적으로 사용하는 것이 중요하다. 셋째 우리 외교안보의 선택 결과가 중국이 원하는 전략적 지형에 큰 부담이 될 경우 중국은 오히려 이를 완화시키려 노력할 것이다. 물론 이 경우 단기적으로 우리가 중국의 압력을 견디는 내성은 키워두어야 할 것이다.

호주와 외교장관 회담에서 중국 왕이 부장은 "상호존중의 원칙에 입각하여 양국관계를 재검토할 용의가 있다."라는 말을 하면서도 한편으로는

4가지의 요구사항을 전하는 것도 잊지 않았다. 그 요구사항은 '첫째 중국을 경쟁상대가 아니라 파트너로 대우하라. 둘째 양국은 구존동이의 자세를 취해야 한다. 셋째 제3국의 조작을 배격해야 한다. 넷째 실용에 입각하여 양국 관계를 위한 대중의 지지를 구축해야 한다.'로 요약될 수 있다.

이 같은 중국의 요구사항에 대해 신임 알바니즈 호주 총리는 이것이 양국 관계개선의 전제조건이 된다면 이를 거부하겠다는 입장을 명확히 했다. 호주는 정권이 교체되었어도 여전히 양국관계 악화는 호주가 변해서 그런 것이 아니고 중국이 변했기 때문에 발생한 것이라는 입장을 견지하고 있다. 그리고 앞 정부에 책임을 전가하는 듯한 중국의 견해를 일축하여 자국 내 여론분열 획책을 차단해 버린 것이다. 이처럼 외교안보 문제에 대해서 초당적인 입장을 호주 정부가 견지하자 중국 정부는 좀 당혹스런 모습을 보이고 있다. 중국이 일단 유화의 손길을 내밀고 난 후 노동당 정부가 태도 변화를 보이지 않는다고 해서 다시 보복조치를 가한다면 중국의 위신이 손상될 것이다. 그래서 이번 밀당외교에서는 호주가 기선을 제압한 것으로 보인다. 이 사례를 통해 밀당외교에서는 원칙에 입각하여 소신을 견지하고 보복에 견디는 맷집을 보여주는 것이 중요하다는 점을 알 수 있다.

문재인 정부가 중국에 대한 걸기대를 하면서 저자세 외교를 지속하였지만 아무런 보상을 받지 못한 것에 비하면 호주의 밀당외교 실력은 정권교체에도 불구하고 여전히 빛난다. 올해 한·중 수교도 30주년을 맞이하고 우리도 신정부가 들어섰는데 중국이 한국에게 유화책을 보일 것인지 궁금하다. 중국이 유화책을 제시하지 않는다면 우리가 밀당외교 실력이 없다는 점을 반증한다. 이런 현상이 정권이 바뀌어도 여전하다면 호주의 외교를 배워야 할 것이다.

남태평양 섬 쟁탈 삼국지

2022.11.11.

남태평양에 흩어져 있는 작은 섬나라들을 둘러싸고 미국, 중국, 호주 세 나라가 숨 막히는 경쟁을 벌이고 있다. 경쟁의 발단은 중국이 남태평양의 14개 작은 섬나라들을 집요하게 외교적으로 공략하면서 시작되었다. 중국은 40년 전부터 섬나라들이 대만과 단교하고 자국과 외교관계를 맺도록 외교력을 집중하였다. 중국의 현금외교에 사모아가 맨 먼저 넘어가고 그 뒤로 통가, 파푸아뉴기니가 넘어갔다. 연이어 바누아투, 키리바시 마지막으로 솔로몬 제도가 2019년 대만과 단교를 하였다. 그리고 중국은 필요 이상으로 큰 항구와 비행장을 이 섬나라들이 건설하도록 지원하더니 급기야 지난 8월에는 솔로몬 제도와 안보협정을 맺었다. 이런 중국의 외교적 공세가 자신들의 안마당이라고 여겼던 남태평양 지역을 파고들자 미국과 호주는 화들짝 놀라 대응에 나서기 시작했다.

콜럼버스가 대서양을 건너기 훨씬 이전 명나라 시대에 이미 엄청난 규모의 정화함대를 아프리카 대륙까지 보낸 전력을 갖고 있던 중국은 15세기 최강의 해양세력이었다. 그러나 중국은 그 이후 해로海路교역의 필요성을 느끼지 못하고 해금海禁정책을 펴면서 바다로부터 멀어졌다. 그 결과 바다를 장악한 서양국가들이 해로를 통해 식민지를 개척하고 교역으로 번성하며 제국을 건설하는 동안 중국은 역사의 뒤안길로 사라져갔다. 이러한 아픈 역사를 만회하고자 중국의 지도부는 2014년 이후 '일대일로'정책을 본격적으로 시행하면서 전 세계 바닷길의 요충지를 확보해가는 노력을 펼친다. 이러한 노력의 일환으로 중국은 유럽까지 이르는 교역로 상에 주요 항구들의 사용권을 확보하기 시작했다. 그 항구들을 잇는 선의 늘어진 모양을 본떠 이 교역로는 '진주 목걸이'라 불린다. '진주 목걸이'를 확보한 중국은 이제 눈을 태평양으로 돌려 14개 섬나라에 자국의 함정과 비행기가 기착할 수 있게 하고 장차 군사기지로 변경할 목적으로 이 나라들의 항구를 준설하고 확장하는 사업을 지원하고 있다. 2019년 중국은 바누아투의 루간빌 항구를 확장하는 사업에 자금지원은 물론 건설회사까지 제공했다. 이 항구는 대형 크루즈선 입항을 위해 확장하였다고 하지만 관광객이 많지 않고 컨테이너선도 한 주에 3~4편 들어오는 항구이기에 사업타당성이 부족해 보인다. 그래서 이 항구도 진주목걸이 선상의 다른 항구처럼 바누아투 정부가 부두운영 수익금으로 원리금을 상환하지 못하면 그 소유권이 중국으로 넘어갈 공산이 크다. 이러면 이 항구는 중국의 항공모함이 정박할 수 있는 해군기지가 될 수도 있다. 중국과 안보협정을 맺은 솔로몬 제도도 자국 항구에 정기적으로 정박하던 미국 해안경비대 함정의 입항을 금지하려고까지 했다. 그리고 중국 회사들은 솔로몬 제도 한 구석에 심해항구를 건설할 목적으로 농장을 매입하여 건설을 추진하고 있다. 미국은 이런 결정의 배경에 중국의 세계전략이 있다고 믿고 이런 현상이 남태평양에 확산되는 것을 막기 위해 발벗고 나서고 있다. 호주정부도 자국의 본토에서 2천km 채 떨어지지 않은 솔로몬 제도 등에 중국 기지가 들어선다면 자국의 안보에 치명적이기에 이를 용납하기 힘들다. 그리하여 미국·호주·중국 세 나라는 남태평양 섬나라들에게 경쟁적으로 인프라 건설을 돕고 다른 지원을 제공하는 등 여러 유인책을 제시하며 이들을 자기 쪽에 묶어두려고 노력하고 있다.

여태까지 평화로운 관광지로 여겨졌던 남태평양에 이런 각축전이 벌어지는 것은 이 지역이 미·중 간 경쟁에서 전략적으로 중요한 곳이기 때문이다. 2차대전 중에도 일본이 먼저 점령한 이 지역을 나중에 탈환하기 위하여 미군은 과달카날 혈전과 같은 수많은 전투를 치러야 했다. 이 섬들이 중국의 영향력에 들어간다면 서태평양에서 미국의 제해권이 심각히 위협받고 호주는 자신의 코앞 군사기지에서 본토공격이 감행되는 것을 감수해야 한다. 더 심각한 것은 이 섬나라들이 중국에 넘어가면 알류산 열도-하와이-뉴질랜드를 잇는 소위 제3 도련선까지 중국이 미국 해군을 밀어낼 수 있게 된다. 그러면 중국은 원하는 대로 태평양을 미국과 반분하는 원대한 야심을 달성하게 된다. 이런 상황은 중국이 제해권을 장악한 서태평양을 주요 수송로로 삼는 호주뿐만 아니라 한국과 일본에게도 심각한 안보위협이 될 것이다. 따라서 남태평양 섬 쟁탈 삼국지를 우리가 더 이상 강 건너 불구경할 상황이 아니다. 우리는 미국, 호주, 일본 등과 잘 조율하여 14개 섬나라들에 대한 인프라 건설지원과 원조를 제공함으로써 이들이 중국의 품에 쉽게 빠져들지 않도록 도와주어야 할 것이다. 윤석열 정부는 '한·태평양 도서국 회의'는 물론 미국, 일본, 호주와 양자협의를 활용하여 이 섬나라들에 대한 전략적 접근을 해야 할 것이다. 글로벌 중추국이 되려면 이런 전략적 행보를 해나가야 한다. 내년에 한·태평양 도서국 정상회의를 최초로 개최키로 한 일은 잘한 일이다.

중국 전랑외교에 버틴 호주 뚝심외교

2023.6.30.

싱하이밍 중국대사의 "미·중 경쟁에서 중국의 패배에 베팅하는 자들은 후회할 것이다."라는 비외교적인 언사가 한국 조야를 달구고 있다. 물론 이 발언은 대사가 임의로 한 것은 아니고 본부의 지시에 따라 한 것으로 보아야 한다. 이로써 중국 정부는 강압적 전랑외교의 진면목을 다시 보여준 셈이다. 중국의 이런 강압적 언사는 일종의 경고로 보아야 하며 우리 측의 태도변화가 없을 경우 중국이 조만간에 모종의 보복 조치를 취할 가능성을 내비친 것이다. 이런 상황에서 우리 내부에서는 중국대사를 추방하자는 강경한 주장도 제기되고 있어 한·중 관계가 어려운 국면으로 들어서고 있다.

이 지점에서 우리는 호주가 지난 거의 5년간 중국과 외교적 밀당을 해왔고 그 결과 호주가 사실상 조용한 승리를 거두고 있다는 사실은 눈여겨볼 필요가 있다. 2017년 말 호주는 중국을 겨냥한 '외국인 간섭 금지법'을 채택하고 이듬해 중국 화웨이의 호주 5G 사업에 참여를 금지함으로써 중국과 긴 외교전을 시작했다. 중국은 이에 대한 보복으로 호주의 수출품에 높은 관세를 부과하고 통관절차를 지연시키는 등 특유의 '경제적 강압조치'

를 가하며 호주를 압박했다. 당시 주호주 중국대사는 지금 주한 중국대사보다 더 심하게 호주 정부가 중국에 대해 잘못한 14개 사항 목록까지 발표하면서 호주 정부를 공박하는 무례를 범하였다.

당시 호주 외교장관은 중국이 들이민 14개 불만사항 목록을 자주 꺼내 보면서 이 때문에 호주의 입장을 변경하지 않을 것이라는 결의를 다졌다고 알려져 있다. 이러한 호주 정부의 결의와 이를 지지해준 국민 덕분에 호주는 중국의 강압조치를 잘 버텨냈고 시간이 가면서 중국은 이런 강압조치가 오히려 자국경제에 해를 끼치는 자해행위라는 것을 깨닫게 되었다. 그래서 중국은 호주와의 관계개선을 모색하려던 차에 작년 5월 노동당 정부가 집권하자 평소 친중국적이었던 노동당 정부를 향해 화해 제스처를 보내기 시작했다. 그럼에도 호주 신임 총리는 "중국이 관계개선에 전제조건을 붙인다면 받아들일 수 없다."라는 단호한 입장을 표명하였다. 전임 자유당 정부가 한 조치들은 국익에 기반하여 내린 결정이기에 이를 변경할 수는 없으나 중국의 관계개선 의사에는 호응한다는 입장이었다. 이로 인해 결국 중국이 스스로 호주에 대한 관세부과 등 강압조치들을 하나, 둘 해제하기 시작했고 호주의 대중 수출액은 갈등 이전보다 오히려 더 증가하였다. 호주의 뚝심이 통했고 밀당외교에서 호주가 사실상 승리한 것이다.

현 호주 장관들의 연설문 등에서 노동당 정부의 대중 외교정책 방향을 파악할 수 있는데 우리도 이런 호주의 정책을 타산지석으로 삼아야 한다. 호주 외교, 국방장관들은 중국과의 관계를 안정시키되 양국 간에 분명히 존재하는 차이점은 현명하게 풀어나가야 한다는 견해를 밝히고 있다. 양국 국익의 기본적인 차이로 인해 어느 정도 비우호적인 관계가 형성될 수

밖에 없지만, 그 관계가 적대적으로 악화되지 않도록 잘 관리하겠다는 입장인 것이다. 호주는 대외정책이라는 것이 자국의 정체성과 국익을 정확하게 반영하여 수립되어야 하고 이 정책은 다른 강대국의 강압으로 휘둘리지 말아야 한다는 확고한 신념을 가지고 있다. 즉 자국의 운명은 자국이 스스로 결정해야 하며 다른 강대국들에 의해 영향을 받아서는 안 된다는 것이다. 즉 전략적 모호성과 같은 수동적인 구호 뒤에 숨어 정세변화를 관망하며 최선의 결과가 우연히 도출되기를 기대하지 않겠다는 것이다.

그래서 호주는 미·중 간의 경쟁이 치열해진다고 외교를 이분법, 즉 흑백의 단순논리로 재단해서는 안 되며 외교와 안보 그리고 협력과 대결 옵션 중에서 어느 한쪽만 선택해서 안 된다는 입장이다. 이 두 가지 선택을 잘 조화시켜 가면서 계속 상황을 관리해 나가겠다는 것이다. 미국과는 AUKUS 연합체를 구축하면서도 중국과는 '포괄적 전략 동반자' 관계를 계속 유지해 나간다는 방침을 견지하고 있다. 호주는 미국이 아시아 안보에 불가결한 동맹국임을 잘 알고 있지만 그렇다고 미국에 자국 안보를 일임하지도 않는다. 오히려 지역안보를 미국에 맡겨두는 대신 자국도 일정 역할을 해야 한다고 생각한다. 그래서 어떤 나라가 현 국제질서에 현상변경을 가하려 할 때 그 변경시도의 이익보다 손해가 더 많이 나도록 만드는 데 호주가 기여하겠다는 생각이다. 국제관계에서 억제와 협력은 대체관계가 아니고 두 사안이 서로 상승작용을 하도록 만들 수 있다고 본다. 악수는 중세에 두 기사가 만났을 때 반가움을 표하기보다는 상대가 칼을 빼는 것을 막기 위해 손을 잡은 데서 유래했다. 이처럼 서로 주먹을 쥐기보다는 상대의 손을 잡아 분쟁이 발생하는 것을 막는 것이 현명하다고 호주는 보는 것이다.

우리 정부가 6월 초 공개한 국가안보전략에 중국과의 '전략적 협력동반자' 관계라는 표현이 사라졌다. 이것은 작년 말 발간된 '인태 전략 보고서'의 입장과는 사뭇 격차가 있어 보인다. 우리도 호주의 국익기반 실용외교 사례를 참조하여 보다 신중하게 대외정책을 펼칠 필요가 있다. 호주는 지난 5년간 중국과 밀당하면서도 '포괄적 전략 동반자' 관계를 잘 유지하고 있다.

호주 장갑차 수주전 승리의 의미

2023.8.25.

얼마 전 호주에서 기다리던 낭보가 들려왔다. 우리 방산업체인 한화는 호주 육군에 K-9 자주포를 납품한 이후 더 큰 도전으로 전투용 장갑차 수주에 도전하고 있었다. 5년 전 호주 육군의 Land 400 3단계 사업에 미국, 영국, 독일, 한국 4개국 회사가 참여하였으나 독일의 라인메탈사와 한국의 한화 두 회사만 예비심사를 통과하여 최종 성능 심사에서 우열을 가리게 되었다. 오랜 시간을 거쳐 행해진 성능 테스트 결과에 대해 정확히 밝혀진 것은 없으나 한화가 제작, 납품한 레드백이 독일의 링스보다 우월한 것으로 알려져 있었다.

그런데 작년 5월 호주 총선에서 노동당 정부가 집권을 한 후 낙관적인 기류가 변하면서 최종결정이 미루어지기 시작하였다. 그러는 과정에서 독일 정부는 이 수주전에 승리하기 위하여 비장의 카드를 호주 정부에 제시하였다. 그것은 Land 400 2차 사업인 정찰용 장갑차 사업을 수주한 라인메탈 회사가 호주에서 조립생산 중인 Boxer라는 장갑차 100대를 독일 육군이 구매하겠다는 계약을 체결하였다. 사실 라인메탈사는 호주 내에서 오랜 기간 군수장비를 납품한 전력이 있는 회사이기에 호주 내에 인적 네

트워크가 강하고 로비력도 상당하였다. 마지막에 라인메탈은 가격도 한화보다 더 낮은 선을 제시하면서 안간힘을 썼다고 한다. 그런데 이에 더해 독일정부까지 정부간 협력사업을 제시하며 힘을 보태니 승산은 독일쪽으로 기운다는 관측이 나오기 시작했다. 지난 5년간의 노력이 물거품이 되는 게 아닌가 하는 우려도 있었다.

그러나 막상 뚜껑을 열고 보니 호주 정부는 한화의 손을 들어주었다. 지난 7월 말 호주 정부는 육군용 차세대 전투용 장갑차로 한화가 개발한 레드백Redback을 선택하기로 최종결정하고 한화에게 우선협상 대상자 자격을 부여하였다. 이번 한화의 수주전 승리는 단지 개별 기업의 승리를 넘어 우리 방산수출 역사에 더 큰 의미를 가진다. 우선 세계 최고 기계강국인 독일과의 경쟁에서 미래 장갑차에 대한 우리 기술력이 선진국인 호주에서 인정받았다는 측면에서 향후 우리 방산수출에 큰 이정표를 세운 셈이다.

까다로운 호주의 성능 테스트를 통과하였다는 점에서 앞으로 레드백은 영연방 국가 내에서 수출은 물론 차기 미국의 브래들리 장갑차 교체사업에도 어떤 형태로든 진출할 수 있는 여지가 생겼다.

그런데 여러 상업적, 정치적 고려를 감안하면 독일이 유리한 게임에서 호주 정부가 우리의 손을 들어 준 데에는 여러 가지 전략적 고려를 하지 않았나 하는 생각이 든다.

우선 호주는 2021년 우리와 전략적 협력동반자로 양국 관계를 격상하였다. 사실 양국 간에 안보협력이 별로 없는데 전략적 협력동반자 관계로 격상시키는 것에 대해 호주 안보 전문가들 사이에서 속빈 강정이라는 우려가 있었다. 그러니 방산협력을 먼저 하자는 우리의 요구는 안보협력이 우선되어야 한다는 호주의 관점에서는 선후가 뒤바뀐 접근법이었다. 그럼에도 이번 결정은 호주가 우리와 전략적 협력관계를 돈독히 하겠다는 의도가 수주 결정의 배경에 있었던 것으로 보인다.

그리고 호주는 앞으로 우리와 손잡고 자국의 방산산업을 육성하여 제3국에도 공동진출하고 싶은 생각이 있어 보인다. 사실 호주는 라인메탈측이 이전에 여러 사업들을 수주하고도 호주 방산업체들에게 일감을 별로 주지 않고 현지화를 진행하지 않은 데 대해 불만이 있었다. 이에 반해 한화는 현지화를 많이 하겠다는 공약을 하였고 현지에 공장까지 크게 지었는데 이것이 가점 요인이 된 것으로 보인다.

여태까지 유럽국가들과 방산협력을 주로 해온 호주가 2021년 프랑스와 잠수함 건조사업도 파기하고 미국, 영국과 협력하기로 방향을 선회한 적이 있었다. 이번 수주전에서도 독일 대신 최종단계에서 한국을 선택하였다. 방산제품에는 미국체계 제품들이 있고 유럽체계 제품들이 있는데 호주는 앞으로 기종 간 호환성을 위하여 미국체계 제품으로 통합해 나갈 가능성이 있어 보인다. 이런 측면에서 호주와 우리 간에 방산협력의 범위는 앞으로 더 넓어질 가능성도 있다. 이번 호주정부의 발주 물량이 사업초기 발표되었던 물량의 1/3로 축소된 129대에 불과하고 그 금액도 3조원 수준으로 줄었지만 이를 발판으로 향후 부품 및 정비사업도 계속 우리가 해낸다면 수주 총액은 더 늘어날 것이다.

앞으로 호주에서 방산 사업을 우리 기업들이 계속 수주하는 관건은 호주 정부가 바라는 전략적 고려사항들을 우리 정부 및 기업들이 얼마나 잘 맞춰주느냐에 달려있다고 본다. 수주한 그 사실에 너무 자만하지 말고 향후 후속조치를 잘 취하여서 한·호주 간에 방산협력과 안보협력이 더 굳건해지는 발판이 이번 수주전 승리를 계기로 만들어지기를 기대해 본다.

호주 중국 간 미묘한 해빙 기운

2023.11.7.

알바니즈 호주 총리는 지난 10월 미국방문을 마치고 11월 초 중국을 방문하는 특이한 행보를 보였다. 이번 총리의 방중은 호주와 중국 간 외교 갈등으로 인해 7년 만에 겨우 이루어진 일이다. 지난 2년간 호주와 미국이 AUKUS란 3국 군사협력체를 영국과 함께 구성하고 대중국 견제에 앞장섰던 행보를 전 세계가 잘 기억하고 있는 가운데 이뤄진 이번 총리의 방중은 좀 이례적이다. 그래서 이번 호주 총리의 중국 방문은 호주 국내·외에서 논란과 관심을 불러일으키고 있다. 2018년부터 경색된 양국관계 악화의 책임을 중국이 이전 호주 자유당 연립정부에 돌리고 작년 5월 집권한 노동당 정부와 관계 개선을 위해 정성을 기울인 탓에 양국관계에 변화가 예상되기는 했지만 정상회담은 좀 성급한 감이 있다.

이번 방중을 앞두고 알바니즈 총리는 양국 간의 긴장을 완화하기 위해서는 대화가 필요하다며 자신의 방중을 정당화하였다. 그리고 그는 "양국은 합의할 수 있는 것은 합의하되 이견도 불사하겠다."라는 말로 중국과 밀당은 계속하겠다는 복심을 내비쳤다. 일단 표면적으로는 그의 행보는 실용주의 노선을 따른 것으로 보이나 그의 방중 결과를 좀 더 들여다보면 호주 국익 측면이나 전 세계적 대중 견제전선 차원에서 몇 가지 의문이 생긴다.

일단 호주 국익 관점에서 따져보아도 이번 방중은 전체적으로 중국에 유리한 결과를 남긴 것으로 보인다. 호주는 이번 방문에서 주로 경제적 이익을 챙기는 데 집중했다면 중국은 호주의 대미결속을 약화시키고 중국의 대외입지를 강화시키는 전략적 이익을 챙겼다. 호주는 이번에 연간 약 8억불에 달하는 바닷가재 수입 재개 조치를 중국으로부터 받아내었다. 그밖에 와인과 소고기 등은 중국이 점차적으로 완화하겠다는 약속만 듣고 온 것이다. 반면 호주는 중국과 중단되었던 연례 지도자 회의를 재개하기로 약속하고 중국의 CPTPP 가입을 허용하는 것을 전향적으로 검토키로 한 것으로 알려졌다. 미국이 배제된 이 환태평양 교역체제에 중국의 가입이 실현되면 이 지역에서 미국의 입지는 더욱 줄어들 것이다. 호주의 이런 입장은 미국을 당혹하게 하고 중국과 한국의 가입을 내심 거부하고 있는 일본에도 부담을 주는 일이다. 그리고 중국이 호주를 그간 압박한 큰 이유는 호주가 AUKUS에 참여하였기 때문인데 호주가 AUKUS에 계속 참여하면서 중국과 관계 개선을 동시에 할 수 있을지 의문이다. 이번 방중 이후 중국은 "양국관계가 바른 길로 들어섰다."라고 하였는데 이는 미국의 호주에 대한 의구심을 증대시킬 것이다. 그래서 미국은 총리의 방중이 끝나자마자 AUKUS 실무협의단을 호주에 급파하여 이 점을 확인하려 하고 있다. 미국 의회가 얼마 전 민감한 핵관련 기술이전을 포함하여 호주에 핵추진 잠수함 3~5대를 판매하기로 승인한 후 호주가 중국과 화해무드로 돌아선 것은 미국의 심기를 불편하게 할 것이다. 물론 호주로서는 미국도 최근 중국과 화해모드를 추구하는 동향을 보고 이런 흐름을 활용하는 동시 양국을 중재하는 역할을 자임했을 수도 있다.

호주 총리의 이번 방중을 일부 기업인과 경제 이해관계자들은 환영하지만 중국을 잠재적 적국으로 인식하는 80% 호주국민의 입장에서는 선뜻 받아들이기 힘든 방향선회로 보일 것이다. 사실 지난 3년 중국의 강압적인 경제조치 중에도 호주의 대중국 수출총액은 원자재 가격 상승으로 오히려 더 증가하였는데 군이 일부 농수산물 수출제한을 완화하기 위하여 정치적 양보를 한 것 아니냐는 비판이 호주 내에서 일고 있다. 그리고 호·중 관계가 악화된 것은 중국의 공세적 대외정책에 기인한 것인데 마치 호주 전 정부가 잘못한 것처럼 중국 언론이 총리 방중에 맞춰 보도하는 것도 호주 자긍심을 건드리는 일이다. 이번 호주 총리의 방중과 관련하여 우리도 타산지석으로 삼아야 할 것은 국익기반 실용주의 외교를 그냥 기회주의적이거나 타협주의로 오해하면 안 된다는 점이다. 그리고 작은 경제적 이익을 위해 큰 전략적 이익을 양보해서도 안 된다는 것이다. 그리고 관계 개선을 하더라도 상대에 대해 우리가 양보할 수 있는 부분과 양보할 수 없는 부분을 명확히 밝히고 우리가 존중하는 원칙과 가치는 분명히 해야 할 것이다. 단지 정상 행사의 성공을 위해서 그리고 화해무드를 위해서 우리 기본입장을 밝히는 것을 주저할 경우 상대는 우리가 자국 입장을 수용한 것으로 간주하고 다음에 한 걸음 더 나간 요구를 해올 가능성이 크다. 원칙주의에 가까운 외교행보를 보이던 호주가 이번에는 설익은 실용주의 행보를 취했는데 이것이 양국 간 진정한 해빙으로 이어질지는 두고 보아야 할 것이다. 그리고 중국봉쇄에 앞장서던 미국과 호주까지 해빙무드로 돌아서는 행간을 우리는 잘 읽고 대처해야 할 것이다.

호주 핵 잠수함과 우리 안보

지난 3월 중순 미국, 영국, 호주 정상들은 AUKUS 정상회의를 마치고 캘리포니아주 샌디에고에 있는 미 해군기지에서 공동기자회견을 가졌다. 야외 기자회견장 뒤로는 미국이 자랑하는 버지니아급 핵잠수함 미주리호가 위용을 자랑하고 있었다. 여기서 세 정상은 AUKUS 차원에서 첫 프로젝트로 미국이 호주에 2030년대 초반까지 핵잠수함 3대를 판매하고 필요하면 2대를 추가 공급하기로 합의했다는 발표를 하였다. 호주 알바니즈 총리는 미국이 65년 만에 핵추진 기술을 영국 다음으로 호주와 공유한데 대해 감사를 표했다. 호주의 핵잠수함 구매는 호주 국방 역사상 가장 큰 규모의 투자(약 300조원)가 될 것이고 호주는 비핵국가 중 핵잠함을 보유한 최초의 나라가 된다.

　호주 해군의 핵잠수함 획득은 미·중 간 전략적 경쟁에서 적잖은 함의를 가지며 동아시아 남태평양 지역의 안보지형에도 많은 변화를 가져올 것으로 전망된다. 핵잠함은 그 기동의 은밀성, 긴 잠항거리, 빠른 항행속도 그리고 대규모 무장능력에서 일반 잠수함과 비교가 되지 않을 정도로 탁월성을 가지고 있기에 전략무기로 분류된다. 서태평양 지역에서 중국을 견제하기 위해 오로지 자국의 해군에만 의존해야 하는 미국의 입장에서는 호주가 핵잠함을 가지게 되면 중국의 방어집중력을 분산시킬 수 있는 효과를 거두게 된다. 호주로서는 날로 막강해지는 중국의 군사력에 불안감을 느끼던 차에 핵잠함이라는 비대칭 전략무기를 가짐으로써 중국에 대해 확실한 견제수단을 보유할 수 있게 된다.

하지만 호주는 핵잠함을 얻는 대신 미국의 대중국 견제전선에 더욱 깊숙이 동참하게 되었다. 사실상 미국이 자국 해군에게 인도할 신규 핵잠함 물량을 호주에 인도하는 것이기 때문에 중국과 전쟁이 벌어질 경우 호주 핵잠함이 참전하는 것을 기정사실로 여기고 있다. 그러므로 핵잠함 도입으로 호주 국방력은 강화되지만 전쟁에 연루 가능성도 더 높아져 전반적인 안보구도가 개선된다고는 말할 수 없다. 호주의 핵잠함 도입계획이 발표되자마자 중국은 AUKUS가 '핵 비확산체제NPT' 규정을 위반한 것이라며 날 선 비판을 하고 있다. 중국은 자국의 전략무기들을 미국을 향해서뿐만 아니라 호주를 향해서도 배치해야 될 상황이 불편한 것이다.

호주의 핵잠함 프로젝트는 정확히 NPT 규정을 위반한 것은 아니지만 이 체제를 약화시키는데는 기여할 것이다. NPT체제는 모든 평화적 목적의 핵활동도 사실 IAEA 감시 하에 있어야 한다고 상정하고 있지만 핵잠함 원자로에서 나오는 사용후 핵연료에 대한 관련방침이 없다. 이 사용후 핵연료는 소량이지만 이것도 농축하면 핵폭탄의 재료가 될 수 있다. 그래서 중국은 호주가 남태평양 지역을 '핵무기 자유지대'로 선언한 라로통가조약의 정신을 범한다고 주장한다. 따라서 중국도 이 조약에 탈퇴하고 남태평양 지역에 핵잠수함을 보낼 권리가 있다고 주장하고 있다. 그래서 남태평양 역내국가들의 불만에도 불구하고 지역안보 구도가 변화될 것으로 전망된다. 역내 군비경쟁으로 인해 야기되는 지역 불안정을 걱정하는 인도네시아 등 다른 지역강국들의 대응도 지켜봐야 할 지점이다.

호주의 핵잠함 도입 결정은 북한의 엄청난 핵위협에 직면하고 있는 우리에게도 많은 시사점을 준다. 사실상 우리는 북한의 핵위협에 대해 마땅히 대응할 수단을 가지고 있지 않다. 물론 미국의 확장억제를 더욱 신뢰성 있게 만들고 우리의 미사일 방어능력을 획기적으로 개선시키는 일이 시급하다. 한편으로 우리 스스로가 핵무장을 해야 한다는 여론도 높고 이에 대한 논의도 활발하다. 그렇지만 어떤 방식이 가장 나은 것인지에 대해서는 논란이 많다. 그리고 우리 해군은 경항모와 핵잠수함을 다 가지려 하는데 한정된 국방예산으로 이 둘을 다 갖기는 힘들 것이다. 그렇다면 비대칭 전략무기이며 은밀한 적 후방타격 능력을 가진 핵잠함을 보유하는 것이 여러 면에서 유리해 보인다. 물론 이를 위해 미국의 동의를 얻어내는 것이 중요하고 미국이 호주만큼 한국을 신뢰할지 여부도 미지수이다. 그러나 우리에게 실존적 위협인 북한의 핵무기, 사실상 세계 4위의 핵무력을 실전배치 중인 북한에 맞서고 있는 우리의 안보수요는 호주에 비할 바가 아니다. 그리고 한국의 기존 잠수함 건조능력을 기반으로 미국의 기술지원을 받으면 우리는 훨씬 빨리 건조할 수 있기 때문에 미국의 전략적 필요에도 부합할 수 있을 것이다. 그리고 핵잠함은 우리의 독자 핵무장을 원하는 여론을 진정시킬 수 있는 효과도 가져올 수 있다. 이런 다목적성을 고려하여 한미 간에 이와 관련한 협의를 곧 시작해 볼 필요가 있다.

실패국가 미얀마가 던지는 질문

2024.5.10.

미얀마에서 군사 쿠데타가 발생하여 정부 없이 국가가 표류하기 시작한 지 3년이 경과하고 있다. 그동안 국제사회는 물론 미얀마 군부도 국제적으로 인정된 합법 정부를 세우려는 별다른 노력을 하지 않았다. 불과 10년 전 세계 최고의 투자처로 주목받았던 미얀마는 이제 국제사회로부터 더 고립된 채 잊혀져 가고 있다. 그 결과 미얀마 국민의 민생은 도탄에 빠지고 미얀마 내부정세는 점차 무정부 상태로 나아가고 있다.

　1962년 네윈 장군의 쿠데타 이후 지난 60여 년 간 군부가 미얀마의 질서와 통합을 보장해 온 유일한 세력이었다 해도 과언이 아니다. 2016년 이후 5년간 수찌 여사의 민주민족연맹NLD이 집권하던 시기에도 사회의 안정을 담보하는 세력은 군부였다. 그런데 그토록 공고했던 군부의 지배권이 최근 '시민 방위군PDF'과 15여 개의 반군들의 공격으로 흔들리기 시작하고 있다. 작년 말 미얀마 동북부 중국 접경지역에서 중국 범죄조직을 소탕해달라는 중국 정부의 요구를 군부가 잘 이행하지 못했다. 그러자 중국은 접경지역을 장악한 반군들을 동원하여 중국 범죄자들을 소탕한 후 중국으로 압송해 갔다. 이후 중국의 지원에 힘입은 반군들이 기세를 얻으면서 동북부 지역 이외 다른 국경지대에 있던 반군들도 군부에 대한 공격에 가세하기 시작했다. 이런 사면초가 상황이 발생하자 그간 강고했던 미얀마 군부가 동요하면서 지휘관과 병사들이 투항, 탈주하는 사태가 벌어지기 시작했다. 그러면서 접경지역의 주요도시들이 함락되고 반군들 지배지역이 넓어지고 있다. 게다가 시민군들은 주요 도시들에서 군과 정부 요인들에 대한 산발적 테러 공격도 감행하여 정국은 더욱 혼미해지고 있다. 현재 군부는 국토의 2/3정도인 내륙지방을 뺀 나머지 국경지역은 반군에게 내어준 상태이고 이런 상황은 장기화될 것으로 전망된다. 결국 미얀마는 정부도 없이 국토가 군부와 반군 지배지역으로 양분된 채 무정부 상태로 들어가고 있다. 군부와 반군 간 전투뿐 아니라 반군도 각자 이해관계가 달라 반군 간에도 분쟁 가능성이 있다. 이러면 미얀마는 사실상 '실패국가failed state'로 전락할 수밖에 없다. 즉 통치주체가 없어지고 각 지역별로 국토가 파편화되면서 곳곳에서 전투가 벌어지는 상황이 계속될 것으로 전망된다. 이런 혼란을 평정하고 국가를 통합하는 정통 정부를 세울 대안 세력도 당분간 쉽게 등장하지 않을 것이다. 이러면 국가경제는 말할 것도 없고 민생도 더 나락으로 떨어질 것이고 인도주의적 재난마저 발생할 것으로 전망된다.

　국제사회가 손을 놓고 있는 사이 미얀마가 실패국가가 되면 누가 가장 이득을 보게 될까? 당연히 중국과 러시아가 어부지리를 얻게 될 것이다. 이미 미얀마 군부뿐만 아니라 반군도 전투를 위한 무기공급을 이 두 나라에 의존하고 있어 결국 이 두 나라가 앞으로 미얀마 정세를 좌우할 것이다. 특히 중국은 미얀마와 접경하고 있으며 작년 말 범죄조직 소탕 때 미얀마 내정에 개입한 전력을 갖고 있다. 그래서 미얀마가 실패국가화 되어

가면 중국은 난민유입 방지 등의 명목으로 미얀마 내정에 더 노골적으로 개입할 것으로 전망된다. 우크라이나에서 러시아의 세력권 확장을 막기 위해 진력을 다하는 미국 등 서방국들이 미얀마에 대해서는 손을 놓고 있는 것이 이상하다. 이런 서방의 무관심은 동남아 요충지인 미얀마가 중국의 세력권에 들어가도록 방치하는 셈이 된다. 지정학적 관점에서 러시아보다는 중국의 세력권 확장을 막는 것이 더 시급한 일이다. 그런데 서방은 가치외교의 관점에서 미얀마에 제재만 가하고 아무런 외교적 조치를 하지 않는 우를 범하고 있다.

중국이 자국의 접경지역인 미얀마의 불안정을 자국에 유리하도록 요리할 수 있게 내버려 두면 중국은 또 다른 접경지역에서도 같은 행보를 반복할 것이다. 예를 들면 북한에서 급변사태가 발생하면 중국은 미얀마 전례에 따라 개입할 명분을 찾을 것이고 병력도 파견할 것 같아 걱정스럽다. 현재의 남북한 관계를 감안할 때 북한에 어떤 급변, 불안정 사태가 발생하더라도 우리가 북한에 영향력을 행사하거나 병력을 전개할 방안은 없다. 반대로 중국은 손쉽게 북한 영내로 진입할 길이 열려있다는 점이 우려스럽다. 외교정책이란 자국이 선호하는 일반적인 대외원칙을 표명하는 것보다는 구체적 상황 속에서 자국에 유리한 어떤 조치를 취할 것인지를 결정하는데 중점을 두어야 한다. 그런데 도덕과 가치를 더 중시할 때에 실질적인 국익이 훼손당한다는 점을 미국 등 서방도 깨달아야 한다. 그런 실수는 미얀마 희생으로만 족하고 다른 곳에서는 범하지 않기를 바란다.

중국의 러브콜 받는 호주

2024.7.19.

지난 달 중국의 리창 총리는 중국 고위급으로 7년 만에 호주를 방문하였다. 리창 총리는 이번 방문시 호주측에 멋진 선물을 두 건이나 지참하였는데 첫째는 호주인의 중국입국 비자면제이고 둘째는 판다 한 쌍 기증이다. 그리고 중국은 이로써 중국과 호주 간의 관계가 완전히 정상으로 복원되었으며 앞으로 관계개선의 흐름을 이어가겠다고 발표하였다. 이는 앞으로 고위급 경제안보 대화도 열고 자유무역협정도 추진하겠다는 것을 의미한다. 한마디로 양국관계를 '봄꽃 만발spring blossom'한 상태로 만들어 가겠다는 것이다. 그런데 중국의 이런 희망적 관측과는 달리 뜻밖의 선물까지 받은 호주는 오히려 차분한 반응을 보여 아주 대조적이다. 호주 통상장관은 "이런 관계개선을 위해 우리는 중국에 머리를 조아리지kowtow 않았다. 우리는 우리의 국익과 국가안보를 계속해서 주장해 나갈 것이다."라는 발언을 했다. 중국이 그간 호주의 포도주와 소고기 등에 부과했던 고관세를 철폐하면서 호주의 대중국 수출액이 사상 최대인 2천 2백억 호주 달러에 달하여 호주는 막대한 무역흑자를 누렸다. 이런 상황에서 다른 장관도 아니고 통상장관이 감사는커녕 이런 원칙적인 입장을 견지하는 발언을 했다는 것은 중국의 전랑외교에 위축된 우리에게는 뜻밖이다. 한술 더 떠 호주 외교장관은 그 직전에 "호주와 중국은 태평양을 두고 끊임없는 경쟁을 벌이고 있다."라는 발언도 했다. 즉 중국과 지정학적 게임에서 절대 양보를 하지 않겠다는 점을 밝힌 것이다. 그래서 알바니즈 총리와 회담을 마친 후 리창 총리는 "우리는 일부 이견과 불일치에 대해 솔직한 대화를 나누고 우리의 전면적 전략 동반자 관계에 걸맞은 방식으로 이견 등을 적절하게 관리하기로 합의했다."라고 말했다. 이를 두고 미·영 언론들은 호주가 지정학적 이익과 원칙에서 양보하지 않고 중국과의 관계를 부드럽게 만드는 데 성공하였다는 후한 평가를 내렸다. 호주는 중국과 실익 없는 말싸움은 줄이는 대신 경제적 실익을 많이 챙기는 남는 장사를 한 셈이다. 중국 언론은 "호주가 몇 년간의 우여곡절 끝에 양국 대립이 가져올 전략적 위험을 인식하고 정상궤도로 복귀했다."라고 평가하지만 호주가 아니라 중국이 오히려 호주에게 다가간 것이 사실에 더 부합한다.

2022년 5월 호주에서 노동당 집권 이후 중국은 호주와 관계개선을 위해 먼저 손을 내밀면서 호주의 상응하는 조치를 기대한다는 입장을 표명했다. 2년이 지난 뒤 호주의 입장에 별 변화가 없음에도 중국이 호주에 한 차례 더 유화적 자세를 보이며 선물까지 제공한 셈이다. 중국은 "호주가 양자관계에 제3국의 간섭을 배제하여서 호주의 이런 행보가 다른 나라들이 냉전적 사고를 버리도록 추동하는 계기가 되기를 바란다."라는 속내도 내비쳤다. 그렇지만 이는 실현 될 가능성이 없는 중국의 희망사항에 그칠 공산이 크다. 그러니 2017년 말 이후 벌어진 호주·중국 간 외교게임에서 호주가 온전한 승리를 거둔 것이라는 관전평이 가능하다.

사실 지난 몇 년간 미국이 주도하는 대중국 견제 전선에 호주가 제일 앞장을 섰다. 호주는 QUAD의 일원이면서 2021년 AUKUS에도 참여하였다. 그리고 서방국 정보공유 그룹인 Five Eyes의 멤버이기도 하다. 미국과 남중국해 해군 합동훈련에도 열심히 참가하고 있다. 이처럼 호주는 우리보다 몇 배나 더 중국을 견제하는 조치를 취하고 있다. 이런 호주가 어떻게 이런 외교적 승리를 거둘 수 있는지 잘 따져보고 교훈을 얻을 필요가 있다.

먼저 호주는 자국 국익에 입각한 원칙 외교를 전개한다. 2023년 알바니즈 총리가 북경을 방문한 때에도 그는 "우리는 합의할 것에는 합의하고 이견이 있는 곳에서는 이견을 유지할 것이다."라는 소신 발언을 하였다. 그는 전임 자유당 정부에 양국 관계 악화의 책임을 돌리려는 중국 정부에 대해 그것이 원인이 아니라는 점도 분명히 했다. 이로써 호주는 정권이 바뀌더라도 국익에 기반한 외교정책은 연속성을 가지고 이어 나간다는 점을 분명히 한 것이다. 그리고 호주 국민도 중국의 전랑외교를 겪고 나서 중국에 대한 환상을 갖지 않고 합심하여 경계심을 유지하고 있다. 자국의 국익이 명하는 바에 따라 취해야 할 조치는 중국의 눈치를 보지 않고 과감하게 취한 점이 우리와 다르다. 우리는 중국에 대한 환상, 그리고 필요 이상의 공포증, 사대주의, 국론 분열 등으로 인해 중국에 대해 제대로 대응하지 못하고 계속 끌려다녔다. 그 탓에 "국가전략을 세울 능력도 없는 나라이니 향후 대외정책 수립 시 한국은 고려요소로 여기지 않아도 된다."라는 중국 학자의 경멸에 찬 소리를 듣게 되는 지경까지 왔다. 정말 호주 외교에서 배워 정신 똑바로 차리고 대중외교를 해나갈 때이다.

호주, 베트남의 능란한 외교

2024.7.18

아·태 지역에서 우리나라와 외교·안보 여건이 유사한 두 나라가 호주와 베트남이다. 두 나라 모두 미국과 긴밀한 안보협력 관계를 맺고 있으면서 동시에 중국과 긴밀한 경제협력을 하고 있다. 국제사회에서 두 나라는 우리와 함께 중견국으로 자리매김하고 있다. 그리고 두 나라 모두 소위 자유진영과 권위주의진영 간의 경쟁의 소용돌이 속에서 자국의 국익을 지키려 애쓰는 나라이다. 그리고 이 두 나라 모두 권위주의진영 국가들에 대해 경계심을 가지고 이들과 일정한 거리를 두려고 노력 중이다.

이러한 측면에서 우리나라와 이 두 나라 간 유사점이 많음에도 불구하고 이 두 나라가 중국, 러시아 등 권위주의진영으로부터 받는 대우는 우리와 확연히 차이가 난다. 이 두 나라는 국제정세 대변환의 시대에 중국, 러시아와 관계가 악화되는 것이 아니라 오히려 양국으로부터 러브콜을 받는 대상이 되었다. 우리도 이전 정부 외교장관이 우리나라가 미·중 양측으로부터 러브콜을 받는 나라가 되었다는 발언을 한 적이 있으나 이는 사실이 아니고 희망사항이었을 뿐이다. 이 대목에서 우리는 왜 우리의 희망은 현실화되지 못하고 이 두 나라는 실제로 러브콜을 받고 있는지 따져보고 우리도 이 두 나라에서 배울 것은 배워야 한다.

첫째 이 두 나라는 외교정책의 연속성을 잘 유지하고 있다는 점에서 우리와 차이가 난다. 베트남은 공산당이 장기집권 하니 말할 필요도 없지만, 선거를 치르는 호주도 정권이 바뀌어도 외교정책만은 연속성을 유지한다. 호주 2022년 총선에서 노동당이 집권하자 중국은 호주의 대중 정책이 유연화될 줄 알았지만 그렇지 않자 오히려 중국이 대호주 정책을 변경하는 모습을 보였다. 최근 리창 총리가 호주를 방문하여 판다를 선물하는 등 호주의 환심을 사려 노력하고 있다.

둘째 이 두 나라는 자국의 이익에 기반한 원칙 외교를 전개한다는 점에서 우리와 다르다. 자국의 이익이 무엇인지 분명히 알고 이에 반하는 외세의 압력은 거절할 줄 아는 결기를 가지고 있다. 베트남의 외교는 '대나무 외교'라고 알려져 있는데 이는 대나무처럼 꺾어지지 않는 강인함을 가지고 있음을 뜻한다. 호주도 노동당이 집권해도 자국의 이익이 중국과 다를 때는 다르다는 점을 분명히 말한다. 잠시를 모면하기 위하여 애매한 말을 하지 않고 No 해야할 때 No를 할 줄 안다.

셋째 이 두 나라는 자국의 미래 국익까지 내다보고 해야 할 일은 미리 할 줄 아는 결단력을 가지고 있다. 이 두 나라는 중국의 남중국해에서 압력이 점증할 때 이것이 두 나라의 국익에 반하는 것임을 알고 두 나라 간 관계를 전략적 동반자 관계로 격상시키고 해군 합동훈련을 개시하였다. 우리는 이를 주저하고 남중국해 문제를 아직도 우리와 상관없는 이슈로 넘어가려 한다. 이들 나라는 필요할 경우 강대국을 상대로도 선수를 둘 줄 아는데 우리는 항상 수동적으로 눈치를 보며 후수를 두는데 익숙하다.

넷째 이 두 나라는 이념에 경도되는 것을 회피하고 실용적인 측면에서 주요국들과 관계를 관리하는 능력을 가지고 있다. 호주 현 총리는 작년 10월 말 바이든을 만나고 바로 북경으로 가서 시진핑과 정상회담을 복원하는 담대한 행보를 보였다. 베트남도 지난 1년간 바이든, 시진핑, 푸틴 모두를 하노이에 불러들이는 성과를 보였다. 이런 실용적 외교는 전략적 모호성이란 말로 복지부동하는 것도 아니고 그냥 양다리 걸치기도 더욱 아니다. 자신의 중심축은 이미 한쪽으로 옮겨놓지만 그렇다고 그쪽에 온 중심을 다 옮겨놓지 않는 자세를 말한다. 베트남 외교는 대나무의 직진성과 유연성을 동시에 구사한다.

물론 이 두 나라 여건은 우리와 다른 차이점이 있기는 하다. 지정학적 측면에서 우리보다는 좀 더 여유가 있고 북한이라는 주적을 두고 있지는 않다. 그러니 전략적 선택의 폭을 좀 더 유연하게 가질 수 있다. 그렇지만 우리의 조건을 덜 불리하게 만드는 것도 우리의 몫이다. 중·러와 접경을 하고 있다는 것은 우리가 약할 때는 불리한 조건이지만 우리가 강할 때는 우리의 패가 될 수 있다. 우리의 아킬레스건인 북한과의 관계는 이제는 정말 힘들어졌지만 그래도 이를 개선할 여지는 있다. "비관론자는 모든 기회 속에서 어려움을 찾고 낙관론자는 모든 어려움에서 기회를 찾는다."라고 처칠은 말했다.

국력총합면에서 두 나라보다 더 나은 우리가 외교안보 영역에서만 이 두 나라보다 못하다는 것은 우리가 이 영역에 덜 투자하거나 뭔가를 착각하고 있기 때문이다. 급변하는 정세 속에서는 과거의 문법으로 같은 정책을 반복할 경우 우리 안보가 위태롭게 된다.

미얀마에 대한 중국과 서방의 정책 차이

2024.9.27.

벌써 군부 쿠데타가 발생한 지 3년 반을 경과하고 있는 미얀마의 내부 상황은 개선은커녕 더욱 악화되어 가고 있다. 지난 60년간 미얀마를 실질적으로 통치해 오던 미얀마 군부의 지배력은 흔들리지 않는 아성처럼 보였다. 그렇게 공고했던 미얀마 군부의 지배력이 작년 말 북부지역 3개 반군의 연합공격을 시작으로 심각한 타격을 입기 시작했다. 이에 더해 미얀마군의 패배 소식에 해당 지휘관 처벌을 군부가 시작하면서 일부 지휘관들이 이탈한 뒤 군의 동요는 더욱 심해지고 있다. 이에 따라 미얀마는 사실 통치주체가 없는 것과 마찬가지인 실패국가를 향해 나아가고 있다.

그 결과 미얀마 군부는 중남부 내륙지방만 통치하고 있고 말발굽처럼 생긴 국경지대와 북부지역은 반군들의 영역으로 넘어갔다. 반군들이 중남부로 진출하면서 옛 수도이자 제2도시인 만달레이마저도 군부 지배가 미치지 못하는 상황이 되었다. 주요도시를 연결하는 도로망과 유통망이 단절되면서 가뜩이나 허약한 경제가 더욱 악화되고 있다. 바야흐로 국가가 여러 조각으로 나누어지는 파편화 현상이 발생하고 있다.

서방의 제재로 현지화인 쨧의 가치는 쿠데타 이전의 1/5 수준으로 급락하였다. 수입품 가격은 급등하고 실질임금은 하락하여 국민들의 생활은 도탄에 빠지고 있다. 처음에는 휘발유 부족으로 주유소에 차량의 장사진이 벌어졌으나 이제는 식생활에 필수품인 식용유마저 부족하여 팻트병을 들고 주부들이 장사진을 치는 상황이 발생한다고 한다. 서방의 계속된 제재로 군부 지도부가 타격을 입는 대신 미얀마 국민이 모두 그 고통을 몸으로 감내 중이다.

필자는 쿠데타 이전부터 이러한 상황 발생과 전개 가능성을 수차례 예고하였다. 서방이 직접 개입하여 정치 정상화를 하지 않으면 미얀마가 나락으로 떨어질 가능성도 예견했었다. 그리고 국가 전체에 대한 일반 제재의 효용에 대해서도 의문을 제기한 바 있다. 또 국제사회가 ASEAN에 문제해결을 맡겨두면 미얀마가 실패국가가 될 것을 경고했었다. 이제 그 예측들이 불행히도 모두 맞아들어가 발전 잠재력이 큰 미얀마란 나라가 이제 언제 회복될지 모르는 나락으로 빠져들고 있다. 이런 상황을 틈타 미얀마를 실질적으로 배후에서 조종하면서 그 세력권 아래로 점차 빨아들이고 있는 나라가 있으니 이는 중국이다. 중국과 서방의 대 미얀마 정책은 참 대조적인데 중국이 철저히 자국 국익에 입각하여 미얀마에게 병주고 약주고를 번갈아 하며 나라를 장악하고 있다. 서방은 단지 민주화만 요구하며 미얀마를 그냥 방치하고 있다.

미얀마·중국 국경지역에서 범죄조직 해커들이 중국에 피해를 입히자 중국은 군부에 이의 시정을 요구했다. 그런데 군부의 지배력이 국경지대까지 못 미쳐 이를 못 해내자 중국은 작년 10월 말 3개 반군의 연합을 조장하였다. 이들을 통해 중국은 범죄조직을 소탕하고 자국 경찰 특공대를 보내 자국적 범죄자들을 다 압송하였다. 미얀마 주권을 무시하고 영토내 중국 경찰력을 투입하여 자국 국익을 관철시킨 것이다. 그 후 미얀마 군부가 전적으로 중국의 의도대로 움직이지 않자 중국은 반군에 대한 무기지원을 늘려 군부가 반군과 시민군에 시달리게 만들었다. 그 결과 최근 미얀마 군부 2인자가 북경을 방문하여 모종의 합의를 하고 돌아온 것으로 알려졌다. 아마 중국은 미얀마가 내전 중이라도 중국의 이익은 침해하지 못하도록 압박을 가했을 것이다. 그 결과 서부 해안 짜익퓨 해상 가스전에서 중국 쿤밍에 이르는 가스 파이프라인과 철도는 군부든 반군이든 아무도 건드리지 못하고 잘 운영되고 있다. 이제는 반군의 세력이 왕성해지니 중국은 반군에 대한 지원을 줄이고 이들이 자제할 것을 요구하였다. 그 결과 반군들은 군부에 대한 공세를 최근 늦추고 있다. 즉 중국은 미얀마 군부와 반군 간에 이이제이와 양측에 병과 약을 교차투입하는 방식으로 이 둘을 자국의 손아귀 내에 묶어두려 한다.

한때 강국으로서 원나라와 청나라의 정벌을 두 차례나 막아내어 중국이 힘든 상대로 보았던 미얀마였다. 이제 그런 미얀마가 서방의 무관심 속에 중국의 속국으로 점차 전락하고 있다. 이것이 미국의 세계전략에 미칠 부정적 영향을 감안하지 않고 미 행정부는 여전히 가치외교의 중요성만 강조하고 있다. 중국의 실리외교에 비해서는 많은 아쉬움이 있다. 미얀마가 세계전략상 서방의 편이 아니고 중국의 편에 서게 되면 중국은 자국 국경의 안정화를 기할 수 있어 아주 만족스러울 것이다. 미얀마에서 벌어지는 상황을 보면서 중국이 마찬가지로 다루기 어려워하며 국경을 맞댄 북한이 뇌리에 떠오른다. 북한도 서방의 무관심과 무대책 속에서 미얀마와 같은 상황으로 빠져들지나 않을지 우려스럽다.

과거 서사에 매인 우크라이나의 대가

2025.3.11

2025년 3월 초 워싱턴에서 열린 트럼프와 젤렌스키 간의 정상회담은 그야말로 외교적 참사였다. 정상회담은 자국에서 벌어지는 전쟁의 종전을 위해 제일 의지해야 하는 미국을 찾아 조건을 협상하는 정말 중요한 자리였다. 그런데 본 회담도 제대로 없이 가진 기자회견에서 젤렌스키는 트럼프가 깔아둔 덫에 제대로 걸려들었다. 그는 자국 입장을 관철하려는 열정은 있었으나 흥정의 달인인 트럼프가 그 자리를 홍보 쇼로 활용할 것이라는 점을 미처 깨닫지 못했다. 그는 미국의 지원을 대가로 상납하려던 광물협정을 서명하지도 못하고 워싱턴을 떠난 후 지원중단과 사퇴요구라는 끔찍한 통보를 받았다. 트럼프 대통령이 "당신은 더 이상 카드를 가지고 있지 않다."와 "당신은 그런 말을 할 위치에 있지 않다."라고 잘라 말한 것은 충격적이었다. 강대국과 협상 시 약소국은 을의 위치에 있기 마련이나 그래도 한 국가를 대표하는 정상을 이렇게 박대하는 것은 남의 일처럼 보이지 않았다.

이 파국적 결과의 원인에 대해 젤렌스키의 준비와 발언 실수 등 미시적 분석이 가능하겠지만 보다 상황을 잘 이해하기 위해서는 거시적 분석을 해 볼 필요가 있다. 트럼프가 등장한 이후 전 세계가 2차 대전 이후 믿어왔고 심지어 하나의 규범처럼 여겨졌던 '가치기반 서사value based narrative'들이 이제는 더 이상 통하지 않는다는 사실을 젤렌스키가 제대로 깨닫지 못한 점이 가장 큰 패착이라 할 수 있다. 그는 그나마 바이든 행정부 때까지는 통용되던 서사를 가지고 트럼프를 설득하려 한 것이 오히려 트럼프의 화를 돋우고 반격을 불러들인 것이다.

미국 국익만 우선하고 자기의 개인 실적에 더 큰 의미를 부여하는 트럼프에게 젤렌스키는 '자유와 민주주의'라는 가치를 들이밀었다. 이런 '가치를 지키는 전쟁'을 수행 중인 우크라이나에게 미국의 계속된 지원은 당연하다는 자세를 보인 실수를 저질렀다. 강대국 정치와 신제국주의적 관점을 가진 트럼프는 이 전쟁은 처음부터 일어나지 말았어야 할 전쟁이라고 여겼다. 그러니 이 전쟁을 성전처럼 묘사하는 젤렌스키를 트럼프는 이해할 수 없었다. 트럼프에게는 자신과 같이 강대국 정치 틀에서 '러시아 안보의 완충지대로서 우크라이나'를 바라보는 푸틴이 젤렌스키보다 더 이해하기 쉬운 상대이다. 그리고 현실주의적인 트럼프 입장에서는 우크라이나 영토 회복이라는 명분에 집착해 '현 전선 동결 후 종전'을 받아들이지 않는 젤렌스키가 못마땅할 수밖에 없었다.

젤렌스키는 자국을 침공한 러시아는 침략자이니 무조건 비판받아야 하고 침략을 물리치기 전까지 불리한 외교협상을 해서는 안 된다고 항변했다. 그렇지만 동석한 밴스 부통령은 젤렌스키가 외교를 하지 않는다고 비난했다. 트럼프는 외교란 선악 간 우열을 따지기보다는 이익을 비교하는 거래의 장이기에 타협을 해야 하고, 약한 측에서 더 많은 양보를 해야 한다는 시각을 가지고 있다. 트럼프 입장에서는 젤렌스키는 외교도 모르고 가진 카드도 없으면서 흥정에서 그냥 버티는 이상한 사람으로 보인 것이다.

또한 젤렌스키는 우크라이나가 불안해지면 유럽이 불안해지고 유럽의 불안은 대서양을 건너 결국 미국 안보의 불안이 될 것이라는 논리로 미국민의 불안심리에 호소해 보려 했다. 이에 대해 트럼프는 단호히 대서양은 미국 안보의 방책 역할을 하며 따라서 미국과 유럽의 안보가 한 묶음이 될 수 없음을 분명히 하였다. NATO의 필요성 자체에 의문을 가진 트럼프에게 아주 고식적인 논리로 설득을 해 보려다 젤렌스키가 오히려 당한 격이다. 미국 우선주의자들은 89년 공산권이 몰락하고 소련의 위협이 없어진 그 무렵에 사실 미국은 NATO에서 발을 뺐어야 한다고 생각한다. 그런데 과거의 논리로 미국을 유럽에 끌어들이려는 젤렌스키가 트럼프 눈에 고울 리 없었다.

이번 전쟁의 원인을 찾아 더 거슬러 올라가 보면 우크라이나는 구 소련 시대 자국에 배치되어 있던 핵무기를 미국과 러시아 그리고 국제사회의 권유를 받아들여 러시아로 자진 반납하였다. 미래에 안보위협이 존재하지 않을 것으로 생각하고 핵비확산 조약의 명분을 따른 것이다. 즉 지금까지도 유효한 시대의 서사인 '핵이 없는 지구를 만들자'는 말을 믿고 핵무기를 포기한 것이다. 그 대가로 미국, 영국, 러시아가 우크라이나의 안전을 보장해준다는 '부다페스트 협정'을 맺었지만 이 협정은 지금 휴지 조각이 되었다. 상황변화에 따라 협정과 서사는 변할 수 있는데 당시의 시대적 서사를 믿고 협정에만 의지하면서, 자국의 필살기를 포기한 잘못이 지금의 전쟁과 수모를 가져온 배경이다.

에너지 안보와 관련하여서도 우크라이나는 과거의 서사, 즉 평화 시대의 서사에 너무 의존한 나머지 지금 심각한 에너지 부족현상을 겪고 있다. 우크라이나는 전쟁 전 구 소련시대 건설된 원자로와 러시아로부터 공급받던 LNG에 발전을 의존해왔다. 그리고 신재생 에너지 시설도 최근 건설하여 이에 대한 의존도도 높아져 가고 있었다. 그런데 전쟁이 터지자 원자로와 신재생 에너지 시설은 폭격을 당하고 LNG의 공급은 차단되었다. 이러다 보니 전력부족 현상이 만연하고 석탄에 대한 의존도가 높아졌다. 트럼프 행정부는 이전의 신재생 에너지 정책, 즉 Green Deal 정책을 아예 사기로 폄하한다. 물론 이에는 다양한 이해관계가 얽혀있지만 분명한 것은 과거에 지상명제처럼 여겨졌던 '탄소 중립화' 목표가 더 이상 유효하지 않을 것이라는 점이다. 이 탄소 중립화 정책은 지구 온난화를 막는 데 필요한 면도 있지만, 다분히 선진국들의 산업정책상 필요에 의해 추동된 면도 있다. 그런데 트럼프 행정부가 이를 앞장서 무시하고 있고 EU도 자신에게 불리한 부메랑이 되는 탄소 중립화 정책에 제동을 걸 조짐이 보이고 있다. 에너지 공급망이 온전하게 작동하며 '탄소 제로정책'이 시대적 서사처럼 여겨졌던 평화 시대는 가고 있다. 시대변화를 잘 읽지 못한 우크라이나는 에너지 분야에서도 고통을 받고 있다.

　젤렌스키가 당한 수모를 보면서 우리는 이승만 대통령이 53년에 당한 수모를 떠올리게 된다. 또한 우리도 그런 수모를 당하지 않을까 걱정도 된다. 그럼에도 지금 우리 주변에 아직도 지난 80년 자유주의적 국제질서의 문법과 서사가 통할 것이라고 믿는 사람이 많기에 젤렌스키의 수모를 우리는 곱씹어 보아야 한다. 우리는 아직도 자유주의적 가치가 국제협력을 통해 잘 지켜지리라 믿고 있지는 않은지? 우리의 자주 국방력은 안 키우면서 동맹의 우산에 의존하면 된다고 생각하고 있지는 않은지? 강대국과 약소국 사이에 주권평등의 개념에서 동등한 협상이 가능하다고 여기지 않는지? 에너지도 신재생에 의존하는 게 더 멋져 보이니 올인해야 하지 않는지? 이런 질문들을 스스로 되묻고 이에 따른 사고전환을 해나가야 한다. 더 이상 여유를 부릴 틈이 없다. 헨리 키신저는 "미국의 적이 되면 위험하다. 그런데 미국의 동맹이 되면 치명적일 수 있다."라는 말을 남겼다. 동맹을 잘못 읽다간 큰코다친다는 말인데 우리가 새겨들어야 한다.

멜로스 대화와 미·우크라이나 회담

2025.3.25.

약 2500년 전 그리스에 여러 도시국가들이 서로 경합하며 존재하던 시절이 있었다. 당시 가장 큰 두 국가는 해양세력인 아테네와 대륙세력이라 할 수 있는 스파르타였다. 이 두 국가는 그리스 반도 전체의 패권을 두고 서로 다투고 있었고 자국의 세력권을 넓히기 위하여 작은 도시국가들을 자국 영향력 아래 두려고 하였다. 그런 상황 속에서 도서국가인 멜로스를 자국 편으로 끌어들이기 위해 아테네 대표단이 멜로스를 방문하여 멜로스에게 자국 편에 서면 평화를 보장해 주고 거부하면 전쟁으로 정복하겠다고 했다. 이에 대해 멜로스 대표단들이 항변을 하면서 벌어지는 논쟁이 멜로스 대화란 이름으로 로마 역사가인 투키디데스가 지은 『펠레폰네소스 전쟁사』에 남겨져 있다. 이 대화는 많은 세월이 흐른 지금에도 여전히 우리가 되새겨 보아야 할 국제정치의 진실을 담고 있다. 2월 말 트럼프와 젤렌스키 간의 회담에서 양측이 벌인 설전은 마치 먼 과거의 멜로스 대화를 쏙 빼닮고 있어 흥미롭다. 물론 트럼프는 강국인 아테네를 젤렌스키는 약소국인 멜로스의 입장을 대역한다.

아테네는 당시 멜로스에게 국제정치에서 선악의 구분에 대해서 논하지 말라고 한다. 국제정치에서 정의는 강자의 편이니 약자는 선악 구분보다는 자국 앞에 놓인 생존에 집중해야 한다고 조언한다. 즉 우크라이나와 러시아 간에 누가 선이고 악인가보다는 미국의 국익에 종전이 유리하니 우크라이나는 휴전의 조건을 받아들이라고 강박하는 트럼프는 아테네의 입장과 닮았다. 아테네는 "강국은 자기가 하고 싶은 일을 하고 약소국은 당해야 할 일을 감내할 뿐이다."라는 유명한 말을 남겼다.

멜로스는 과거 아테네와 좋은 관계였고 양 강국과 좋은 관계를 계속 유지하고 싶다는 의사를 밝혔다. 그러자 아테네는 과거의 기억으로 미래를 결정할 수는 없고 지금은 양국 간 등거리 외교보다는 둘 중 하나를 선택해야 할 때라고 압박한다. 즉 약소국이 과거의 서사에 얽매여 자기의 희망사항이 관철되기를 바라는 것은 어리석은 일이라고 했다. 약소국은 강대국의 의사에 맞춰 양자택일 이외 다른 선택지가 없다는 말이다. 우크라이나도 자국이 원하는 종전조건을 주장했으나 미국은 자국 조건을 받지 않으면 지원을 기대하지 말라고 잘라 말했다. 이는 시공을 초월한 무서운 데자뷔 현상이다.

멜로스는 각국 간에 서로를 존중하며 협상을 통해 문제해결을 하는 것이 정의로운 것인데 아테네가 자국을 강박하면 안 된다고 호소했다. 아테네는 "강국이 약소국을 강박하는 것은 자연법과 마찬가지이며 이것은 과거부터 존재했고 영원히 존재할 것이다. 멜로스도 강국이 되면 마찬가지 행동을 할 것이다."라고 통렬하게 지적했다. 젤렌스키도 트럼프가 자신을 일국의 정상으로 존중해 줄 것을 바랐으나 트럼프에게 그는 후려쳐야 할 거래의 상대였던 것이다.

그 옛날 멜로스는 이상주의적 세계관을 가지고 현실주의적 세계관, 강대국 정치론으로 무장된 아테네를 설득하려다 실패했다. 아테네의 조건을 받아들이지 않은 고집으로 인해 멜로스는 멸망을 자초했다. 이번에 젤렌스키는 회담 당일에는 저항을 했지만 귀국 후 곧 자신의 실수를 깨닫고 트럼프에게 사과의 편지를 보냄으로써 이상적 담론에서 현실정치로 복귀를 했다. 마지막 순간 파국적인 결말을 피할 수 있게 되었다.

우리 사회에도 멜로스인들과 같은 사고방식을 가지고 있는 집단들이 없는지 되돌아봐야 한다. 미·중 간 정세가 결정적으로 변환되고 있는 이런 시기에 과거와 같이 등거리 외교가 가능하다고 생각하고 있지는 않은지? 우리의 희망적 사고로 다른 강국들과의 관계를 끌어갈 수 있다고 과신하지 않는지? 이상적이고 도덕적으로 옳은 일을 하는 것이 국익에 부합된다고 보지는 않는지? 이런 대변환기에 정신 바짝 차리고 멜로스의 대화를 곱씹어 보아야 할 것이다.

KI신서 13586

격변기 외교의 새 길 찾기_국익기반 실용외교의 길

1판 1쇄 인쇄 2025년 5월 27일
1판 1쇄 발행 2025년 6월 5일

지은이 이백순
펴낸이 김영곤
펴낸곳 21세기북스

편집팀 정지은 김지혜 이영애 김경애 박지석
마케팅팀 남정한 나은경 한경화 권채영 최유성 전연우
영업팀 한충희 장철용 강경남 황성진 김도연
디자인 한성미
제작 이영민, 권경민

출판등록 2000년 5월 6일 제406-2003-061호
주소 (10881) 경기도 파주시 회동길 201(문발동)
대표전화 031-955-2100 **팩스** 031-955-2151 **이메일** book21@book21.co.kr

ISBN 979-11-7357-296-8 03340

(주)북이십일 경계를 허무는 콘텐츠 리더

21세기북스 채널에서 도서 정보와 다양한 영상자료, 이벤트를 만나세요!
페이스북 facebook.com/21cbooks 유튜브 youtube.com/book21pub
인스타그램 instagram.com/jiinpill21 홈페이지 www.book21.com